JAMES & SHIRLEY DOBSON

Andacht *für zwei*

James Dobson und seine Frau haben zwei erwachsene Kinder, Danae und Ryan. Die Dobsons leben in Colorado Springs, USA. James Dobson ist seit über 25 Jahren Psychologe und als solcher ausgewiesener Ehe-, Familien- und Kinderberater. Drei Präsidenten der Vereinigten Staaten von Amerika zogen ihn in Familienfragen zu Rate. Seine Publikationen sind praktisch, hilfreich und kompetent.

Shirley Dobson ist Vorsitzende der »National Day of Prayer Task Force« und gehört zum Vorstand von »Focus on the Family«, für deren Publikationen sie eine Vielzahl von Artikeln verfasst hat.

Hänssler-Hardcover
Bestell-Nr. 394.013
ISBN 3-7751-4013-1

Internet: www.haenssler.de
E-Mail: info@haenssler.de
Übersetzung: Stephan Zehnle
Umschlaggestaltung: Jens Vogelsang, Aachen
Titelbild: Mauritius. Die Bildagentur; Fotograf: Hikade
Satz: AbSatz, Klein Nordende
Druck und Bindung: Ebner & Spiegel, Ulm
Printed in Germany

Inhalt

Widmung

Wir widmen dieses Buch Ehepaaren auf der ganzen Welt. Möge Ihnen der Herr liebevolle, mitfühlende Beziehungen schenken, die bis zum Ende Ihres Lebens währen! Wir beten dafür, dass dieses Andachtsbuch dazu beiträgt, dass Sie dieses achtbare Ziel erreicht. Gott segne Sie alle!

Jim und Shirley Dobson

Danksagung

Unsere Anerkennung gebührt unserem Verlagslektor James Lund, seinen Mitarbeitern Keith Wall, Judith St. Pierre und David Kopp, dem Verleger Don Jacobson und unseren Freunden bei Multnomah, die uns bei diesem Buch halfen. Wir danken jedem von euch. Es war für uns eine angenehme Erfahrung, dieses Buch zu schreiben.

Einführung

Es war an einem warmen Sommerabend im August in Pasadena (Kalifornien). Ein 24-jähriger Mann, festlich gekleidet in einen Smoking, und eine 23-jährige Frau in einem glänzenden Kleid standen in einer Kirche und gelobten sich feierlich ihre unsterbliche gegenseitige Liebe. Der junge Mann streifte einen Silberring über den Finger der jungen Frau und wünschte, er hätte sich einen Diamantring leisten können. Dann kniete das Paar am Altar nieder, und der Pastor (der Vater des Bräutigams) sprach dieses wunderbare Gebet der Hingabe:

»O ewiger Gott, wir bringen Dir unsere Kinder Jimmy und Shirley. Sie waren schon immer Dein, aber Du hast sie uns eine Zeit lang anvertraut, dass wir uns um sie kümmern, sie lieben und liebevoll für sie sorgen. Das war ein Werk der Liebe, das nur ein paar Tage zu dauern schien, weil wir sie so sehr mögen. Frisch aus Deiner Hand standen sie am Beginn ihres Lebens, rein und aufrecht, aber doch zwei selbstständige Persönlichkeiten. Heute Abend geben wir sie Dir zurück – nicht mehr als zwei Personen, sondern als ›*ein* Fleisch‹. *Möge nur der Tod das Band zertrennen, das wir hier besiegeln.* Und so soll die wunderbare Gnade Gottes ihr vollkommenes Werk tun!

Wir bitten auch mit tiefem Ernst für die beiden darum, dass Gott nicht nur ein Teil ihres Lebens ist, sondern dass Er der alles überragende Teil ihres Lebens ist; dass sie nicht nur Glauben haben, sondern dass der Glaube sie vollkommen besitzt; dass sie in einer materialistisch gesinnten Welt nicht nur für das Irdische und Zeitliche leben, sondern dass sie befähigt werden, für das zu leben, was *geistlich* und *ewig* ist.

Lass ihr Leben dem Lauf der Sonne gleichen, die aufgeht voll Macht, kräftig ausschreitet und immer heller scheint, bis der Tag seine Höhe erreicht hat. Lass das Ende ihres Lebens dem Untergang der Sonne gleichen – untertauchend in einem Meer der Herrlichkeit, um am Firmament einer Welt weiterzustrahlen, die besser ist als diese.

Im Namen des Vaters und des Sohnes und des Heiligen Geistes. Amen.«

Viele, die an diesem Abend dabei waren, hatten feuchte Augen, nachdem der Pastor sein Gebet beendet hatte. Dann erklärte er das Paar zu »Mann und Frau« und sagte, wobei er ein wenig lächelte: »Gib ihr einen Kuss, Jim.« Der Bräutigam hatte nichts dagegen. Nachdem das Paar alle Glückwünsche entgegengenommen, einen schauderhaften Kuchen gegessen und für die Fotografen posiert hatte, brach es zu einem preisgünstigen Hochzeitsurlaub auf. Und … dies war erst der Anfang.

Wie schnell sind doch die Jahre vergangen seit jenem bescheidenen Auftakt vor über 40 Jahren! Diese Ehe hat all jene Erwartungen erfüllt, von denen man als junger Mensch geträumt hatte. Dieser Mann und diese Frau sind immer noch in tiefer Liebe miteinander verbunden, und sie haben alles genossen, was eine glückliche, erfolgreiche, liebevolle Partnerschaft bieten kann. Jede gute und vollkommene Gabe wurde über ihnen ausgeschüttet – wozu auch der Segen gehört, zwei großartige Kinder zu bekommen, die inzwischen erwachsen sind und dem Herrn an ihrem Platz dienen.

Freilich war diese Ehezeit nicht ohne Stress und Schwierigkeiten. Die Eltern des Mannes starben viel zu früh, und viele andere Herausforderungen und Krankheiten haben das Paar auf seinem gemeinsamen Weg heimgesucht. Aber in all den 40 Jahren gab es keinen einzigen Augenblick, in dem die beiden gewünscht hätten, sie wären voneinander losgekommen oder in dem sie bedauert hätten, wozu sie sich als Jugendliche entschieden hatten.

Sie haben wohl schon längst entdeckt, dass wir beide dieses glückliche Paar sind: Jim und Shirley Dobson. Wir wollen in diesem Buch mit Ihnen einige Erfahrungen und Gedanken teilen, die unsere Ehe durch all die Jahre gestärkt haben. Und wir hoffen, dass das, was wir gelernt haben, für jüngere Menschen von Vorteil sein wird.

Wir sind zutiefst besorgt über die Geißel der Ehescheidung, die heute die Menschheit heimsucht. Das Resultat einer Studie, die vor kurzem an der Rutgers University durchgeführt wurde, war, dass die Institution der Ehe in den USA auszusterben scheint. Einen ähnlichen Trend kennen wir aus anderen Ländern rund um die Welt. Seit 1960 haben eheähnliche Partnerschaften um 1.000 Prozent zugenommen. Millionen naiver Paare gehen eine Beziehung ein, ohne sich festlegen und Pflichten übernehmen zu wollen. Solche Partnerschaften sind geradezu dazu bestimmt, auszubrennen. Ernüchterung und Langeweile stellen sich nach einigen wenigen Jahren unvermeidlich ein. Allmählich gehen beide ihre eigenen Wege. Oft haben sie ein bis zwei Kinder, die niemals in den Genuss kommen, in einer stabilen Familie mit zwei Elternteilen aufzuwachsen. Das ist ein sehr, sehr trauriges Zeichen unserer Zeit.

Warum muten sich das diese jungen Paare zu? Warum geben sie sich mit einer unbeständigen, unbefriedigenden, zweitklassigen Beziehung zufrieden, statt sich zu lebenslanger Liebe zu verpflichten? Der Grund scheint unserer Kenntnis nach darin zu liegen, dass viele eine tief sitzende Angst vor der Ehe haben. Sie haben miterlebt, welche »Schlammschlachten« sich ihre eigenen Eltern geliefert haben. Teenager und junge Erwachsene suchen verzweifelt nach einem Partner, den sie lieben können, doch sie befürchten, dass sie verletzlich sind – sie fürchten sich davor, abgelehnt und sitzen gelassen zu werden. Es ist ein Wunder, dass die Ehe selbst noch nicht völlig passé ist und dass es in unserer heutigen Welt immer noch *die* Liebe gibt, die ein Leben lang hält.

Nun, wir sind ein lebendiges Zeugnis für die Tatsache, dass die Ehe, die auf dem Grund der biblischen Gebote steht, nicht nur durchführbar ist, sondern dass sie *das* zwischenmenschliche Verhältnis darstellt, das die größtmögliche Erfüllung bietet. Es gibt nichts Größeres, als bedingungslos und intim geliebt zu werden – Jahr um Jahr, Jahrzehnt auf Jahrzehnt –, und zwar von jemandem, der verspricht, für den anderen da zu sein – in guten wie in schlechten Zeiten, in Krankheit und Gesundheit, ob man reich ist oder arm, von jemandem, der auf alle anderen – *alle* anderen! – verzichtet, bis der Tod sie trennt. Das ist der Plan, der aus der Weisheit und Barmherzigkeit des Schöpfers selbst entstammt. Die drei Säulen, auf denen solch eine Beziehung beruht, sind ein tiefer und unerschütterlicher Glaube an Jesus Christus, eine felsenfeste gegenseitige Verpflichtung und eine Bindung an die ewigen Wahrheiten der Heiligen Schrift. Hat man diese Waffen im familiären Arsenal, so kann nichts die Burg der Liebe niederreißen.

Dieses Buch möchte Ihnen dabei helfen, solch einen Bau zu errichten. Es bietet Texte für 26 Wochen (also für ein halbes Jahr), in denen verschiedene Themen entfaltet werden, die sich auf die Ehe beziehen, wie z.B. Kommunikation, Romantik, Vergebung, Geld, Humor und vieles mehr. An jedem Sonntag wird durch eine anregende Erzählung – verbunden mit einigen Anmerkungen dazu – ein neues Thema eingeführt. Von Montag bis Freitag wird das Thema der Woche durch Andachten zu Bibelstellen, Gedankenanstöße, Anregungen und einige provozierende Fragen vertieft. Dadurch sollen Intimität und Vertrauen zwischen Ihnen, Ihrem Ehepartner und dem Herrn wachsen. Ein Gebet steht am Ende eines jeden Tages. Schließlich hat Shirley an jedem Samstag das letzte Wort: Mit einem abschließenden Kommentar fasst sie das Thema der Woche zusammen.

Dieses Andachtsbuch ist dazu geschrieben, dass Ehepaare es *gemeinsam* lesen. Wir wissen, dass Sie sehr beschäftigt sind, immer im Stress. Und wir haben Verständnis dafür, dass Sie am Ende eines Tages kaum noch die Energie dazu aufbringen, sich die Zähne zu putzen, geschweige denn, die eigene Ehe in all ihren Facetten zu analysieren. Darum haben wir die Abschnitte für jeden Wochentag so verfasst, dass sie innerhalb von zehn Minuten oder weniger Lesezeit hilfreiche Information und Einsichten vermitteln. Wenn Sie die Geschichten und Kommentare lesen, dann denken Sie bitte über die wichtigsten Bibelstellen nach und überlegen sich, wie sie sich auf Ihre Familie anwenden lassen. Sie finden auf den Seiten dieses Buches Texte voll Hoffnung, Humor und praktischer Lebensweisheit. Wir beten zu Gott, dass unsere Worte Ihr geistliches Leben bereichern, Sie als Ehepartner einander näher bringen und Ihre Ehe erneuern.

Möge Gott Sie beide segnen. Fröhliches Lesen ... und vergessen Sie nicht das Licht auszumachen!

Jim und Shirley Dobson

Erste Woche

Wahre Liebe

Sonntag

»Shmily«

von Laura Jeanne Allen

Meine Großeltern waren über ein halbes Jahrhundert lang miteinander verheiratet. Von dem Moment an, da sie sich zum ersten Mal trafen, spielten sie ihr eigenes, ganz besonderes Spiel. Ziel dieses Spieles war, das Wort »shmily« irgendwo hinzuschreiben, wo es den anderen überraschte, wenn er es entdeckte. Sie hinterließen das Wort »shmily« irgendwo im Haus oder um das Haus herum, und sobald es einer von ihnen entdeckte, musste er bzw. sie es wieder irgendwo verstecken.

Sie zeichneten »shmily« in den Zucker oder in das Mehl, um zu sehen, wer das nächste Essen zubereiten würde. Sie schmierten es in den Tau auf den Fenstern jenes Raumes, von dem aus man den Innenhof überblickte und in dem uns unsere Großmutter immer ihren warmen, selbst gekochten Pudding zu essen gab. »Shmily« wurde auf den Spiegel im Badezimmer geschrieben, wenn sich darauf der Dampf niedergeschlagen hatte. Nach jeder heißen Dusche erschien das Wort dort wieder. Einmal hat meine Großmutter eine ganze Rolle Toilettenpapier aufgerollt, um auf das letzte Blatt »shmily« zu notieren.

Die Stellen, an denen das Wort »shmily« auftauchte, gingen nie aus. Kleine Notizzettel, auf die hastig »shmily« gekritzelt worden war, fanden sich am Armaturenbrett und auf Autositzen oder klebten am Lenkrad. Diese Zettel wurden in Schuhe gestopft und unter Kissen gelegt. »Shmily« wurde in den Staub graviert, der am Mantel klebte, oder in die Asche am Ofen. Dieses geheimnisvolle Wort gehörte genauso zum Haus meiner Großeltern wie die Möbel.

Ich habe lange gebraucht, bis ich das Spiel meiner Großeltern voll und ganz kapiert hatte. Ich war zu skeptisch, um an wahre Liebe zu glauben – eine Liebe, die vollkommen rein und erduldend ist. Niemals aber zweifelte ich an der Beziehung, die meine Großeltern zueinander hatten. Sie hatten eine ganz feste Liebe. Das war mehr als ein tändelndes Flirten – das war ein Lebensstil. Ihre Beziehung beruhte auf einer Art Zuwendung und Zuneigung, die man nicht überall findet.

Oma und Opa nahmen sich an der Hand, wann immer sie konnten. Sie gaben sich ein Küsschen, wann immer sie in ihrer winzigen Küche zusammentrafen. Jeder beendete den Satz, den der andere begonnen hatte; sie teilten täglich miteinander Kreuzworträtsel und Wortspiele. Meine Oma meinte einmal flüsternd zu mir, wie nett doch mein Opa sei und welch gut aussehender alter Mann er doch geworden wäre. Vor jeder Mahlzeit sahen sie sich erstaunt an, dankten einander und wunderten sich über all den Segen: eine wunderbare Familie, ihr Wohlergehen, und dass sie einander hatten.

Aber da war auch eine dunkle Wolke im Leben meiner Großeltern: Meine Großmutter hatte Brustkrebs. Die Krankheit hatte vor zehn Jahren begonnen. Wie immer begleitete sie mein Großvater auf jedem Stück ihres Weges. Er machte es ihr in ihrem gelben Zimmer gemütlich, strich den Raum so, dass sie immer viel Sonnenlicht hatte, auch wenn sie nicht nach draußen gehen konnte.

Nun griff der Krebs erneut ihren Körper an. Mit Hilfe eines Stockes und der zuverlässigen Hand meines Großvaters ging sie jeden Sonntag mit ihm zur Kirche. Doch meine Großmutter wurde zusehends schwächer, bis sie schließlich das Haus nicht mehr verlassen konnte. Eine Zeit lang ging Opa allein zum Gottesdienst, und er betete zu Gott, dass Er über seiner Frau wachen möge. Und eines Tages passierte dann das, wovor wir uns alle fürchteten: Oma war nach Hause gegangen.

»Shmily«. Das wurde in Gelb auf die lila Bänder des Trauerkranzes meiner Großmutter geschrieben. Als die Trauergemeinde nach und nach gegangen war, traten meine Tanten, Onkel, Vettern, Kusinen und andere Angehörige nach vorne und sammelten sich ein letztes Mal um meine Oma. Opa trat an den Sarg meiner Oma, holte tief Luft und begann, für sie ein Lied zu singen. Tränenüberströmt und voll Gram stand er da, und das Lied erklang tief und kehlig – ein Schlaflied.

Obwohl ich mit meiner eigenen Trauer zu kämpfen hatte, werde ich diesen Augenblick nie vergessen. Denn ich wusste, dass ich bevorrechtigt war, Zeugin der unvergleichlichen Schönheit ihrer Liebe geworden zu sein – obwohl ich deren Tiefe kaum je ergründen konnte.

S-h-m-i-l-y – *See How Much I Love You* (»Sieh, wie sehr ich dich liebe«). Danke, Oma und Opa, dass ich das sehen durfte.

Ein Blick voraus …

Kann es einen Zweifel daran geben, dass dieses zärtlich liebende Paar die Freude kannte, die der wahren Liebe entspringt? Dass sie wussten, welche Bedeutung gegenseitiges Vertrauen und beiderseitige Verantwortung in der Ehe haben? Mit einer schlichten Botschaft, die auf einfache Weise weitergegeben wurde – ins Mehl oder an den Badezimmerspiegel gezeichnet –, brachten sie sich ihre gegenseitige Liebe mehr als 50 Jahre lang zum Ausdruck. Und als für »Opa« die Zeit kam, in der er allein in dieser Welt weiterleben musste, da sang er tränenüberströmt seiner Braut ein Schlaflied, mit dem er ihr ein letztes Mal sagte: »Sieh, wie sehr ich dich liebe.«

Sehr viele Ehepaare unserer Zeit kommen ans Ende ihres Lebens, ohne solch echte Liebe jemals zu erfahren – jene Art von Liebe, bei der man sich zu küssen sucht, die Sätze des anderen vollendet und sich an den Händen hält, wann immer das möglich ist. Sie wünschen sich sicher eine tiefe, intime Liebe, nehmen jedoch an, dass sich diese irgendwann irgendwie »ereignet«. Wenn sie sich aber nicht »ereignet«, ist man desillusioniert und lässt sich scheiden.

Wir werden in dieser Woche über wahre Liebe reden – was sie bedeutet und wie Sie sie in Ihrer Ehe erreichen können. Ich schließe diesen Tag mit der Frage: Was bedeutet Ihnen wahre Liebe?

JCD

Montag

Liebe auf den ersten Blick

Liebe kommt von Gott.
1. Johannes 4,7

Manche Leute meinen, wahre Liebe könne sich in dem Augenblick ereignen, wenn sich ein Mann und eine Frau in die Augen schauen. Doch »Liebe auf den ersten Blick« ist körperlich wie gefühlsmäßig ein

Ding der Unmöglichkeit, denn man kann niemanden lieben, den man nicht kennt.

Eine gefühlsmäßige Zuneigung, die ein Leben lang währt, ist weit mehr als ein romantisches Gefühl. Sie ist auch mehr als sexuelle Reize, als die Erregung, die man empfindet, wenn man in jemanden verliebt ist, ja, sie ist auch mehr als der Wunsch, verheiratet zu sein. Das alles kann ja im Moment sehr betörend sein, doch es ist zeitlich beschränkt und von ziemlich egoistischer Art. Jemand sagt dann vielleicht: »Ich kann nicht fassen, was mit mir passiert. Dies ist die fantastischste Sache, die ich je erlebt habe! Ich muss verliebt sein.« Merken Sie, wie jemand, der so redet, nicht über die andere Person spricht? Er ist so aufgeregt, weil er solch eine riesige Freude empfindet. Solche Menschen haben sich nicht in einen anderen Menschen verliebt – sie haben sich in die Liebe verliebt.

Echte Liebe ist nicht von der Art, dass sie einen Menschen überfällt wie ein unvorhergesehenes Ereignis. Man kann nicht etwas lieben, das man nicht kennt, ganz gleich, wie hübsch oder schön jemand ist. Nur dann, wenn ein Mensch tiefe Wertschätzung und Bewunderung für jemand anderen entwickelt – d. h. wenn er intensiv wahrnimmt, was der andere braucht, welchen Charakter er hat, welche Stärken und Schwächen –, dann hat er begonnen, wahre Liebe zu erfahren. Von da an sollte sie ein Leben lang zunehmen.

Nur für uns …

- Erinnerst du dich daran, wie du als Teenager gemeint hast, du wärst verliebt, um nach einiger Zeit zu merken, dass dieses Gefühl wieder verschwunden ist?
- Was hast du gedacht und gefühlt, als wir uns das erste Mal begegnet sind?
- Wie hat dir Gott gezeigt, dass ich dein Ehepartner sein sollte?

Lieber himmlischer Vater, wir danken Dir für das wunderbare Geschenk der Liebe. Gewähre uns Deinen Segen – mehr als wir uns das jetzt vorstellen können! Amen.

Dienstag

»Dann kamst du«

Die Liebe wird niemals aufhören.
1. Korinther 13,8

Der junge Ehemann war verzweifelt. Seine Frau hatte ihn und ihre beiden Kinder vor zwei Wochen sitzen gelassen. Obwohl sie ab und zu anrief, hatte er keine Ahnung, wo sie sich aufhielt. Am Telefon bat er sie eindringlich, nach Hause zurückzukommen, und er sagte ihr, wie sehr er und die Kinder sie liebten. Doch sie ließ ihn jedes Mal abblitzen. Sollte er aufgeben?

Nein. Der Ehemann nahm seine mageren Ersparnisse und heuerte einen Privatdetektiv an, der herausfand, dass die Frau in einem drittklassigen Hotel auf dem Lande lebte. Der Ehemann lieh sich Geld für den Flug dorthin. Bald stand er vor ihrer Tür und sagte: »Wir lieben dich so sehr. Willst du nicht nach Hause kommen?« Sie fiel ihm in die Arme, und sie gingen gemeinsam nach Hause.

Einige Wochen danach fragte er sie, warum sie nicht zurückgekommen sei, als er ihr am Telefon seine Liebe erklärte. »Der Grund ist«, antwortete sie, »dass das am Telefon nur Worte waren. Aber dann *kamst* du!«

Wahre Liebe ist mehr als Worte. Dazu kann gehören, dass man über das Land reist, selbst wenn es den letzten Cent kostet, um seinen Ehegatten nach Hause zu bringen.

Nur für uns …

- Wie habe ich dir in dieser Woche meine Liebe gezeigt?
- Wenn »Taten lauter reden als Worte«, rufen dann meine Taten oder flüstern sie nur, dass ich dich liebe?
- Was kann ich in dieser Woche tun, um dir meine Liebe zu zeigen?
- Wie zeigte insbesondere Jesus uns seine Liebe?

Lieber Herr Jesus, wir wollen, dass sowohl unsere Worte wie auch unsere Taten sagen, dass wir uns lieben – auf ganz persönliche, nachdrückliche und positive Weise. Zeige uns neue Wege, »einander mit aufrichtiger Zuneigung zu lieben« und uns »gegenseitig Achtung zu erweisen«. Amen.

Mittwoch

Glücklich bis ans Lebensende

Wenn du eine Frau hast, dann löse die Ehe nicht auf.
1. Korinther 7,27

Was Sie in Ihrem persönlichen Umfeld beobachten, wird von offizieller Seite durch Zahlen bestätigt: Fast jede relevante Statistik zeigt, dass die Institution der Ehe stark bedroht ist. Der *Council on Families* in Amerika berichtet, dass von den Ehepaaren, die das erste Mal heiraten, die Hälfte geschieden wird. Das *National Center for Health Statistics* sagt uns, dass die Anzahl der Amerikaner, die die Ehe als Lebensform wählt, immer mehr zurückgeht. Und Brent Barlow, Professor für Familienwissenschaft an der Brigham Young University, meint, dass dann, wenn der Trend zu eheähnlichen Lebensgemeinschaften und Ehescheidungen weiter zunähme, »Verheiratete« innerhalb der nächsten zehn Jahre den Status einer Minderheit bekämen.

Offensichtlich sehen Millionen von Paaren, die einst tief ineinander verliebt waren und geglaubt hatten, sie passten wunderbar zusammen, ihre Ehe zerfallen. Wenn Sie und Ihr Ehepartner erfolgreich dagegen ankämpfen wollen, dann müssen Sie sich sehr mit Ihrer Partnerschaft befassen und hart daran arbeiten.

Scheint diese Herausforderung mehr eine Bedrohung als eine Chance zu sein? Dazu haben wir etwas sehr Gutes zu sagen. Als Erstes: Ehepaare, die bereit sind, Zeit und Kraft in ihre Partnerschaft zu investieren, werden die größtmögliche Erfüllung und den höchsten Sinn finden, die dieses Leben zu bieten hat. Das ist die Verheißung für eine Ehe, die auf Gottes Ordnung basiert. Das bestätigten auch Statistiken! Und als Zweites: Sie kämpfen nicht allein. Das war ohnehin nie der Sinn Ihrer Ehe. Doch dazu morgen mehr …

Nur für uns …

- Was verstehst du unter einer »glücklichen Ehe«?
- Bist du glücklich? Warum bzw. warum nicht?
- Was kann ich tun, um mehr Glück in dein Leben zu bringen?

Himmlischer Vater, Du hast den Bund der Ehe von Beginn an für den Menschen ersonnen, und auch unsere Ehe gehört Dir. So segne bitte unsere Gemeinschaft mit Deinen besten Gaben! Schenke uns mehr Nähe zueinander und zu Dir. Amen.

Donnerstag

Der dritte Partner

Niemand kann ein anderes Fundament legen als das, das schon gelegt ist – Jesus Christus.
1. Korinther 3,11

Wenn wir mit unserem Partner echte Liebe erfahren wollen, dann müssen wir einen dritten Partner miteinbeziehen – Jesus Christus. Nur durch die geistliche Beziehung zu ihm können wir damit beginnen, das ganze Potenzial der Gemeinschaft auszuschöpfen, die wir »Ehe« nennen.

Jeder, der die Bibel aufmerksam liest, trifft darin immer wieder auf Prinzipien, die das eheliche Leben betreffen. Judenchristliche Werte haben von Beginn der Schöpfung an zahlreiche Männer und Frauen wirksam durchs Leben geführt. Diese Werte wurden vom Schöpfer selbst inspiriert, von Ihm, der der Urheber der Institution der Ehe ist. Ganz gleich, was die Gesellschaft sagt oder wie sich die Gesetzeslage ändert – die Anweisungen, die die Bibel uns gibt, bleiben der eine Weg, auf dem wir im Leben Liebe und Glück finden.

Es ist der entscheidende erste Schritt in Richtung eines jeden großen Zieles im Leben, eine persönliche Beziehung zu Jesus Christus zu beginnen und aufzubauen. Dies ist auch der entscheidende Schritt, wenn wir das Vertrauen und die Nähe zu einem Ehepartner suchen. Wenn Sie Jesus Christus noch nicht in Ihr Herz aufgenommen haben, so raten wir Ihnen eindringlich, das zu tun. Ihr Leben wird dann einen Sinn und ein Ziel bekommen – in jeder Hinsicht, auch im Blick auf Ihre Ehe. Morgen erklären wir, warum.

Nur für uns …

- Wie haben wir bisher biblische Grundsätze in unser Eheleben einbezogen?
- Wie kann ich dich anspornen, mehr Zeit für Gottes Wort aufzubringen?
- Haben wir beide persönlich Jesus Christus eingeladen, der Herr unseres Leben und unserer Ehe zu sein? Wenn nicht, können wir dann diesen Schritt, der unser ganzes Leben verändert, jetzt gehen?

Herr Jesus, Du bist das Fundament unserer Ehe. Hilf uns, in allem auf Dich und Deine Macht zu blicken, wenn wir unser gemeinsames Leben gestalten.

Freitag

Der Augenblick, in dem das Leben beginnt

Wer mit Christus lebt,
wird ein neuer Mensch …
Sein altes Leben ist vorbei.
Ein neues Leben hat begonnen!
2. Korinther 5,17

Wenn Sie und Ihr Ehepartner, wenn Sie beide wirklich echte Liebe erfahren wollen – jene Art von Liebe, die ewig währt –, dann müssen Sie sich fragen, wie Sie in Wahrheit vor Gott stehen. Die Bibel sagt, dass wir Menschen alle als sündige Wesen geboren wurden (Röm 3,23). Dieses Problem der Sünde hindert uns daran, so zu leben, wie

Gott es will. Das betrifft uns als Einzelne wie als Ehepaar. Es ist in der Tat so, dass ungelöste Sünde selbst die besten Bemühungen blockiert, eine Ehe erfolgreich zu verändern. Denn die unvermeidliche Folge der Sünde ist es, dass wir unseren schlimmsten Leidenschaften, ja schließlich dem Tod unterworfen sind (Röm 6,23).

Doch es gibt dazu eine wundervolle Alternative! Jesus Christus bezahlte den Preis für Ihre Sünde durch Seinen Tod am Kreuz. Und durch Seine wunderbare Auferstehung errettete Er Sie aus dem ewigen Tod. Sie können im Glauben das Geschenk dieses neuen Lebens annehmen. Jesus drückte diese frohe Botschaft so aus: »Gott hat die Welt so sehr geliebt, dass er seinen einzigen Sohn hingab, damit jeder, der an ihn glaubt, nicht verloren geht, sondern das ewige Leben hat« (Joh 3,16).

Es ist tatsächlich so einfach. Wenn Sie sich dazu entschließen, Ihre Sünde zu bereuen und das Geschenk der Errettung durch den Glauben an Jesus Christus anzunehmen, dann *wird* Ihnen vergeben, und Sie werden Sein Geschenk des ewigen Lebens empfangen.

Sollten Sie Jesus Christus noch nicht auf diese persönliche Weise erfahren haben, dann laden wir Sie dazu ein, heute Abend das unten stehende Gebet zu sprechen. Denn jeder Mensch, der Jesus in sein Leben einlädt, erlebt, dass in diesem Moment wirkliches Leben beginnt!

Nur für uns …

- Hat jeder von uns beiden die Entscheidung getroffen, Gottes Geschenk der Rettung anzunehmen?
- Wenn nicht, was hält uns davon ab, diese Entscheidung zu treffen?

Gott, ich bin ein Sünder und brauche Dich. Ich kann aus mir selbst heraus nicht so leben, wie Du willst, oder auf ewiges Leben hoffen. Bitte vergib mir meine Sünden. Ich glaube, dass Jesus Christus Dein Sohn ist. Du hast Ihn auf diese Welt gesandt, dass Er an meiner Stelle sterbe und mich von der Sünde befreie. Danke! Amen.

Samstag

Ich liebe dich!

»Ich gebe euch das Gebot, einander zu lieben.«
Johannes 15,17

Man kann zwischen sich und seinem Ehepartner wahre Liebe mit am besten dadurch erhalten, dass man eine Brücke liebevoller Erinnerungen zwischen sich baut.

Dabei fällt mir ein Ehemann namens Jim ein, der tragischerweise durch einen Unfall ums Leben kam, als er von der Arbeit nach Hause fuhr. Das war am 50. Geburtstag seiner Frau Carol. Die Rettungssanitäter fanden in seiner Tasche zwei Flugtickets nach Hawaii – er hatte vorgehabt, Carol damit zu überraschen.

Einige Monate später wurde Carol gefragt, wie sie zurechtkomme. Sie erzählte, dass sie und Jim an ihrer Hochzeit einander versprochen hatten, jeden Tag ihrer Ehe bis mittags zueinander zu sagen: »Ich liebe dich!« Im Laufe der Jahre war das zu einer fröhlichen – mitunter aber auch schwierigen – Herausforderung geworden. Ihr fiel ein, wie sie einmal die Einfahrt hinausgelaufen war und »Ich liebe dich!« gesagt hatte, obwohl sie über Jim wütend war. Die Anstrengung, das Hochzeitsversprechen immer einzuhalten, führte im Laufe ihrer gemeinsamen Jahre zu vielen positiven Erinnerungen.

An dem Tag, an dem Jim starb, hinterließ er in der Küche eine Geburtstagskarte und ging dann hinaus zum Auto. Carol hörte, wie der Motor ansprang, und rannte raus. Sie klopfte ans Autofenster, bis er es herunterkurbelte. Dann schrie sie, um den Motorenlärm zu übertönen: »Heute, an meinem fünfzigsten Geburtstag, Herr James E. Garret, möchte ich, Carol Garret, feierlich bekunden: ›Ich liebe dich!‹«

»So habe ich überleben können«, meinte Carol später, »weil ich wusste: Die letzten Worte, die ich zu Jim sagte, waren: ›Ich liebe dich!‹«

Wir können im Laufe unserer Ehejahre auf verschiedenste Weisen Brücken bauen – durch Karten und Blumen, durch schöne gemeinsame Augenblicke oder – wie Jim und Carol – durch ein simples »Ich liebe dich!«, das man täglich einander sagt. Liebevolle Erinnerungen an gewisse Momente im Laufe der Ehe geben Ihnen und Ihrem Ehepartner das Fundament für eine echte Liebe, die das Leben lang hält.

SMD

Zweite Woche

Zum Dienen erwählt

Sonntag

»Ich bin Dritter«

aus der »Denver Post«

Sie kamen aus der Richtung der hoch stehenden Sonne herangerast, flogen in der Formation »Diamond«, wie aus *einem* Guss. Die Düsenjäger der Kunstflugstaffel »Minute Men« gingen fast in Schallgeschwindigkeit in den Sturzflug über, in Richtung eines kleinen smaragdgrünen Fleckens in Ohios Steppenlandschaft unter ihnen. Es war kurz nach neun Uhr am Morgen des 7. Juni 1958, und das Ziel des Flugteams war der berühmte Luftwaffenstützpunkt Wright-Patterson in der Nähe von Dayton.

Unten auf der Erde blickten Tausende von Gesichtern nach oben, als sich Flugoberst Walt Williams, der Leiter des Flugteams, mit höchster Geschwindigkeit aus der Formation löste. Für die Piloten der Staffel »Minute Men« – Flugoberst Walt Williams, Flugkapitän Bob Cherry, Leutnant Bob Odle, Flugkapitän John Ferrier und Major Win Coomer – war dieses Manöver Routinearbeit, denn sie hatten es mit ihren F86 Sabre-Jets schon mehrere hundert Male vor Millionen von Zuschauern vorgeführt.

Unten pfiff über das frische, grüne Gras der »Strahlstrom«, jener röhrenförmige Luftstrom mit seiner hohen Windgeschwindigkeit. Sein Pfeifen übertönte den Lärm der Flugmotoren. Oberst William überprüfte, ob er seine Maschine wieder hochziehen konnte, und drückte dann den Mikrofonknopf, der über seinem Gaszug angebracht war: »Rauch raus – jetzt!« Die Formation zog senkrecht nach oben in den türkisblauen Himmel hinein, wobei sie einen buschigen Schweif weißen Rauchs nach unten stieß. Die Menschenmenge unten hielt die Luft an, als die vier Jets sich aus der Formation lösten, in alle vier Himmelsrichtungen auseinander flogen und eine schöne rauchigweiße Lilienform in den Himmel zeichneten. Für dieses Manöver waren die »Minute Men« berühmt. Die Menschen konnten sich kurz entspannen, indem sie die beruhigende Schönheit der riesigen weißen Blume betrachteten, die von dem üppigen Grasland von Ohio aufgewachsen war, um den Himmel zu füllen.

Am Ende des »Blumenstiels« wendete Oberst Williams seine Maschine abrupt, schnitt die Rauchspur ab und senkte die Spitze seiner F86, um für das nächste Manöver an Geschwindigkeit zu gewinnen. Dann schaute er über seine Schulter zurück und was er sah, ließ ihn vor Schreck erstarren. Weit drüben am östlichen Himmel trudelte die Maschine von John Ferrier. Er hatte Probleme. Und sein Jet flog in Richtung Fairborn! Innerhalb weniger Sekunden hatte sich der wundervolle Morgen in ein Schreckensszenarium verwandelt. Jeder sah es, und jeder verstand, was da vor sich ging. Eines der Flugzeuge war außer Kontrolle geraten.

Indem er seinen Jet in Richtung des aktionsunfähigen Fliegers steuerte, funkte Williams eindringlich: »Spring ab, John! Geh da raus!« Ferrier hatte immer noch genug Zeit und Raum, um sich in Sicherheit bringen zu können. Zweimal noch wiederholte Williams den Befehl: »Spring ab, John! Spring ab!« Jedes Mal erhielt Williams als Antwort nur ein Rauchsignal. Er verstand sofort. John Ferrier konnte den Mikrofonknopf nicht drücken, weil er mit beiden Händen am Steuerknüppel zerrte, der so blockiert war, dass die Maschine scharf nach rechts flog. Doch der Knopf für den Rauch war auf dem Steuerknüppel, und so konnte er nur noch damit antworten – um Williams mitzuteilen, dass er seine Maschine soweit unter Kontrolle habe, dass sie nicht in die Häuser von Fairborn stürzen würde.

Plötzlich wurde die Erde von einer fürchterlichen Explosion erschüttert. Dann eine quälende Stille. Walt Williams fragte weiter über Funk: »Johnny? Bist du noch da? Antworte mir!«

Keine Antwort. Major Win Coomer, der mit Ferrier viele Jahre lang geflogen war und der auch mit ihm in Korea gekämpft hatte, war der Erste der »Minute Men«, der landete. Er rannte dorthin, wo die Maschine seines Freundes niedergegangen war, und hoffte, ihn lebendig vorzufinden. Doch was er vorfand, waren Menschen aus der Nachbarschaft, die von dem Absturz geschockt waren. Flugkapitän John T. Ferriers Sabre-Jet war inmitten von vier Häusern in einen Garten gestürzt. Das war die einzige Stelle an der er vermeiden konnte, dass andere Menschen ums Leben kamen. Die Explosion hatte eine Frau und einige Kinder niedergeworfen, doch niemand wurde verletzt – außer Johnny Ferrier. Er war sofort tot.

Immer mehr Menschen traten zu Coomer, als er in seinem Fliegeranzug an dem großen qualmenden Loch im Erdboden stand, in dem sein bester Freund soeben gestorben war.

»Eine kleine Gruppe von uns Nachbarn stand zusammen und sah der Vorführung zu«, meinte ein älterer Mann zu Coomer, wobei er Tränen in den Augen hatte. »Als der Pilot ins Trudeln geriet, kam er geradewegs auf uns zu. Eine Sekunde lang blickten wir einander an. Dann zog er die Maschine über uns weg und ließ sie dort niedergehen.« In tiefer Demut flüsterte der alte Mann: »Dieser Mann starb für uns.«

Ein Blick voraus ...
Ein paar Tage nach diesem tragischen Unglück fand John Ferriers Frau Tulle in seiner Brieftasche eine abgenutzte Karte. Darauf standen die Worte: »Ich bin Dritter.« Dieser einfache Satz erklärte das Leben – und den Tod – dieses mutigen Mannes. Für ihn kam Gott an erster Stelle, andere Menschen an zweiter und er selbst an dritter Stelle.

Treu dieser Philosophie opferte John Ferrier sein Leben für Menschen, denen er nie begegnet war. Falls Sie in eine ähnliche Situation geraten sollten, würden Sie dasselbe tun? In dieser Woche wollen wir der Frage nachgehen, wie man die Haltung des Dienens bei sich entwickeln kann.

JCD

Montag

Die menschliche Natur ...

Ich war ein Sünder – von dem Augenblick an,
da meine Mutter mich empfing.
Psalm 51,7

Humanistisch und christlich geprägte Psychologen unterscheiden sich bezeichnenderweise darin, wie sie die Natur des Menschen beurteilen. Weltliche Psychologen gehen davon aus, dass Kinder von

Geburt her »gute« oder zumindest »moralisch neutrale« Wesen sind. Sie glauben, dass Kinder durch Fehler der Eltern und durch eine korrupte Gesellschaft verdorben würden.

Als Christen jedoch wissen wir es anders. Tief in unserem Charakter steckt ein selbstbezogener Wille, der uns angeboren ist, Teil unseres genetischen Erbes. Wir sehnen uns nach Macht über andere Menschen, über unsere Lebensumstände und unsere Umgebung – wir wollen, was wir wollen, und das wollen wir sofort. An Adam und Eva war das erkennbar, als sie die verbotene Frucht im Garten Eden aßen. Kleinkinder stampfen mit ihren Füßen auf den Boden, wenn sie Wutanfälle bekommen. Bei Mann und Frau tritt dieselbe Eigenwilligkeit zutage, wenn sie darüber streiten, wie das Geld ausgegeben werden soll – oder darüber, ob das Toilettenpapier hinten oder vorne abgerollt werden soll. König David bezog sich auf diese Wesensart menschlicher Natur, als er schrieb: »Ich war ein Sünder – von dem Augenblick an, da meine Mutter mich empfing.«

Jesus Christus allein kann uns helfen, mit jener Verderbtheit umzugehen, die dazu führt, dass wir selbstbezogen, arrogant und ungehorsam sind. Er hat versprochen, das für uns zu tun, wozu wir aus uns selbst heraus nicht fähig sind. Darüber wollen wir an den nächsten Tagen reden.

Nur für uns …

- Stimmst du der Aussage zu, dass wir Menschen mit einer Neigung zur Sünde geboren werden? Warum stimmst du zu bzw. warum nicht?
- Gibt es ein Gebiet deines Lebens, auf dem du zu kämpfen hattest, das du aber Gott übergeben und positive Veränderungen erfahren hast?
- Bist du der Meinung, dass Egoismus in unserer Ehe ein Problem ist?
- Wie können wir uns auf diesem Gebiet gegenseitig ermutigen?

Vater, wir geben zu, dass wir sündige, egoistische und eigenmächtige Wege gehen. Wir blicken auf Dich: Du kannst das vergeben und heilen. Danke für Deine Gnade! Wir brauchen Deine Kraft, um das zu ändern – und gemeinsam bitten wir Dich darum. Amen.

Dienstag

Ich verdiene es!

Die alte, sündige Natur liebt es,
Böses zu tun – genau das Gegenteil von dem,
was der Heilige Geist will.
Galater 5,17

Die sündige Natur des Menschen, über die wir gestern sprachen, erhebt ihr Haupt oft in Form des Gedankens: »Ich habe mehr verdient!« Das führt zu dem Verlangen, dass wir meinen, wir müssten das beste Geschäft machen, den Löwenanteil abbekommen, den günstigsten Kredit erhalten, ja überhaupt das Beste von allem. Von frühester Kindheit an tragen wir – wie wir gesehen haben – in uns den Impuls, uns selbst als Mitte zu sehen und die Bedürfnisse anderer zu missachten.

Und natürlich kann diese Haltung: »Das habe ich mir verdient!« eine Ehe durchdringen. Es kann zu Verstimmungen kommen darüber, wer am meisten arbeitet, wer mehr als seinen bzw. ihren Anteil am Geld ausgibt und wer nicht genügend tut, um dem anderen zu helfen. Wut über nebensächliche Ärgernisse, die aus unseren tieferen Gefühlen emporsteigen, entlädt sich. Viele Streitigkeiten in der Ehe haben ihre Ursache in der Überzeugung, wir würden in unserer Beziehung vom anderen Partner betrogen.

Diese Falle gilt es zu vermeiden. In dem Augenblick, in dem uns der Gedanke kommt, uns stünde mehr zu, geraten wir auf die schiefe Bahn zur Selbstsucht. Das kann eine Beziehung zerstören.

John Ferrier hatte es nicht verdient, in einem Städtchen in Ohio ums Leben zu kommen – doch als der kritische Moment kam, entschloss er sich, für andere zu sterben. Jesus verdiente es nicht, an ein Holzkreuz genagelt zu werden – doch weil Er den Vater und uns liebte, ließ Er sich kreuzigen. Er bewilligte es sich selbst, am Kreuz zu sterben. Diese Art von aufopfernder Liebe sucht zu dienen statt zu »verdienen« – und das ändert alles!

Nur für uns ...

- Was haben wir deinem Empfinden nach in diesem Leben wirklich verdient?
- Hast du manchmal das Gefühl, dass du in unserer Ehe nicht das bekommst, was du verdient hast?
- Ist Selbstsucht ein Problem für uns alle?

Lieber Herr, wir brauchen es, dass Dein Geist an uns arbeitet, damit wir unsere selbstsüchtigen Impulse bewältigen. Gib uns durch Deine Gnade die Kraft, zu dienen statt zu »verdienen«. Amen.

Mittwoch

Lieben durch Dienen

»Und weil ich, der Herr und Meister,
euch die Füße gewaschen habe,
sollt auch ihr einander die Füße waschen.«
Johannes 13,14

Lieber Ehemann, heute Abend reden wir besonders zu Ihnen. So sicher Selbstsucht die Ehe tötet, so sicher baut eine Haltung des Dienens und des Aufopferns – die Philosophie des »Ich bin Dritter« – die Ehe auf.

Wir empfehlen Ihnen nachdrücklich, dass Sie sich genau mit Ihrer Frau beschäftigen. Was spricht zu ihrem Herzen? Bieten Sie ihr das? Würde sie es schätzen, wenn Sie ihr bei der Küchenarbeit helfen, beim Reinigen der Wohnung oder beim Wechseln der Windeln? Sollten Sie vielleicht romantischer sein? Könnten Sie das, was Sie am Wochenende vorhaben, so einschränken, dass sie ihre Schwester besuchen kann? Vielleicht hatten Sie vor, am Samstag mit einigen Freunden etwas zu unternehmen. Doch Sie könnten stattdessen die Kinder betreuen, sodass sich Ihre Frau freinehmen kann, was sie dringend nötig hat.

Jesus gab uns ein klassisches Beispiel für das Dienen, als Er Seinen Jüngern die Füße wusch und ihnen aufgab, das bei anderen auch zu tun. Ist es nicht Zeit für ein symbolisches »Füßewaschen« in Ihrer Ehe? Frauen sind romantische Geschöpfe. Gott hat sie so geschaffen. Haben Sie schon versucht, dieses zarte Wesen Ihrer Frau zu verstehen und ihr das zu geben, was sie braucht?

Das ist der Punkt: Wenn Sie als Ehemann diesem Bedürfnis Ihrer Frau nach Romantik und Zärtlichkeit entgegenkommen, so fühlt sich Ihre Frau näher an Sie herangezogen. Sie werden dann die Aufmerksamkeit und Bewunderung bekommen, die Sie sich schon lange gewünscht haben. Versuchen Sie es!

Nur für uns …

- (Er an sie) Wann habe ich zuletzt in unserer Ehe gut »die Füße gewaschen«?
- (Er an sie) Hast du das Gefühl, dass ich dein Bedürfnis nach Zärtlichkeit verstehe? Warum bzw. warum nicht?
- (Er an sie) Bin ich in der letzten Woche deinen Bedürfnissen entgegengekommen?

(Gebet für den Ehemann)
Lieber Herr, ich möchte ein Experte darin werden, die Bedürfnisse meiner Frau zu verstehen und zu befriedigen. Lehre mich, ihr »die Füße zu waschen« und auf meine Weise dazu beizutragen, dass unsere Ehe großartig wird. Amen.

Donnerstag

Was ein Mann braucht

Es ist nicht gut, dass der Mensch allein sei;
ich will ihm eine Gehilfin machen, die um ihn sei.
1. Mose 2,18

Liebe Ehefrau, verstehen Sie die Bedürfnisse Ihres Mannes? Wir wollen es ganz offen sagen: Seine Karriere ist für seine Selbstachtung extrem wichtig. So ist er geschaffen. Viele Frauen klagen, ihre Männer seien *workaholics.* Das mag sogar berechtigt sein, und dennoch verdienen Männer Dank für die Mühe, die sie investieren. Im Vergleich zu jenem Mann, der zu Hause sitzt und wenig oder nichts tut, ist der hart Arbeitende ein ehrenwerter Mann. Gott hat dem Mann zwei Schlüsselaufgaben zugeordnet: seine Familie zu versorgen und zu beschützen. Wenn Ihr Mann diese beiden Aufgaben erfüllt, so müssen Sie ihn wissen lassen, dass Sie es schätzen, wie schwer er zu arbeiten hat.

Vor einigen Jahren wurde ein Gutachten darüber erstellt, was Männer zu Hause gerne haben. Das Ergebnis überraschte: Sie wünschten *Ruhe.* Ist Ihr Heim ein Ort der Ruhe für Ihren Mann und Ihre Familie – ein Ort, an dem er »seine Batterie wieder aufladen kann«, an dem er die Gemeinschaft seiner Familie genießen kann?

Was auch immer die speziellen Bedürfnisse und Wünsche Ihres Mannes sein mögen, er – und Ihre Ehe – wird unermesslich davon profitieren, wenn Sie ihm in Ihrem Leben den Vorrang geben. Die Bibel sagt, die Frau wurde als »Gehilfin« ihres Mannes geschaffen (der wiederum seine Frau so lieben soll, wie Christus seine Gemeinde liebt). Und schließlich ist niemand besser geeignet für diese Aufgabe als Sie.

Nur für uns …

- (Sie an ihn) Hast du das Gefühl, dass ich anerkenne, wie schwer du arbeitest?
- (Sie an ihn) Was von all dem, was ich für dich tue, magst du am meisten?
- (Sie an ihn) Was könnte ich tun, um dir in dieser Woche meine Liebe zu zeigen?

(Gebet für die Ehefrau)
Himmlischer Vater, ich danke Dir für meinen Mann. Ich möchte ihn verstehen und ihm so dienen, dass es ihn erquickt und ermutigt. Hilf uns, dass wir jeden Tag nach Deinem Vorbild leben – indem wir dem Vater gegenüber gehorsam sind und einander liebevoll dienen. Amen.

Freitag

Sich selbst verleugnen

Wer von euch mir nachfolgen will,
muss sich selbst verleugnen
und sein Kreuz auf sich nehmen
und mir nachfolgen.
Matthäus 16,24

Die Macher von Fernsehwerbung sind Experten darin, bei ihrem Publikum Unzufriedenheit zu wecken. Sie erkennen die Philosophie der Zuschauer heutzutage: Streben Sie nach dem ersten Platz. Deshalb werden wir mit Slogans wie »Seien Sie ganz Sie selbst«, »Sie haben es sich verdient« oder »Weil ich es mir wert bin.« bombardiert. Ihr Ziel ist es, unsere egozentrische Natur anzusprechen und uns so zu manipulieren, dass wir schließlich ein bestimmtes Produkt kaufen. Oft haben sie damit Erfolg.

Sich mit einem Leben auf dem »dritten Platz« zufrieden zu geben, steht im direkten Widerspruch zur Botschaft solcher Werbespots – und wie sollte es auch nicht! Jesus sagt uns, dass in seiner Nachfolge unsere erste Pflicht ist, uns selbst zu verleugnen – sozusagen das Lenkrad loszulassen und den Herrn fahren zu lassen. Als Zweites sollen wir unsere Mitmenschen lieben und für sie sorgen. Versuchen Sie einmal, diese Prioritäten in Ihrem Leben zu setzen. Das Ergebnis in diesem Leben wird eine bessere Ehe sein, und ewiger Lohn im nächsten.

Gott an erster, meine Mitmenschen an zweiter, ich erst an dritter Stelle. Ein einfacher Satz, doch er ist ein viel besseres Rezept für ein vollkommen erfülltes Leben, als Sie es jemals in einem Werbespot finden werden.

Nur für uns …

- Haben wir solch eine Ehe, in der ich auf dem »dritten Platz« stehe?
- Kennen wir ein Ehepaar, das dieses Prinzip praktiziert?
- Was empfindest du dabei, meine Bedürfnisse deinen eigenen voranzustellen?

- Was, wenn überhaupt, müssen wir ändern, um zu einer Ehe zu kommen, in der das Prinzip »Ich stehe an dritter Stelle« herrscht?
- Wie können wir Gott konkret darum bitten, uns dabei zu helfen?

Herr Jesus, wir hören Deine Einladung, Dir in einem Leben der Selbstverleugnung zu folgen. Heute Abend bitten wir Dich, der Herr unserer Ehe zu sein. Hilf uns, jeden Tag nach Deinem Vorbild zu leben – in Gehorsam dem Vater gegenüber und in liebevollem Dienst aneinander. Amen.

Samstag

Das bereitwillige Opfer

Die Liebe ist geduldig und freundlich –
Die Liebe ist nicht selbstsüchtig.
1. Korinther 13,4-5

Nichts trägt mehr zum Gelingen einer Ehe bei als das bereitwillige Opfer, das einer der beiden Gatten für den anderen bringt. Ich erinnere mich da an unsere frühen Ehejahre. Jim und ich waren als Lehrer tätig, und wir blieben wochentags oft lang auf, um Schularbeiten durchzusehen und zu benoten. An den Wochenenden zog sich Jim für seine Studien zurück, denn er saß über seiner Doktorarbeit. Unser Freundeskreis war gerade dabei, sich häuslich niederzulassen, Möbel zu kaufen, abends schön auszugehen, in Urlaub zu gehen und Kinder zu bekommen.

Kurz nachdem Jim seine Dissertation begonnen hatte, erklärte er mir, er habe erkannt, welch schwierige Zeit das für mich werden dürfte. Er hatte das Gefühl, seine Studien würden sich in unserer Ehe zwischen uns stellen, und das, so meinte er, sei die Sache nicht wert. Er entschied sich, die Arbeit an seiner Promotion so zu verschieben, dass wir mehr Zeit füreinander hatten. Er übernahm in der Schule eine leichtere Lehrtätigkeit, sodass wir emotional wieder zusammenfinden konnten. Ich werde es an Jim immer lieben und respektieren, dass er damals diese Entscheidung traf. Er kümmerte sich mehr um mich als um seinen persönlichen Ehrgeiz und um seine Karriere!

Ich bin mir sicher, dass Tulle Ferrier, die Frau jenes Piloten, nie die Opfer vergaß, die die Ehe mit ihrem Mann Jim mit sich brachten. Ich bin mir sicher, dass sie ihn nicht durch jenen furchtbaren Unfall verlieren wollte. Doch ich stelle mir auch vor, dass sie es geschätzt und geliebt haben wird, mit einem Mann zu leben, der seine Prioritäten klar geordnet hatte – an erster Stelle Gott, dann die anderen und zuletzt er selbst – und dass sie ihn um nichts auf der Welt gegen einen anderen Mann ausgetauscht hätte. Dies ist, meine ich, die Substanz einer Ehe.

SMD

Dritte Woche

Partner im Gebet

Sonntag

Durch Gebet geschützt

von Cheri Fuller

Der Missionar erhob sich und machte sich bereit, das Lager zu verlassen, an dem er die Nacht verbracht hatte. Er war auf dem Weg zur Stadt, um medizinische Versorgung zu beschaffen. Er löschte das kleine Feuer aus, warf sich den Segeltuch-Rucksack auf den Rücken und sprang auf sein Motorrad, um seine Fahrt durch den Dschungel Afrikas fortzusetzen. Alle zwei Wochen machte er seine zweitägige Reise, um Geld von einer Bank zu holen und Arzneimittel usw. zu beschaffen, alles, was das kleine Feldhospital brauchte, in dem er arbeitete. Nachdem er seine Botengänge in der Stadt erledigt hatte, sprang er wieder auf sein Motorrad und reiste zwei Tage lang zurück.

Als der Missionar in der Stadt eintraf, hob er das Geld ab und kaufte die Medikamente. Wie er gerade die Stadt wieder verlassen wollte, sah er zwei Männer auf der Straße miteinander kämpfen. Da einer der beiden dabei ernsthaft verletzt wurde, stoppte der Missionar, sah sich die Verletzungen an und versorgte den Mann medizinisch, gemäß der Liebe, die Christus weiterzugeben befohlen hat. Dann machte sich der Missionar auf und begann seine zweitägige Heimreise. Abends übernachtete er im Dschungel.

Zwei Wochen später machte er wie gewöhnlich seine Tour zur Stadt. Als er seine Besorgungen erledigte, trat ein junger Mann an ihn heran – jener Mann, dem der Missionar bei seinem letzten Aufenthalt geholfen hatte. »Ich wusste, dass Sie Geld und Medikamente bei sich hatten«, sagte der Mann, »und so folgte ich Ihnen mit meinen Freunden bis zu Ihrem Lager im Dschungel, nachdem Sie mir auf der Straße geholfen hatten. Wir hatten vorgehabt, Sie zu töten und all das Geld und die Medikamente an uns zu nehmen. Doch gerade als wir an Ihr Lager treten und Sie angreifen wollten, sahen wir 26 bewaffnete Wächter um Sie herum stehen.«

»Sie müssen sich irren«, erwiderte der Missionar. »Ich war allein, als ich die Nacht im Dschungel verbrachte. Es waren keine Wächter noch sonst jemand bei mir.«

»Aber mein Herr, ich war nicht der Einzige, der die Wächter sah. Meine fünf Begleiter haben sie auch gesehen. Wir haben sie sogar gezählt! Es waren 26 Leibwächter, zu viele, als dass wir mit ihnen hätten fertig werden können. Weil sie da waren, konnten wir Sie nicht töten.«

Einige Monate später erzählte der Missionar diese Geschichte in seiner Heimatgemeinde in Michigan. Während er dies berichtete, stand einer der Zuhörer auf, unterbrach ihn und wollte das genaue Datum wissen, an dem sich das Ereignis im Dschungel zugetragen hatte. Nachdem der Missionar den Monat und den Tag exakt genannt hatte, erzählte ihm der Zuhörer den »Rest der Geschichte«.

»Exakt an dem Abend des Vorfalls, den Sie im Dschungel Afrikas erlebt haben, war es hier in Michigan Morgen, und ich war beim Golfspielen. Ich wollte gerade einlochen, da verspürte ich das dringende Bedürfnis, für Sie zu beten. Dieser Drang war so stark, dass ich das Golfgelände verließ und einige Männer aus unserer Gemeinde anrief, damit wir uns hier träfen, um für Sie zu beten. Würden sich bitte all die Männer erheben, die mit mir an jenem Tag gebetet haben?«

Der Missionar fragte nicht, wer diese Männer waren – er war zu sehr damit beschäftigt, sie zu zählen. Schließlich hatte er alle gezählt. Da standen 26 Männer – genau die Anzahl der »bewaffneten Wächter«, die die verhinderten Angreifer gesehen hatten.

Ein Blick voraus ...

Fühlen Sie sich immer so vom Alltagsgeschäft aufgesogen, dass Sie keine Zeit fürs Gebet finden bzw. das Beten immer weiter hinausschieben? Der Missionar, von dem oben die Geschichte handelt, dürfte einer jener Menschen sein, die sehr dankbar dafür sind, dass seine Gemeinde dem Drang zum Gebet mit großem Ernst nachgekommen ist.

Auch mein Vater, James Dobson Sr., nahm sein Gebetsleben sehr ernst. Er war dafür bekannt, dass er stundenlang vor dem Herrn auf den Knien liegen und beten konnte. Auf seine Bitte hin wurden die Worte »Er betete« auf seinen Grabstein geschrieben. Durch sein Beispiel – und durch die Weise, in der Gott auf Gebet antwortet! – habe ich aus erster Hand erfahren, welche Macht und welches Vorrecht es hat, wenn man betet. In der Woche, die vor uns liegt, wollen wir der Frage nachgehen, welche Chance das Gebet für uns bedeutet.

JCD

Montag

Terminabsprache nicht nötig

Morgens, mittags und abends bete ich laut in meiner Not,
und der Herr hört meine Stimme.
Psalm 55,18

Würden Sie Ihren Arzt aufsuchen, ohne einen Termin zu haben, und dann erwarten, er habe sofort für Sie Zeit? Oder könnten Sie sich vorstellen, Sie würden spontan eine Reise zum Sitz der Bundesregierung machen und sofort beim Bundeskanzler vorgelassen werden?

Das funktioniert freilich nicht. Sie müssten zunächst einen Termin vereinbaren – und einen sehr guten Grund haben, um dort vorstellig zu werden. Es ist für Sie jedoch möglich, bei jemandem »hereinzuschauen«, der sehr viel wichtiger ist als jeder Bundeskanzler oder Präsident. Und Sie können noch dazu erwarten, dass Er alles andere auf die Seite legt, um mit Ihnen zu reden. Unser himmlischer Vater sehnt sich danach, eine persönliche, liebende Beziehung zu Ihnen zu haben. Unfassbar, sich das vorzustellen! Der Herr des Universums – der Schöpfer von Himmel und Erde, der nichts bedarf und keine Fehler macht – fragt danach, was wir denken und tun. Das ist fast unbegreiflich. Er hat Zeit für Sie und möchte von Ihren Kämpfen und Erfolgen hören. Er möchte Ihnen Mut machen und Ihnen Seine herrlichen Pläne mitteilen. Das Gebet ist ein wunderbares Vorrecht – die Möglichkeit direkter Kommunikation mit unserem Schöpfer. Ganz gleich, wie beschäftigt Er sein mag – Er hat in seinem Terminplan immer Zeit für Sie.

Nur für uns …
- Was hält uns davon ab, mehr zu beten?
- Hast du manchmal das Gefühl, der Herr höre nicht, wenn du betest?

- Welches unserer Gebete hat der Herr in all den Jahren erhört?
- Was können wir tun, dass unser gemeinsames Gebetsleben intensiver wird?

Himmlischer Vater, wie dankbar sind wir, dass wir mit Dir reden dürfen! Und welch ein Segen ist es für uns, dass Du zuhörst und Dich um uns kümmerst! Wir danken Dir, Du liebender Herr. Erhöre gnädig auch das Sehnen in unseren Herzen, für das wir heute keine Worte finden. Amen.

Dienstag

Deine Stimme hören

Hört nicht auf zu beten. Was immer auch geschieht,
seid dankbar, denn das ist Gottes Wille für euch,
die ihr Christus Jesus gehört.
1. Thessalonicher 5,17-18

Waren Sie irgendwann einmal von einem Menschen, den Sie zutiefst geliebt haben, längere Zeit getrennt? Falls ja, so kamen Ihnen jene Tage der Trennung gewiss endlos vor. Sicher gab es dabei auch ganz besondere Momente, die Sie genossen haben: als z. B. das Herz höher schlug, wenn ein Brief im Briefkasten eine bekannte Handschrift trug, als Sie merkten, von wem jene letzte E-Mail kam, oder als Sie jene vertraute Stimme am Telefon hörten ...

Die Liebe, die Jesus zu uns hat, ist etwas Ähnliches. Er möchte Gemeinschaft mit uns haben. Und wenn wir vor Ihm knien und auch nur einige Minuten im Gebet verbringen, so löst das Freude bei Ihm aus. Der Apostel Paulus sagt, Jesus wolle Ihre Stimme unaufhörlich vernehmen (1. Thessalonicher 5,17). Doch wenn wir im Alltagsgeschäft aufgehen und die Zeit für das Gebet beiseite schieben, werden wir weniger empfänglich für Seine Stimme und Seine Herrschaft und Leitung für unser Leben.

Beziehungen, seien sie menschlicher oder göttlicher Art, müssen gepflegt und aufrechterhalten werden, wenn sie intensiv und für uns wichtig sein sollen. Wir sollten sichergehen, dass wir jeden Tag genug Zeit für und mit unserem liebenden Herrn verbringen.

Nur für uns …

- Wie fühlst du dich, wenn wir für einige Tage getrennt sind?
- Wie können wir dafür sorgen, dass wir, so beschäftigt wir auch sein mögen, immer miteinander im Gespräch bleiben?
- Meinst du, wir verwenden genügend Zeit für das Gespräch mit Jesus?
- Wie ist es möglich zu beten, ohne aufzuhören – inmitten aller Arbeit und Geschäfte unseres Lebens? Können wir es lernen, während des gesamten Tages an Ihn zu denken?

Lieber Herr, wir wünschen uns im Gebet wachsende Gemeinschaft mit Dir. Wir brauchen sie – um Dich besser kennen zu lernen, um Dich klarer zu hören und um unsere gegenseitige Liebe zu vertiefen. Lehre uns zu beten! Amen.

Mittwoch

Die Macht des Gebets

Das Gebet eines gerechten Menschen hat große Macht und kann viel bewirken.
Jakobus 5,16

Den Abend werde ich nie vergessen, an dem Jim und ich – völlig erschöpft nach einem langen Arbeitstag – abends ins Bett fielen, ohne miteinander, wie gewohnt, für vieles zu beten, insbesondere für unsere Kinder. Wir waren schon fast eingeschlafen, als ich das merkte.

»Jim«, sagte ich, »wir haben heute noch nicht für unsere Kinder gebetet. Meinst du nicht, wir sollten mit dem Herrn reden?«

Es fiel uns nicht leicht, doch wir krochen aus den Federn, fielen auf die Knie und beteten für das Wohl unserer Kinder.

Später erfuhren wir, dass just in dem Moment, als wir beteten, ein sonderbarer Mann, der polizeilich gesucht war, in das geparkte Auto einzudringen versuchte, in dem unsere Tochter Danae mit einer Freundin saß. Sie aßen gerade Fast Food. Durch Gottes Gnade war der Wagen abgeriegelt und Danae konnte rasch starten. Beide entkamen.

Unterschätzen Sie nie die Macht des Gebets! Wenn Ihre Bitte auch dem Willen Gottes entspricht, wird es Sie näher zum himmlischen Vater bringen, der Sie bedingungslos liebt.

Nur für uns …

- Kannst du ein Beispiel dafür erzählen, wie du einmal die Macht des Gebets erfahren hast?
- Für uns als Ehepaar: Verlassen wir uns für gewöhnlich auf das Gebet und Gottes Macht oder versuchen wir unsere Probleme selbst zu lösen?
- Wer von unseren Freunden und aus unserer Familie braucht gerade jetzt das Gebet?
- Wie kann ich heute Abend für dich beten?

Herr, wir danken Dir für die Ehrfurcht gebietende Macht, die Du uns durch das Gebet gibst. Mögen alle unsere Anliegen Dich ehren und dazu beitragen, dass Dein Bestes in unserer Beziehung zum Zuge komme. Amen.

Donnerstag

Die Familie, die gemeinsam betet

Wo zwei oder drei zusammenkommen, die zu mir gehören, bin ich mitten unter ihnen.
Matthäus 18,20

An dem Tag Ihrer Hochzeit sind Sie vielleicht gemeinsam niedergekniet und haben während der Hochzeitszeremonie gebetet. Vor Ihren Familien und Freunden haben Sie so das Band Ihrer Gemeinschaft befestigt. Traurigerweise beten viele Paare niemals gemeinsam.

Verstehen Sie mich nicht falsch – das Gebet für Sie allein, mit einem Freund/einer Freundin, beim Bibellesen oder in einer Gemeinde ist äußerst wichtig und vor unserem himmlischen Vater genauso viel wert. Aber das gemeinsame Gebet von Ehemann und Ehefrau vor Gott hat etwas Besonderes, das kein anderes Gebet hat. Es schafft eine geistliche Verbindung, eine gemeinsame Verantwortung und ein heiliges Band, das Kraft und Stabilität in die Beziehung bringt. Es kann auch den Freiraum dafür schaffen, dass Sie miteinander über sensible Themen sprechen, die sonst nie zur Sprache kommen könnten – Themen, über die man nur in Demut und mit lauteren Motiven reden und dafür beten kann.

Der alte Spruch: »Die Familie, die zusammen betet, bleibt zusammen«, gilt auch noch heute. Wir wollen Sie ermutigen, daran zu denken, wenn Sie das nächste Mal zum Beten niederknien.

Nur für uns …

- Wann hatten wir das letzte Mal Zeit für unser gemeinsames Gebet?
- Was ist das größte Hindernis für unser gemeinsames Gebet?
- Welches Gefühl hast du, wenn du daran denkst, mit mir zu beten?
- Wie kann es uns als Paar bereichern, wenn wir miteinander beten?
- Sollen wir eine regelmäßige Zeit des gemeinsamen Gebets einplanen?

Vater, Du hast uns gesegnet, indem Du uns einander in unserer Ehe geschenkt hast. Zeige uns, wie wir in unserer Ehe eine regelmäßige Gebetszeit einrichten können. Amen.

Freitag

Unseren Schöpfer manipulieren?

Wir dürfen zuversichtlich sein, dass er uns erhört,
wenn wir ihn um etwas bitten,
das seinem Willen entspricht.
1. Johannes 5,14

Für einige von uns ist es eine Versuchung, unseren Herrn als eine Art himmlischen Dienstleister anzusehen – einen übernatürlichen Problemlöser, der so beeinflusst werden kann, dass Er unseren Launen gehorcht. Wir haben vielleicht auf etwas gewettet und beten dann zu Gott, dass Er die Umstände so lenken möge, dass wir die Wette gewinnen. Oder vielleicht soll es am Tag unseres Gemeindeausflugs nach unserem Wunsch so regnen, dass der Ausflug ausfällt und wir den Kartoffelsalat nicht zubereiten müssen, den wir mitbringen sollten.

Andere sehen im Gebet eine Art Geschäft. Sie wollen mit Gott einen Handel machen: »Herr, wenn Du mir beim beruflichen Aufstieg hilfst … oder lass mich diesen Monat schwanger werden … oder gib, dass jenes Auto beim Händler noch nicht verkauft ist, … dann verspreche ich Dir, dass ich für dich .... [bitte ausfüllen!] werde.«

Natürlich ist dies eine törichte Feilscherei, die zeigt, dass man die Majestät Gottes nicht erkannt oder falsch verstanden hat. Er ist der Herr aller Herren, der König aller Könige und der Schöpfer des Himmels und der Erde. Er ist kein Geschäftsmann, der zulässt, dass man mit ihm handeln oder ihn beeinflussen kann. Stattdessen will Er, dass wir sorgfältig nach Seinem Willen für unser Leben fragen, ehe wir beten. Zu beten ist ein Vorrecht – eine direkte Verbindung zur ewigen Weisheit des Herrn und zu Seiner Liebe. Wir wollen nicht vergessen, welch ein Segen es ist, in Seine Gegenwart zu treten.

Nur für uns …

- Hast du jemals versucht, Gott durch das Gebet zu manipulieren?

- Wie können wir sicher sein, das unsere Gebetsanliegen Gottes Willen entsprechen?
- Gehören die Anbetung, die Hingabe und die Fürbitte zu unserem Gebet, oder besteht es nur aus unserer täglichen Wunschliste?
- Wie könnte sich unsere Beziehung ändern, wenn wir unser gemeinsames Beten aus Gottes Perspektive sehen?

Himmlischer Vater, wir danken Dir für das Vorrecht, dass wir unsere Bitten vor Dich bringen dürfen. Schenk uns das tiefe Verlangen, in unserer Ehe nach Deinem – nicht unserem – Willen zu fragen. Und hilf uns, unser Beten und unsere Prioritäten danach auszurichten! Amen.

Samstag

Beharrliches Gebet

... wie wichtig es ist, beständig zu beten und nicht aufzugeben.
Lukas 18,1

Als ich erst acht Jahre alt war, fing ich an, für mich allein in meinem Zimmer für meine Familie zu beten, als es Probleme gab. Mir kommen immer noch Tränen, wenn ich daran denke, dass Jesus Christus mir – einem kleinen Kind aus einer armen Familie – in jenen stillen Augenblicken zuhörte. Ich hatte weder eine wichtige Position noch irgendeinen Einfluss irgendwo, auch kein besonderes Talent, das der Herr gebrauchen konnte. Und doch nahm Er mich an und segnete mich in den darauf folgenden Jahren. Diese frühen Gebete für eine geliebte Familie und später die Gebete für meinen gläubigen Mann wurden von Ihm beantwortet – weit über alle kühnsten Hoffnungen und Träume hinaus.

Manche von Ihnen, die Sie dies heute Abend lesen, haben auch schon unaufhörlich für etwas gebetet, von dem Sie geglaubt haben, dass es nach Gottes Willen sei – und doch haben Sie nicht einmal einen Hinweis darauf erhalten, dass Er Ihre Gebete gehört hat. Ich kenne ein Ehepaar, das über 25 Jahre lang für die Errettung seiner Kinder betete – ohne irgendein Anzeichen von Änderung. Denjenigen, die in einer ähnlichen Situation sind, möchte ich sagen: Ich verstehe Ihre Enttäuschung. Ich weiß nicht, warum der Herr manche unserer Anliegen früher erhört als andere – aber ich *weiß*, dass Er die Gebete derer hört, die Ihm nachfolgen, und dass wir nicht aufhören sollten, im Gebet vor Ihm zu bleiben.

In Lukas 18 wird ein Gleichnis überliefert, das Jesus erzählte: Eine Witwe ging immer wieder zu einem Richter, um um Recht zu bitten gegen einen Widersacher. Eine Zeit lang lehnte der Richter ihr Ansinnen ab. Schließlich aber gab er nach, »damit sie mich mit ihren ständigen Anträgen verschont«. Jesus sagt uns damit, wir sollen nicht aufgeben, sondern anhaltend für unsere Herzensanliegen weiterbitten.

Ich habe mein Leben auf meinem Glauben an die Kraft und die hohe Bedeutung des Gebetes gegründet. Darum habe ich auch den Vorsitz einer Vereinigung übernommen, die alljährlich einen landesweiten Gebetstag veranstaltet. Und darum haben auch Jim und ich das Gebet zu einem Grundstein unserer Ehe gemacht. Konsequentes, andauerndes Gebet kann auch Ihre eheliche Beziehung über Jahre hinweg festigen und stützen. Wir ermutigen Sie beide, sich vor unserem großen, liebenden Gott zu beugen – heute und an jedem Abend Ihres gemeinsamen Lebens.

SMD

Vierte Woche

… bis der Tod uns scheidet

Sonntag

Willst du mich?

von Park York

Ich stehe an diesem Freitag früh auf – wie jeden Tag –, koche Kaffee und bereite ein Proteingetränk zu. Die TV-Nachrichten sind leise aus der Ecke zu vernehmen. Flossie, meine Frau, schläft noch.

Irgendwann nach acht Uhr erwacht sie aus ihrem Schlummer. Ich bringe ihr das Getränk ans Bett, stecke den Trinkhalm in ihren Mund und streichle sanft ihre Wange, als sie zu trinken beginnt. Langsam wird das Glas leerer.

Ich sitze da und halte das Glas in der Hand, und mir gehen die letzten acht Jahre durch den Kopf. Zuerst stellte sie nur hie und da eine zusammenhanglose oder unsachliche Frage; ansonsten war sie normal. Zwei Jahre lang versuchte ich herauszufinden, was nicht stimmte. Sie wurde rasch erregt, unruhig und verhielt sich abwehrend; sie war immerzu müde und nicht in der Lage, ein Gespräch zu führen.

Schließlich diagnostizierte ein Neurologe bei ihr die Alzheimersche Erkrankung. Er meinte, er sei sich nicht sicher – eine sichere Diagnose könne man erst nach ihrem Tod durch eine Untersuchung ihres Gehirns stellen. Man weiß nicht, welche Ursache diese Krankheit hat. Und es gibt letztlich keine Therapie dafür. Ich meldete Flossie in einer Tagesstätte für Erwachsene an. Doch weil sie immer wieder das Gelände der Anstalt verließ, bekam sie Medikamente, die sie beruhigten. Sie bekam einen Schlaganfall, eventuell weil sie von einem Medikament zu viel eingenommen hatte. Ihr Zustand verschlechterte sich daraufhin wesentlich: Sie wurde lethargisch, konnte ihre Exkremente nicht mehr halten, konnte auch nicht mehr klar sprechen und für sich selbst sorgen. Meine Angst wurde allmählich zur Resignation. Ich verabschiedete mich innerlich von allem, was wir geplant hatten: Reisen im Ruhestand, Erholungsurlaub, Besuche bei unseren Kindern und Enkeln, eben von allem, was sich ältere Menschen wünschen.

Inzwischen sind Jahre vergangen, und meine Tage vergehen mit ihrer Routine, mit den Herausforderungen, der Einsamkeit und der scheinbar unermesslichen Arbeit. Flossie hat nach und nach an Kraft und Gewicht abgenommen – von 62 Kilo auf 43 Kilo. Ich nehme mir die Zeit, ab und zu an einer Selbsthilfegruppe und am Leben meiner Gemeinde teilzunehmen, doch die täglichen Anforderungen nehmen mich sehr in Anspruch: das Füttern, Baden, das Windelnwickeln, das Wechseln der Bettwäsche, die Zubereitung der Mahlzeiten, das An- und Ausziehen sowie alles Übrige, was eine Krankenschwester oder ein häuslicher Pflegedienst von morgens bis abends macht.

Gelegentlich steigt ein Wort hoch aus den wirren Vorgängen in Flossies krankem Gehirn. Manchmal ist es ein wichtiges Wort, manchmal der Name eines Familienmitgliedes oder die Bezeichnung für einen Gegenstand.

Heute Morgen gebe ich ihr Apfelsaft, nachdem sie ihr Glas mit dem Proteingetränk geleert hat. Dann massiere ich ihre Arme und liebkose ihre Stirn und Wange. Meist hat sie ihre Augen geschlossen, doch heute schaut sie mich an, und plötzlich formuliert ihr Mund drei Wörter nacheinander: »Willst du mich?« Die Aussprache war perfekt, die Stimme leise und sanft. Ich wäre vor Freude fast aufgesprungen. »Natürlich will ich dich, Flossie!«, sagte ich, und ich umarmte und küsste sie. So hat sie – nach Monaten völligen Schweigens – die aufrichtigste Frage zusammenbekommen, die ein menschliches Wesen überhaupt fragen kann. Auf gewisse Weise spricht sie für Menschen, die überall auf der Welt leben: Menschen in den Fesseln von der Sünde, der Sucht, des Hungers, des Durstes, der Geisteskrankheit, der körperlichen Qual – geängstigte, entnervte Menschen, die sich vor der Antwort fürchten, aber doch verzweifelt genug sind, diese Frage zu stellen.

Und Flossie, ich kann dir dies noch präziser beantworten. Es mag für dich schwierig sein zu verstehen, was geschehen ist. Darum bin ich hier: um Gottes Liebe in meinem Dienst für dich an dich weiterzugeben, um dir Wohlbehagen und Erleichterung zu verschaffen. Meine Hände sind Gottes Hände, mit denen Er Sein Werk tut, genauso, wie Er andere Hände an anderen Orten gebraucht. Trotz unserer Fehler trachten wir danach, Menschen frei, froh und glücklich zu machen, sie mit Hoffnung für die Zukunft zu segnen, während wir ihnen jeden Morgen ein Proteingetränk reichen.

Ein Blick voraus …
Im Unterschied zu vielen Menschen heute verstand dieser Mann, der sich so sanft um seine Frau kümmerte, ganz klar, was das Wort »Verpflichtung« bedeutet. Während sich der Zustand ihres Geistes und ihres Körpers ohne Aussicht auf Besserung verschlechterte, war er bereit, Wünsche und Träume für die Zukunft aufzugeben, Pläne, für deren Durchführung er gearbeitet hatte. Sie war verzweifelt auf ihn angewiesen, und er war für sie da, obwohl sie ihm nichts zurückgeben konnte – nicht einmal ein einfaches »Danke«. Dies in all seiner Schönheit – und seinem Kummer – ist der Sinn der Liebe.

Sicher haben Sie Ihre eigenen Wünsche und Träume im Blick auf Ihr weiteres Eheleben. Doch vergessen Sie nicht, dass Gott andere Pläne haben könnte, die auf Ihrer unerschütterlichen gegenseitigen Verpflichtung beruhen – die gilt, was auch immer kommen mag.

JCD

Montag

Zum Guten oder zum Schlechten?

Darum wird ein Mann seinen Vater
und seine Mutter verlassen
und seinem Weibe anhangen,
und sie werden sein ein Fleisch.
1. Mose 2,24

Kennen Sie den Witz von der Hochzeit eines jungen Rechtsanwaltes und seiner Braut? Der Pastor stellte feierlich die Traufrage: »Wollen Sie Ihre Ehefrau lieben, ehren und sie nicht verlassen, weder in guten noch in schlechten Tagen, weder in Reichtum noch in Armut, weder in Gesundheit noch in Krankheit?« Er staunte nicht schlecht, als er den Bräutigam vorsichtig antworten hörte: »Ja. Nein. Ja. Nein. Ja. Und nein.«

Natürlich würden wir alle lieber die guten, reichen und gesunden Anteile herauspicken, wenn wir heiraten, und den Rest vergessen.

Doch nach diesem Strickmuster ist die Ehe nicht, weil auch das Leben nicht nach diesem Strickmuster ist.

Bei einer anderen Hochzeit (dies ist nun kein Witz) versprachen Braut und Bräutigam einander, sie würden so lange miteinander verheiratet sein, wie sie *einander liebten.* Hoffentlich haben beide gute Scheidungsanwälte, denn sie werden sie brauchen. Die einzig haltbare Dauerhaftigkeit einer Ehe entsteht durch die feste Verpflichtung, die zwei Menschen auch dann zusammenhält, wenn die Emotionen stark schwanken. Ohne solche Bindung ist selbst die beste Beziehung zur Auflösung verdammt.

Nur für uns ...

- Bist du mir gegenüber immer noch so fest verpflichtet, wie du es warst, als wir heirateten?
- Sind wir darauf vorbereitet, beieinander zu bleiben, wenn unser gemeinsamer Weg schwierig wird?
- Warum bleiben deiner Meinung nach so viele Ehepaare nicht zusammen?
- Welche Art gegenseitiger Verpflichtung erwartet der Herr von uns?
- Was können wir unternehmen, damit das Pflichtgefühl gegenüber unserer Ehe stark bleibt?

Lieber Gott, in Deiner Gegenwart erneuern wir unsere Entscheidung, uns gegenseitig von ganzem Herzen zu lieben. Segne diese heilige Verpflichtung mit Mut, Kraft und Ausdauer – und vor allem mit Freude! Amen.

Dienstag

Römische Brücken

*Auch wenn der Regen in Sturzbächen vom Himmel rauscht,
das Wasser über die Ufer tritt und die Stürme
an diesem Haus rütteln, wird es nicht einstürzen,
weil es auf Fels gebaut ist.*
Matthäus 7,25

Gestern sprachen wir darüber, dass Sie Ihrem Ehepartner »in guten wie in schlechten Zeiten« in der Pflicht stehen. Dr. Francis Schaeffer ging dieses Thema von einer anderen Seite her an. Er beschrieb die Brücken, die die Römer im 1. und im 2. Jahrhundert n. Chr. in Europa bauten. Diese Brücken stehen zum Teil noch heute, obwohl sie einfach aus Backsteinen und Mörtel gebaut sind, weil man sie nur zu Fuß begeht. Würde man mit einem Bulldozer darüber fahren, so würden sie zu Schutt und Trümmer zerfallen.

Ehen, in denen der eiserne Wille zum Zusammenbleiben fehlt, gleichen jenen römischen Brücken. Sie scheinen sicher zu sein und können sogar ein paar Jahre lang bestehen – bis sie unter heftigen Druck geraten. Dann zersplittern die Stützen, und die Struktur bricht ein.

Ist Ihre Ehe so konstruiert, dass sie normale wie außergewöhnliche Belastungen erträgt? Nehmen Sie sich die Zeit, auf soliden Grund zu bauen – auf den Herrn Jesus Christus. Dann ruht Ihre Beziehung auf Gewohnheiten und Einstellungen, die selbst starkem Druck standhalten werden.

Nur für uns …

- Gab es eine Phase, in der unsere Ehe alles andere als solide zu sein schien?
- Kennen wir ein Paar, dessen Ehe auch unter Druck stabil geblieben ist?
- Sehen wir in unserer Ehe irgendwelche beginnenden Risse – vielleicht ganz winzig kleine?

Vater, wir halten uns an die unerschütterlichen Wahrheiten Deines Wortes und die unfehlbare Verheißung Deiner Gegenwart, die unsere Ehe zusammenhält. Wir danken Dir, dass wir sicher miteinander leben und uns lieben können – auch unter Druck –, weil Du in dieser Ehe mit uns bist. Amen.

Mittwoch

Das Richtige tun

Diejenigen, die nicht für die eigenen Verwandten sorgen – besonders wenn sie im selben Haushalt leben – haben damit verleugnet, was sie glauben.
1. Timotheus 5,8

Unsere Freunde Keith und Mary Korstjens waren seit über 40 Jahren verheiratet. Kurz nach ihrem Hochzeitsurlaub erkrankte Mary an Kinderlähmung und wurde gelähmt. Die Ärzte informierten sie darüber, dass sie für den Rest ihres Lebens im Rollstuhl sitzen werde. Das war eine schlimme Sache, doch Keith wankte in seiner Treue und Verpflichtung gegenüber Mary nicht. In all diesen Jahren hat er sie täglich gebadet und angezogen, sie aus ihrem Bett gehoben und ins Bett gebracht, sie ins Badezimmer gebracht, ihr die Zähne geputzt und die Haare gekämmt.

Keith hätte sich von Mary im Jahre 1957 scheiden lassen und eine andere, gesündere Frau nehmen können, doch er dachte nicht einmal daran. Wir bewundern diesen Mann nicht nur deshalb, weil er das Richtige getan hat, sondern weil er seine Frau weiterhin liebte und schätzte. Obwohl die Probleme, vor denen wir selbst stehen, wahrscheinlicher geringer sind als die der Korstjens, wird jeder von uns im Laufe der Jahre, die vor uns liegen, in die eine oder andere Notlage kommen. Wie werden wir darauf reagieren?

Nur für uns ...

- Machst du dir Sorgen wegen gesundheitlicher Probleme, die auf unserem gemeinsamen Weg auftauchen können?

- Wie gut werde ich für dich sorgen, wenn du krank bist?
- Hast du es mir jemals verübelt, dass du für mich sorgen musstest, als ich krank war?
- Wie könnten Krankheiten – leichte wie schwere – unsere Ehe festigen und stärken?

Herr, wir wollen unseren Glauben nicht dadurch verleugnen, indem wir darin versagen, für diejenigen, die Du uns anvertraut hast, zu sorgen. Wir bitten um Deine Kraft – insbesondere dann, wenn Notlagen auftauchen –, damit wir in unserer Ehe und Familie duldende Liebe erweisen. Amen.

Donnerstag

Frustrierende Schwächen

Seid freundlich und mitfühlend zueinander
und vergebt euch gegenseitig,
wie auch Gott euch durch Christus vergeben hat.
Epheser 4,32

Großes Unglück und schweres Lebensschicksal kann selbst eine pflichtbewusste Liebe erschüttern, aber das können auch kleinere Enttäuschungen. Wenn sich diese tagtäglichen Ärgernisse mit der Zeit anhäufen, so kann das für eine Ehe bedrohlicher sein als größere Katastrophen, die in unser Leben hereinbrechen. Doch ja, es gibt sie in jeder Ehe, diese Zeiten, in denen ein Mann und seine Frau sich nicht sonderlich mögen. So manches Ereignis, das Ärger und Enttäuschung auslöst, nimmt vorübergehend die Freude aus einer Beziehung. Gefühle sind nun einmal so. Sie verflachen manchmal wie ein Autoreifen, in dem ein Nagel steckt. Auf der Felge zu fahren ist für alle Beteiligten eine sehr holprige Sache.

Wenn Sie wieder einmal versucht sind, sich innerlich über Ihren Ehepartner aufzuregen, so denken Sie daran, dass eine Scheidung für diejenigen niemals eine Lösung ist, die miteinander für ihr ganzes Leben in Treue verbunden sind. Entschließen Sie sich stattdessen dazu, an den Stellen zu arbeiten, an denen Ihre Reibereien entstehen, und die menschlichen Schwächen und Fehler Ihres Ehepartners anzunehmen. Er oder sie muss ja ebenso *Ihre* Fehler akzeptieren. Ein Bund gegenseitiger Treue und Annahme ist das mächtige Geheimnis einer lebenslangen Liebe.

Nur für uns …

- Welche »tagtäglichen Ärgernisse« zwischen uns regen dich am meisten auf?
- Kommen wir inzwischen mit unseren alltäglichen Spannung besser oder schlechter zurecht?
- Wie können wir Frustrationen in unserer Ehe verringern?

Lieber Gott, Du weißt, welche geringen Anlässe uns in unserer Ehe oft Not machen. Wir geben diese Ärgerlichkeiten in Deine Hand und bitten Dich: Heile uns. Vergib uns unseren Stolz. Schenk uns Deine Gnade. Lass in uns eine solche Liebe heranwachsen, die stärker ist als jeder Fehler und jede Schwäche.

Freitag

»Ich verspreche …«

Sagt einfach ›Ja‹ oder ›Nein‹.
Jedes Wort darüber hinaus ist vom Bösen.
Matthäus 5,37

Man kann tausendfach umschreiben, was »Liebe« heißt, doch in der Ehe heißt »Ich liebe dich« eindeutig: »Ich verspreche, alle Tage meines Lebens für dich da zu sein.« Das ist ein Versprechen, das zum Ausdruck bringt: »Ich werde für dich da sein, wenn du deinen Job verlierst, deine Gesundheit, deine Eltern, dein schönes Aussehen, dein Vertrauen, deine Freunde …« Das ist ein Versprechen, das Ihrem Partner sagt: »Ich werde dich aufrichten; ich werde deine Schwächen übersehen; ich werde deine Fehler verzeihen; ich werde deine Bedürfnisse höher werten als meine; ich werde ganz nahe bei dir bleiben, auch wenn es dir ganz schlecht geht.«

Diese Art der Zusicherung gibt Ihnen die Kraft, zuverlässig zu bleiben – in allem Auf und Ab des Lebens, in allen Situationen, den »guten wie den schlechten«.

Der Herr hat alle Zeit hindurch gezeigt, dass Er Seine Verheißungen erfüllt – auch die, die am wichtigsten ist: dass für jeden, der Ihm nachfolgt, für alle Ewigkeit ein Platz im Himmel reserviert ist. Weil Gott Seine Versprechen hält, müssen wir auch die unsrigen halten – insbesondere das eine Versprechen, das wir an unserem Hochzeitstag vor Gott, vor unseren Familien und Freunden sowie vor unserer Gemeinde abgelegt haben.

Nur für uns …

- Welcher Teil meines Hochzeitsversprechens bedeutet dir jetzt am meisten?
- Wie hat uns unser Versprechen, in guten wie in schlechten Tagen zusammenzubleiben, in schweren Zeiten geholfen?
- Welchen geistlichen Gewinn haben wir davon, dass wir unser Versprechen halten?

Lieber Herr, gib uns heute Deine Kraft, damit wir unser Versprechen halten. Möge unser Wort ein Band knüpfen – zwischen uns beiden, mit unseren Freunden, unseren Familien und Kollegen. Danke, dass Du nie Deine Verheißungen für uns zurückziehst! Amen.

Samstag

Eine vollkommene Liebe

Niemand soll sie mehr trennen,
denn Gott hat sie zusammengebracht.
Matthäus 19,6

In früheren Generationen akzeptierten die meisten das Lebenskonzept der Ehe als lebenslange gegenseitige Verpflichtung, ohne es in Frage zu stellen. Mein Schwiegervater James Dobson Sr. war da keine

Ausnahme. Er sagte zu seiner Verlobten, nachdem sie eingewilligt hatte, seine Frau zu werden:

»Ich möchte, dass du die Gefühle voll und ganz kennst und verstehst, die ich für den Bund der Ehe habe, den wir miteinander eingehen. Ich habe von meiner Mutter gelernt, dass – gemäß dem Wort Gottes – das Eheversprechen niemals gebrochen werden darf, und wenn ich es gelobe, so binde ich mich völlig und für mein ganzes Leben. Der Gedanke, ich könnte mich von dir aus irgendeinem Grund scheiden lassen (obwohl Gott *einen* solchen Grund zulässt: Unglaube), wird für alle Zeit aus meinem Denken ausgeschlossen werden. Ich bin dabei keineswegs naiv. Im Gegenteil: Ich bin mir voll und ganz bewusst, dass möglich ist, was jetzt völlig ausgeschlossen zu sein scheint, nämlich dass wir uns gegenseitig so entwickeln, dass wir nicht mehr zusammenpassen. Auch könnten unvorgesehene Umstände zu einer extremen seelischen Erkrankung führen. Sollte solch ein Fall eintreten, so bin ich für meinen Teil entschlossen, das zu akzeptieren, und zwar wegen der Verpflichtung, die ich jetzt eingehe, und es – falls nötig – bis ans Ende unseres gemeinsamen Lebens zu tragen.

Ich habe dich als meine Liebste sehr lieb gehabt, und ich werde dich als meine Ehefrau weiterhin lieben. Doch liebe ich dich über das hinaus und vor allem mit der Liebe, die Christus schenkt, die verlangt, dass ich dir gegenüber niemals so reagiere, dass unsere Aussicht, in den Himmel zu kommen, gefährdet wird. Denn dieses Ziel ist das Höchste im Leben von uns beiden. Und ich bete, dass Gott selbst unsere gegenseitige Liebe vollkommen und ewig machen möge.«

James und Myrtle Dobson genossen ein liebendes, treues und erfülltes Eheleben, das 1935 begann und mit seinem Tod im Jahre 1977 endete. Ihre Ehe geriet all diese Jahre hindurch nie ins Wanken. Wenn Sie Ihre Ehe genauso entschlossen angehen, werden Sie eine stabile, lohnende Beziehung aufbauen, die ein Leben lang halten wird.

SMD

Fünfte Woche

Können wir miteinander reden?

Sonntag

Männer haben einen Wortschatz von sechs Wörtern

von Erma Bombeck

Ich habe in einer meiner Veröffentlichungen erklärt, dass Männer zu Hause ca. sechs Wörter pro Tag sprechen. Einige Leser haben daraufhin mit mir Kontakt aufgenommen und wollten wissen, welches diese sechs Wörter sind. Ich hätte meine Bemerkung näher erläutern sollen. Diese sechs Wörter werden nicht unbedingt nacheinander in einem Satz ausgesprochen, auch werden sie nicht unbedingt gegenüber der eigenen Frau ausgesprochen.

Eine Freundin von mir zum Beispiel hat einen Mann, der sich seine sechs Wörter aufspart, bis sein Lieblingsprogramm im Fernsehen vorbei ist und er beinahe einschläft. Er knipst dann das Licht im Schlafzimmer an, klopft sein Kopfkissen zurecht, weckt sie aus ihrem festen Schlaf und sagt: »Hast du schon den Schlauch abgestellt?« (6 Wörter)

Manche Männer vergeben ihren Redeanteil mit einem einzigen Mal. Sie fahren das Auto in die Garage, gehen in die Küche, heben den Deckel von der Pfanne und verkünden lauthals: »Das gab's schon mittags.« (5 Wörter) Und plötzlich, wenn er merkt, dass das nur fünf Wörter waren, fügt er hinzu: »Ups!«

Wieder andere Männer meckern mit ihren sechs Wörtern darüber, dass das Fahrrad ihrer Frau in der Auffahrt den Weg versperrt.

Meine Woche beginnt jedes Mal ganz sacht und steigert sich dann zu einem packenden Finale.

Montags, ich: »Sag doch was.«

Er: »Was willst du, dass ich sage?« (6 Wörter)

Dienstags, ich: »Wie war dein Tag heute?«

Er: »Reiz mich nicht. Es war ungeheuerlich.« (6 Wörter)

Mittwochs, ich: »Versuch's doch mal mit mir.«

Er: »Wo ist der Rest vom Papier?« (6 Wörter)

Donnerstags, ich: »Wir hatten hier heute ein schlimmes Erlebnis.«

Er: »Der Hund ist nicht etwa weg?« (6 Wörter)

Freitags, ich: »Rate mal: Wer hat heute angerufen? Und kommt zum Essen? Und bringt ihren Ehemann mit? Und kann es kaum erwarten, sich bei dir auszureden?«

Er: »Nein. Nein. Nein. Nein. Nein. Nein.« (6 Wörter)

Samstags, ich: »Ich gehe ein wenig aus. Ich muss zum Einkaufscenter und dort einiges erledigen.«

Er: »Akzeptiert. Dir geht wohl mein Geschwätz auf die Nerven?« (9 Wörter)

Sonntags, ich: »Weißt du, dass du gestern neun Wörter mit mir gesprochen hast? Es würde mich nicht überraschen, wenn du mit etwas Neuem kommen würdest.«

Er: »Verlass dich nicht darauf!« (4 Wörter)

Die Frau trägt dazu bei, dass der Mann schweigt. Wir haben dieses Image vom starken, stillen, maskulinen Kerl geschaffen. Die Stille stand für tiefes Nachdenken, für das Unterdrücken von Gefühlen. Ein stiller Mann war eine Insel der Ruhe und der Geheimnisse, eine Herausforderung für jede Frau, ihn im Laufe der Jahre allmählich zu erschließen. Ich war immer der Meinung, ein stiller Mann sei zart und romantisch. Doch das war, ehe ich mit dem Tropenfisch darüber zu streiten begann, welchen Kanal wir sehen wollten.

Ein Blick voraus ...

Im Blick auf die Kommunikation sind wir alle verschieden. Manche Menschen reden einfach nicht gerne viel. Andere reden unaufhörlich, ohne dabei viel zu sagen. Doch bei der Ehe ist klar, dass die Kommunikation ein wesentlicher Schlüssel zum Gelingen der Ehe ist. Die eheliche Gemeinschaft derjenigen, die geschickt damit umgehen können, wird inhaltsreich, erfüllt und gedeihlich. Partner, die sich fortwährend nicht verstehen, fühlen sich oft allein und isoliert. Das trägt wesentlich zur Ehescheidung bei.

Wir geben euch in dieser Woche einige Tipps, wie die Kommunikation in der Ehe verbessert werden kann. Ich hoffe, dass am nächsten Sonntag mindestens doppelt so viele Wörter auf Ihrem »Wörterkonto« stehen – und dass, darüber hinaus, Ihr Partner versteht, was Sie sagen.

JCD

Montag

Worte, Worte

Wir haben aufrichtig mit euch geredet.
Unsre Herzen stehen euch völlig offen.
2. Korinther 6,11

Jeder Eheberater mit nur ein wenig Erfahrung weiß, dass die Unfähigkeit oder mangelnde Bereitschaft von Männern, mit ihren Frauen über ihre Gefühle zu sprechen, von den Frauen allgemein sehr beklagt wird. Forschungen haben gezeigt, dass schon kleine Mädchen über ein größeres Sprachvermögen verfügen als kleine Jungs; und das bleibt das ganze Leben hindurch so. Als Erwachsene kann die Frau typischerweise ihre Gedanken und Gefühle besser ausdrücken als ein Mann. Möglicherweise hat Gott ihr 50.000 Wörter pro Tag gegeben und dem Mann 25.000. Er kommt nach Hause und hat schon 24.994 davon verbraucht – er lässt sich nur noch in den Fernsehsessel sinken und sieht sich die Fußballübertragung an. Sie hingegen kann es kaum erwarten, ihre restlichen 25.000 Wörter loszuwerden und zu erfahren, was er denkt, wie es ihm heute bei der Arbeit gegangen ist und – vor allem – welche Gefühle er ihr gegenüber empfindet. Der Unterschied zwischen ihm und ihr – eine Auswirkung ihrer Erbanlagen – zeigt an, wie einzigartig sie sind. Wenn das Gespräch in der Ehe ein Problem ist, muss ein Kompromiss gefunden werden. Der verstummte Ehemann muss sich selbst zwingen, sein Herz zu öffnen und seine tieferen Gefühle mit seiner Frau zu teilen. Die enttäuschte Ehefrau muss respektieren, dass ihr Mann nicht zu jener emotionalen Nähe fähig ist, die sie sucht. Gemeinsam müssen sie versuchen, das zu verbessern, was besser werden kann – und den Rest zu akzeptieren.

Nur für uns …

- Stimmt es in unserem Fall, dass die Frau doppelt so viel Wörter zur Verfügung hat wie der Mann?
- Haben die Unterschiede bei unserem Gespräch Probleme zwischen uns hervorgerufen?

- Wenn es um den Austausch von Gefühlen geht, was sollte sich deiner Meinung nach in unserer Ehe ändern?
- Was verhindert ein gutes Gespräch zwischen uns? Wie können wir das verbessern?

Herr, hilf uns, uns über den Unterschied zwischen uns als Mann und Frau zu freuen und uns dabei gegenseitig zu helfen, mit jedem Wort zärtlich und froh mehr aus unserer Beziehung zu machen. Amen.

Dienstag

Was hast du gesagt?

Wer weise ist, höre auf diese Sprüche und gewinne noch an Weisheit.
Sprüche 1,5

Männer reden vielleicht weniger als Frauen, doch beiden Geschlechtern gemeinsam ist, dass sie zu wenig Gebrauch von ihrer Fähigkeit zum Zuhören machen. Die Formel: »Das hast du mir nie gesagt!« ist in manchem Haushalt oft zu hören.

Ich (JCD) erinnere mich an einen Abend, an dem mein Vater bei einem Gottesdienst in einem offenen Zelt predigte. Während seiner Predigt ließ sich eine Straßenkatze auf dem Podest nieder und döste vor sich hin. Mein Vater – ein großer Mann – trat einen Schritt zurück und erwischte mit seiner Ferse genau den Schwanz des armen Geschöpfs. Die Katze fuhr hoch und schlug mit ihren Klauen wild kratzend um sich. Mein Vater, konzentriert auf seine Botschaft, merkte nichts. Später meinte er, das Geschrei sei vom Quietschen der Bremsen jener Autos gekommen, die an einer Ampel in der Nähe stoppten. Als mein Vater endlich seinen Fuß wieder bewegte, schoss die Katze wie eine Rakete davon.

Diese Geschichte veranschaulicht das Kommunikationsproblem vieler Ehepaare. Da »schreit« eine Frau zum Beispiel nach Aufmerksamkeit und Nähe, doch sie spürt, dass er das nicht einmal wahrnimmt. Es ist nicht so, dass er das nicht wahrnehmen könnte. Doch er denkt vielleicht über etwas anderes nach oder missversteht ihre Signale völlig. Diese Situation kann leicht dadurch verbessert werden, dass man sich auf den »Kanal« einstellt, auf dem der Partner sendet. Es ist in der Tat so, dass sorgfältiges Zuhören so sehr der Liebe gleicht, dass die meisten Menschen kaum einen Unterschied zwischen beidem feststellen können.

Nur für uns ...

- Wenn wir uns gegenseitig etwas erzählen, das beim anderen nicht durchdringt – wer macht dann den Fehler: der »Sender«, der »Empfänger« oder beide?
- Was ist es, das du mir sagen wolltest, aber nicht gesagt hast, weil ich dir keine Aufmerksamkeit schenkte?
- Wenn wir besser aufeinander hören, wie kann sich das auf das Hören auf Gott positiv auswirken?

Lieber Gott, lehre uns die Weisheit und Gnade des Zuhörens. Hilf uns, jedem Wort Aufmerksamkeit zu schenken, so, als würden wir Dich hören. Amen.

Mittwoch

Schnell zum Hören

Seid schnell bereit, zuzuhören,
aber lasst euch Zeit,
ehe ihr redet oder zornig werdet.
Jakobus 1,19

Die Fähigkeit, gut zuzuhören, gibt es viel seltener als wir meinen. Denken wir nur an jenes Spiel in geselliger Runde: Einer flüstert seinem Nachbarn den Satz ins Ohr: »Drei Kühe überqueren die Straße, um aus dem Fluss zu trinken.« Dieser wieder flüstert es seinem Nachbarn ins Ohr usw. und so geht dieser Satz im ganzen Kreis herum. Ist der Satz wieder bei dem angelangt, der ihn als Erster weitergegeben hat, so ist von seinem ursprünglichen Sinn meist kaum noch etwas vorhanden.

Die Kommunikation zwischen Ehemann und Ehefrau kann ähnlich verwirrt werden, bis wir der biblischen Weisheit aus Jakobus 1,19 gehorchen: »Seid schnell bereit, zuzuhören, aber lasst euch Zeit, ehe ihr redet oder zornig werdet.« Das Berater-Ehepaar Chuck und Barb Snyder rät zu einer Technik des »Schnellen Zuhörens«, die auf diesem Vers basiert. Nach einer Meinungsverschiedenheit setzen sich beide Ehepartner hin und erläutern sich gegenseitig ausführlich, welche Gefühle sie dabei hatten. Der Haken bei dieser Geschichte ist, dass keiner den anderen unterbrechen darf, ehe dieser ausgeredet hat. Partner können dieses Verfahren versuchen und dennoch uneins bleiben, doch indem sie ihre Meinungen aussprechen und ihrem Partner gut zuhören, wächst die Chance, dass sie einander verstehen – und die besten Freunde bleiben.

Nur für uns …

- Hast du manchmal das Gefühl, das du mir etwas sagst, ich aber etwas ganz anderes dabei höre?
- Neigt einer von uns dazu, den anderen zu unterbrechen, ehe er/sie ganz ausgeredet hat?
- Wenn wir die Methode des »Schnellen Zuhörens« nach jeder Auseinandersetzung anwenden würden, wie würde das unsere Ehe ändern?

Vater, wir wollen das, was Dein Wort über das Zuhören, das Reden und den Umgang mit Wut und Empörung sagt, in unserer Ehe anwenden. Wir bitten Dich: Schenke uns Deine Gnade und Stärke. Hilf uns, daran zu bleiben – und zu sehen, welche guten Folgen das hat! Amen.

Donnerstag

Wortbilder

Jesus erzählte ihnen noch viele andere Gleichnisse ... Er sagte: »Man kann sich das Himmelreich auch am Beispiel eines Königs vorstellen, der ein großes Hochzeitsfest für seinen Sohn vorbereitete.«

Matthäus 22,1-2

Eine andere, sehr nützliche Gesprächstechnik ist die Wortbild-Methode, die Gary Smalley und John Trent in ihrem Buch »The Language of Love« beschreiben. In einem darin genannten Beispiel geht es um einen Professor und Fußballtrainer namens Jim, der jeden Abend todmüde nach Hause kommt – zu müde, um mit seiner Frau Susan zu sprechen. Das ruft bei ihr mit der Zeit Enttäuschung und Wut hervor. Schließlich erzählt Susan Jim eine Geschichte über einen Mann, der mit seinen Kollegen frühstücken ging. Er aß sein Lieblingsomelette, sammelte die Reste ein und verstaute sie in einer Tüte. Mit einigen anderen Freunden ging er Mittagessen, verzehrte ein Putensteak und einen Berg Salat. Wieder kratzte er die Reste zusammen und steckte sie in seine Tüte. Als er abends nach Hause kam, gab er seiner Frau und ihren beiden Buben die Tüte mit den Speiseresten.

»So komme ich mir vor, wenn du nach Hause kommst und nichts mehr geben kannst«, sagte Susan. »Alles, was wir bekommen, sind Reste. Ich warte, um mit dir ein feines Essen zu genießen, in der Hoffnung, mit dir zu reden und zu lachen und dich besser kennen zu lernen. Ja, ich möchte gerne mit dir so reden, wie du es mit deinen Jungs tust. Doch wir bekommen nichts weiter als Tüten mit Speiseresten. Liebling, merkst du das nicht? Wir brauchen keine Speisereste. Wir brauchen dich.«

Susans Wortbild berührte Jim zutiefst, und es führte zu positiven Änderungen in ihrer Ehe. Vielleicht werden auch Sie entdecken, dass ein anschauliches Wortbild eher die Aufmerksamkeit Ihres Mannes auf sich zieht als ein Sturzbach wütender Worte.

Nur für uns …

- Warum sind Wortbilder oft so wirksam?
- Jesus benutzte oft Wortbilder, um einen entscheidenden Punkt deutlich zu machen (z. B.: »Ich bin der gute Hirte …«). Welches Wortbild beschreibt deine Gefühle über uns?

Herr, lehre uns, uns gegenseitig unser innerstes Selbst mitzuteilen. Erinnere uns daran, welch großen Wert dieser intime Austausch zwischen verheirateten Geliebten hat. Amen.

Freitag

Zu viel Ehrlichkeit

Redet freundlich und klar.
Kolosser 4,6

Die meisten Eheberater betonen, dass die Kommunikation die Grundlage für eine gesunde eheliche Beziehung ist. Nichts sollte vor dem Ehepartner zurückgehalten werden. In diesem Rat steckt viel Weisheit, vorausgesetzt, dass man ihn vernünftig anwendet. Es kann ehrlich sein, wenn ein Mann seiner Frau sagt, dass er weder ihre dicken Beine noch ihre Krampfadern noch ihre Küche mag. Es ist ehrlich, wenn eine Frau ihrem Ärger über ihren Mann freien Lauf lässt und fortwährend mit ihm über sein Versagen und seine Fehler streitet. Doch Ehrlichkeit, die nicht das Beste für den anderen im Sinn hat, ist eigentlich eine grausame Art von Egoismus. Einige Ehepaare, die jeden Gedanken und jede Ansicht miteinander teilen wollen, löschen systematisch jenen Funken von Romantik, der sie einst verbunden hat. Sie verlieren jeden Sinn für Geheimnisvolles in ihrer Beziehung.

Wie drückt man aber intime Gefühle aus und vermeidet allzu große Ehrlichkeit? Insbesondere Ehepartnern hilft der Rat des Paulus weiter, den er allen Christen gab: »Redet freundlich und klar.«

Nur für uns …

- Bin ich manchmal dir gegenüber *so* ehrlich, dass meine Worte verletzend sind?
- Meinst du, es solle Ausnahmen davon geben, dass man sich in der Ehe »die Wahrheit, die ganze Wahrheit und nichts als die Wahrheit« sagt?
- Auf welchem Gebiet könnten wir mehr Ehrlichkeit, auf welchem mehr Güte vertragen?

Himmlischer Vater, wir wissen, dass Ehrlichkeit Dein Wille für unser Leben ist – doch gib uns bitte die Weisheit zu erkennen, wann wir die Wahrheit aussprechen und wann wir sie für uns behalten sollen. Amen.

Samstag

Das Gesprächsspiel

Unsere Herzen stehen euch völlig offen …
öffnet uns doch eure Herzen!
2. Korinther 6,11.13

Mein Mann hat immer ein einfaches Beispiel verwendet, um Eltern beizubringen, wie sie mit ihren Kindern besser kommunizieren können. Das könnte auch für die Leserinnen dieses Buches hilfreich sein, denn damit könnten sie ihren Männern zeigen, wie diese mit ihnen reden können. Und zwar geht das so:

Geben Sie Ihrem Mann drei Tennisbälle und bitten Sie ihn, sie Ihnen alle auf einmal zuzuwerfen. Statt ihm aber die Bälle dann zurückzuwerfen, halten Sie sie einfach fest. Er wird fragen, was als Nächstes geschieht. Das hat ganz den Anschein, als sei es kein bloßes Spiel. Dann sagen Sie ihm die Pointe: Sich gut zu unterhalten ist einem Spiel recht ähnlich. Du »wirfst« deinem Mann einen Gedanken oder eine Bemerkung zu (»Wie war die Arbeit?«), und er »wirft« das zurück (»Großartig! Ich habe endlich jenes Projekt fertig bekommen«). Wenn dein Mann nichts »zurückwirft« (»Die Arbeit war schön«), hört das Spiel auf. Beiden Spielern ist das unangenehm und peinlich.

Natürlich sollten sich ein Ehemann und eine Ehefrau mehr als ein paar oberflächliche Einzelheiten »zuwerfen«. Sie sollten miteinander Träume, Gefühle, geistliche Ziele usw. teilen. Doch das alles beginnt mit dem Gesprächsspiel.

SMD

Sechste Woche

Die Rolle des Ehemanns

Sonntag

Das Haupt des Hauses

von Thom Hunter

Mein Sohn Patrick – noch keine zehn Jahre alt – nimmt fast nichts ernst. Doch manchmal packt ihn etwas so, dass er es nicht mehr loslässt. Er stellt eine Idee oder eine Meinung so lange in Frage, bis er zufrieden stellend erkannt hat, dass er damit nicht aufs Glatteis geführt wird und dass in seiner Welt alles in Ordnung ist.

Ich bin auf seine Zähigkeit und Ausdauer meist nicht gefasst.

»Papa, können wir heute ins Kino gehen?«, fragte er, als wir auf der Autobahn im Stau dahinschlichen. »Vielleicht«, antwortete ich, »mal schauen, was Mama dazu sagt, wenn wir nach Hause kommen.« »Sie wird ›nein‹ sagen«, meinte er. »Sie wird sagen, wir müssten unser Zimmer putzen oder ein Buch lesen oder draußen spielen. Oder irgendetwas anderes.« Wir fuhren weiter.

»Papa?«, fragte Patrick. »Bekommen wir einen neuen Hamster?« Welch absurde Idee! Seit Wochen war bei uns kein Hamster mehr gestorben. »Nun, vielleicht«, antwortete ich. »Wir werden sehen, was Mama zu diesem Thema meint.« Ich machte das Radio aus.

»Papa?«, erklang es von Neuem. »Können wir heute Abend essen gehen?« »Vielleicht«, sagte ich, »wenn Mama nicht schon etwas anderes vorhat.« Ich steckte eine Kassette ins Kassettengerät.

»Papa?«, fragte Patrick. »Ist Mama das Haupt unseres Hauses?«

Wumms! Mir war, als steckte ich mitten in einer Massenkarambolage. Mein Gesicht wurde rot. Meine Körpertemperatur stieg an. Ich fühlte mich plötzlich zwischen den Autos um uns herum eingeengt. Ich blickte in den Rückspiegel. Patrick hatte sich in die Mitte der Sitzreihe hinter mir platziert mit einem unschuldigen Grinsen auf seinem Gesicht.

»Patrick«, sagte ich, »ich bin das Haupt unseres Hauses. Ich treffe die Entscheidungen. Vergiss das nicht, ja? Verstanden?«

»Okay«, sagte er. »Heißt das, dass wir essen gehen, ins Kino gehen und auf dem Heimweg einen neuen Hamster kaufen?«

Er ging mir auf die Nerven. Und ich konnte ihn fast auch noch verstehen. Er suchte die Schwachstelle in der Partnerschaft seiner Eltern, suchte einen Spalt, in den er einen Keil treiben konnte, testete so ein biblisches Konzept – immer darauf bedacht, für sich einen Vorteil herauszuschlagen.

Was haben eine Pizza, ein Hamster und Leinwände voll Fantasie damit zu tun, ob ich meiner Rolle als Familienoberhaupt gerecht werde? Ich stellte mir selbst diese Frage, als ich mich der Stoßstange meines Vordermannes rasch näherte. Ich bremste scharf und verhinderte einen Unfall. Glücklicherweise waren wir in diesem Moment nicht schneller als 15 km/h.

Das Ergebnis war, dass wir auswärts aßen und ins Kino gingen. Doch den Hamsterkäfig verkauften wir. »Wir« trafen all diese Entscheidungen – seine Mutter und ich.

Diese Sache mit dem »Haupt des Hauses« trifft mich an einer empfindlichen Stelle. Als ich aufwuchs, gab es da keinen Zweifel. Mutter war die Herrin im Haushalt. Doch sie hatte es nie darauf angelegt. Sie wollte immer einen Partner haben. Sie wusste, was die Bibel unter einer »Gehilfin« verstand. Wenn mein Vater ein anderer Mensch gewesen wäre und uns nicht verlassen hätte, als ich sechs Jahre alt war, so wäre sie eine wundervolle Ergänzung zu ihm gewesen.

»Du musst ein Mann sein«, hatte sie zu mir gesagt, als ich Teenager war. »Nimm Verantwortung auf dich; weiche Entscheidungen nicht aus; liebe deine Frau und schätze deine Kinder!«

Und sei das Haupt des Hauses.

Und so wollte ich immer der Chef im Haus sein: Herr über alle, die mir untergeben waren, oberster Befehlsherr, Vater und Haupt all meiner treuen Untertanen. Diesen Traum trug ich mit mir am Traualtar und später fünfmal im Kreißsaal. Meine Herrschaft ist manchmal stürmisch und manchmal lau, doch sie breitet sich um mich herum aus.

Doch wenn ich das Haupt des Hauses bin, warum hat das Haupt Kopfweh und kann das Haus kaum zusammenhalten? Und wenn ich das Haupt im Hause bin, warum gehe ich dann manchmal mit Händen ins Bett, die vom Spülen rau und rissig sind? Mit der Angst, ich hätte vergessen, den Stecker des Bügeleisens zu ziehen?

Wenn ich das Haupt des Hauses bin, warum muss ich dann um die Zeit feilschen, ein Fußballspiel im Fernsehen ansehen zu können, und versprechen, zwei Stunden lang mit der Familie Fahrrad zu fahren, damit ich zehn Minuten für mich allein habe?

Und wenn ich das Haupt des Hauses bin, warum muss ich dann vom Fleisch auf meinem Teller abgeben? Und warum muss ich den Tisch wischen und die Reste vom Kartoffelbrei mit bloßen Händen vom Boden auflesen, während alle anderen den Nachtisch essen, genau diejenigen, die vorher ihren ganzen Kartoffelbrei hätten essen sollen?

Und wenn ich das Haupt des Hauses bin, warum muss ich fünf andere Körper zudecken, ehe ich mir meine Bettdecke bis ans Kinn ziehen kann? Warum muss ich erst fünfmal die Angst vor Alpträumen verjagen, ehe ich das bei mir selbst tun kann? Die Kissen zurechtschütteln und die Füße unter die Bettdecken zurückschieben? Ihnen noch ein Getränk bringen und das Licht ausmachen?

Und wenn ich das Haupt des Hauses bin, warum muss ich meiner Frau den Nacken massieren, ehe sie sich ins Bett legen kann?

Warum?, frage ich. Warum muss ich all das tun? Weil ich das Haupt des Hauses bin – darum. Wenn ich nicht zuhöre ... Wenn ich zu anderen rücksichtslos bin ... Wenn ich Entscheidungen treffe, ohne auf den Beitrag der Frau zu hören, die Gott mir gab ... Wenn ich alles aus mir selbst tun will, ohne Gott, dann mag ich auch vergessen, dass ich das Haupt des Hauses bin.

Das werde ich Patrick erzählen, wenn wir das nächste Mal auf der Autobahn im Stau stehen. Wir haben dann ja genug Zeit dazu.

Ein Blick voraus ...

Lieber Ehemann, diese Woche ist insbesondere für Sie vorgesehen. (Doch wir hätten gerne, dass Ihre Frau auch daran teilhat!) Kämpfen Sie auch manchmal mit Ihrer Rolle als »Haupt des Hauses« wie der Autor der Geschichte oben?

Haupt des Hauses – was heißt das eigentlich genau? Das ist in unserer Zeit und Welt umstritten, doch es gibt da einige biblische Wahrheiten, auf die wir uns beim Verstehen dieser Sache verlassen können.

Wir werden Ihnen in dieser Woche einige dieser biblischen Grundsätze und Leitlinien anbieten. Heute Abend empfehlen wir Ihnen, Ihrer

Frau zu sagen, wie Sie den Ausdruck »Haupt des Hauses« verstehen – und dann fragen Sie sie, ob sie damit einverstanden ist.

JCD

Montag

Eine heilige Partnerschaft

Ich sage …, dass jeder Ehemann
seine Frau so lieben soll,
wie er sich selbst liebt.
Epheser 5,33

Wenn man präzise herausfinden will, welche Rolle Gott für den Ehemann bestimmt hat, so kann man das nirgends besser tun als in der Bibel selbst. Der Apostel Paulus lehrte: »Ihr Ehemänner, liebt eure Frauen mit derselben Liebe, mit der auch Christus die Gemeinde geliebt hat … Er tat dies, um sie als herrliche Gemeinde vor sich hinzustellen, … heilig und makellos … Genauso sollten auch die Ehemänner ihre Frauen lieben, wie sie ihren eigenen Körper lieben« (Epheser 5,25-28). Paulus sagt uns auch: »Der Mann ist das Haupt seiner Frau, wie Christus das Haupt seines Leibes – der Gemeinde – ist« (Epheser 5,23).

Dies ist die Grundlinie Ihrer Verantwortung als Ehemann: Sie sind mit der heiligen, liebenden Führungsaufgabe gegenüber Ihrer Frau beauftragt. Da ist *nichts* Diktatorisches oder Egoistisches dabei! Ihre Liebe soll so stark sein, dass sie die Liebe Christi zu Seiner Gemeinde widerspiegelt, so hingegeben, dass Sie unzweifelhaft sterben würden, um sie zu retten, und so mächtig, dass sie von der Liebe, die Sie zu sich selbst haben, nicht unterschieden werden kann.

Was für eine Herausforderung! Und was für ein Vorrecht, mit Gott und mit Ihrer Frau eine heilige Partnerschaft einzugehen! Denn wenn Sie Ihrer Bestimmung, Ihrer Aufgabe als Haupt des Hauses nachkommen und sie erfüllen, werden Sie gesegnet werden, wie Sie es sich nicht vorstellen können.

Nur für uns …

- (Ehemann) Welches war mein »hellster Augenblick« als dein Ehemann?
- (Ehemann) Spürst du, dass meine Liebe zu dir dem nahe kommt, was die Bibel über die Rolle des Ehemannes sagt?
- (Ehefrau) Welches Gefühl hast du im Blick auf die Verantwortung, die Gott den Ehemännern übergibt?
- (Ehefrau) Wie kann ich dich in deiner Rolle ermutigen?

(Gebet für den Ehemann)
Himmlischer Vater, Du hast mir die Ehrfurcht gebietende und heilige Verantwortung aufgetragen, meine Frau so zu lieben, wie Christus die Gemeinde. Hilf mir, Seinem vollkommenen Beispiel nachzufolgen, wenn ich lerne, in der Liebe zu meiner Partnerin immer mehr zu wachsen. Amen.

Dienstag

Entscheidungen, Entscheidungen

Christus ist das Haupt eines jeden Mannes;
der Mann aber ist das Haupt der Frau;
Gott aber ist das Haupt Christi.
1. Korinther 11,3

Zu den umstrittensten Bibelstellen gehören jene, die sich darauf beziehen, dass eine Frau dazu verpflichtet ist, sich der Führung ihres Mannes »unterzuordnen«. Dieser biblische Grundsatz verärgert viele Frauen. Ja, es gibt Macht auch jenen Männern, die sie manchmal missbrauchen. Und doch steht da: »Der Mann ist das Haupt der Frau.« Diese Worte kann man, wenn man die Bibel als unfehlbaren Wegweiser akzeptiert, nicht einfach zur Seite schieben. Doch was bedeutet dieses »Haupt-Sein« tatsächlich?

Die Bibel sagt klar, dass der Ehemann in seinem Zuhause die Führungsaufgabe hat. Dabei hat er aber nicht das Recht, rücksichtslos über die Ansichten und Gefühle seiner Frau hinwegzuschreiten. Er soll sie lieben, wie Christus seine Gemeinde liebte (Epheser 5,25), und ihr selbstlos und leidenschaftlich dienen. Ein Mann sollte gemeinsam mit seiner Frau Entscheidungen treffen, die für beide zufriedenstellend sind; er sollte immer daran arbeiten, ihre Perspektiven mit einzubeziehen und Kompromisse suchen, wo möglich. In Situationen, in denen beide keine gemeinsame Basis finden können, gibt die Bibel dem Mann das Vorrecht – und die Verantwortung –, zu entscheiden und zu leiten. In diesem Fall jedoch muss er sensibler und behutsamer sein denn je und daran denken, dass er letztlich Gott gegenüber Rechenschaft ablegen muss – nicht nur für seine Entscheidungen, sondern auch darüber, wie er seine Frau behandelt hat.

Nur für uns ...

- (Ehemann) Bitte beurteile einmal, wie ich meiner Leitungsaufgabe als dein Ehemann nachkomme.
- Passt unsere Methode, Entscheidungen zu treffen, zu dem biblischen Modell?
- (Ehefrau) Wie fühlst du dich in deiner Aufgabe als »Haupt des Hauses«?
- (Ehemann) Bin ich im Blick auf deine Gefühle sensibel, wenn wir Entscheidungen treffen?

Himmlischer Vater, in Deinem göttlichen Plan für die Ehe hast Du den Mann mit der Leitung beauftragt, und die Frau soll sich ihm unterordnen. Wir wollen Dir gerne gehorchen. Wir kommen jetzt demütig zu Dir und bitten Dich um Weisheit und Hilfe dazu. Amen.

Mittwoch

Der allein stehende Mann

Wehe dem, der allein ist,
wenn er fällt!
Prediger 4,10

Im Unterschied zur gängigen Meinung führt ein allein stehender Mann kein leichtes Leben. Weit eher als eine unverheiratete Frau wird er zum Alkoholiker, Drogensüchtigen oder Kriminellen. Er ist im Blick auf seine Fahrgewohnheiten, seine Finanzen und sein äußeres Erscheinungsbild nachlässiger. (Das bestätigt sich, wenn man sich einmal bei Autoversicherern, Bankangestellten oder Nachbarn mit studierenden Söhnen umhört.)

Freilich gibt es auch hier Millionen von Ausnahmen, doch ist – rein statistisch gesehen – ein unverheirateter junger Mann offen für viele unsoziale Verhaltensweisen. Wenn er sich aber verliebt, heiratet und für seine Frau sorgt, sie schützt und fördert, dann wird er zu einer Hauptstütze der sozialen Ordnung. Seine egoistischen Impulse werden blockiert. Seine sexuellen Leidenschaften werden reguliert. Er entdeckt an sich einen gewissen Stolz auf seine Familie. Er merkt, warum ein verheirateter Mann – im Durchschnitt – länger und glücklicher lebt als sein allein stehendes Gegenstück.

Gott wusste, was er tat, als er die Institution der Ehe einsetzte. Ein kluger Ehemann anerkennt dies und pflegt die Beziehung zu seiner Frau.

Nur für uns …

- Hast du das Gefühl, dass du dich seit unserer Hochzeit verändert hast?
- Fehlt dir etwas, weil du nicht mehr allein stehend bist? Warum?
- Wie hat die Ehe mit mir dein Leben bereichert?
- Wie kann ich dir dazu verhelfen, dass du mehr Freude an unserer Ehe und mehr Stolz auf unsere Familie empfindest?

(Gebet für den Ehemann)
Lieber Gott, ich danke Dir für das Geschenk der Ehe. Danke für meine liebevolle Frau und für Deinen täglichen Segen für unsere Partnerschaft und unser Heim. Bewahre mich davor, dass ich jemals Deine Großzügigkeit als garantiert hinnehme oder Deine heiligen Ziele und Pläne auf die leichte Schulter nehme. Amen.

Donnerstag

Der abtrünnige Mann

Ihr Väter, seid nicht ungerecht gegen eure Kinder.
Erzieht sie vielmehr mit Disziplin
und zeigt ihnen den richtigen Weg,
so wie es Christus entspricht.
Epheser 6,4

Der Autor Derek Prince hat den »abtrünnigen Mann« als eines der größten Probleme unserer Gesellschaft bezeichnet. Das Wort »abtrünnig« meint »jemanden, der sich davor drückt, seine wichtigste Verantwortung zu übernehmen«. Mit diesem Wort wird genau jener Typ Ehemann und Vater beschrieben, der seine ganze Kraft in die Arbeit oder seinen persönlichen Zeitvertreib investiert und die Aufgabe der Kindererziehung der Frau überlässt. Sowohl Jungen wie Mädchen brauchen dringend ihren Vater, der eine ganz spezifische Rolle in ihrem Leben einnimmt.

Untersuchungen im Blick auf die Entwicklung von Kindern haben bestätigt, dass sich das Fehlen eines positiven männlichen Einflusses ganz entscheidend auf die Pubertät und die geschlechtsspezifische Identität eines Kindes sowie auf den Zusammenhalt innerhalb einer Familie auswirkt. Und diejenigen, die ihre von Gott gegebene Verantwortung zu Hause annehmen, haben eine großartige Möglichkeit, auf das Leben der Kleinen Einfluss zu nehmen, die ihnen anvertraut sind.

Nur für uns …

- (Ehemann) Komme ich dir manchmal vor wie ein »abtrünniger Mann«? Inwiefern?
- (Ehemann) In welcher Hinsicht bin ich ein guter Vater? (Für Ehepaare ohne Kinder: Welche Art Vater würde ich sein?)
- (Ehefrau) Inwiefern waren unsere eigenen Väter gute oder schlechte Beispiele dafür, dass ein Vater seine Verantwortung zu Hause übernimmt?
- (Ehefrau) Wie kann ich dir als deine Frau helfen, ein besserer Vater zu werden?

(Gebet für den Ehemann)
Lieber Gott, hab Dank für die Verantwortung und Gelegenheit, dass ich auf meine Kinder einwirken und sie zum Guten beeinflussen kann. Ich möchte treu sein. Hilf mir, meine Pflichten als Vater gerne – nicht widerstrebend – zu erfüllen. Wenn meine Mühe manchmal nicht ausreicht, so tu Du Großes im Leben meiner Kinder. Amen.

Freitag

Das Antlitz einer Ehefrau

Er soll frei in seinem Hause sein …,
dass er fröhlich sei mit seiner Frau,
die er genommen hat.
5. Mose 24,5

»Wenn du wirklich wissen willst, was für einen Charakter ein Mann hat, dann brauchst du nur das Antlitz seiner Frau anzuschauen. Alles, was er aufgewendet – oder zurückbehalten – hat, ist daran abzulesen.«

Diese Botschaft hörte Bill McCartney, damals Cheftrainer der Fußballmannschaft der Universität von Colorado, 1994 in einer Predigt. Die Worte schnitten ihm ins Herz. McCartney hatte die Fußballabteilung der Universität so stark gemacht, dass sie 1990 sogar die nationale Meisterschaft gewonnen hatten. Er hatte auch eine christliche Männerbewegung mitgegründet, die »Promise Keepers«. Doch all diese Leistungen forderten ihren Preis. Über Jahre hinweg hatte McCartney seine Zeit und Energie für alles Mögliche aufgebracht – aber nicht für seine Frau Lyndi. Bill McCartney gefiel nicht was er im Jahre 1994 in Lyndis Antlitz sah – und so gab er seine Position an der Universität auf und widmete seine Zeit seiner Frau und seiner Familie.

Als Ehemann tragen Sie zuallererst Verantwortung für das Wohlergehen Ihrer Frau, auch für ihr seelisches Wohlbefinden. Was sehen Sie heute Abend in ihrem Gesicht?

Nur für uns …

- (Ehemann) Hast du jemals das Gefühl gehabt, du müsstest um meine Aufmerksamkeit kämpfen?
- (Ehemann) Kommt es dir so vor, als würden mich meine Arbeit oder meine Freizeitaktivitäten ganz ausfüllen?
- (Ehefrau) Was für ein Gefühl war es wohl für Bill McCartney, als er seine erfolgreiche Karriere abbrach?
- (Ehefrau) Ringst du manchmal darum, dich mehr um mein seelisches Wohl zu kümmern? Kann ich dir dabei helfen?

(Gebet für den Ehemann)

Allmächtiger Gott, mit Deiner Hilfe nehme ich von ganzem Herzen meine Verantwortung an, für das seelische Wohlergehen meiner Frau zu sorgen. O, dass ich doch nach und nach zu einem Meister darin werde, sodass ich in ihrem Gesicht Freude und Zufriedenheit ablesen kann. Amen.

Samstag

Ein geistlicher Leiter

Denn dazu habe ich ihn auserkoren,
dass er seinen Kindern befehle
und seinem Hause nach ihm,
dass sie des Herrn Wege halten.
1. Mose 18,19

Der wohl wichtigste Aspekt dessen, dass ein Ehemann das Haupt seines Hauses ist, ist seine Aufgabe als geistlicher Leiter. Wenn alles gesagt und getan ist, kann es dann für einen Ehemann noch etwas Wichtigeres geben, als das geistliche Wohl seiner Frau und seiner Kinder auf Erden voranzubringen und dann einmal im Himmel mit ihnen vereint zu sein?

Etwas, das mich bei Jim während all unserer gemeinsamen Jahre am stärksten beeindruckt hat, ist sein hingebungsvoller Einsatz für das geistliche Leben unserer Familie und das Beispiel, das er mir, Danae und Ryan in seiner Person gibt. Unsere erste Verabredung führte uns in einen Sonntagabendgottesdienst, und er ist in seinem Einsatz für die Gemeinde nie wankelmütig geworden, insbesondere was den Zehnten und den Gottesdienstbesuch betrifft. In der Zeit, als unsere Kinder noch zu Hause waren, kam Jim oft am späten Samstagabend oder am frühen Sonntagmorgen von einer Reise nach Hause. Doch er stand morgens auf und ging zur Sonntagsschule. Ich weiß, dass er todmüde war, aber er wollte nicht, dass seine Kinder ihn sonntags im Bett liegen sahen. Schon früh in unserer Ehe richtete Jim feste Zeiten für die Familienandacht, das gemeinsame Gebet und das Bibellesen ein (zugegebenermaßen manchmal mehr, manchmal weniger regelmäßig). Das war ein großer Segen für unsere Kinder, da sie mit dem Herrn aufwuchsen, und es war – und ist – auch für mich sehr ermutigend.

Ehemänner, ich bitte Sie eindringlich, sich gut um das geistliche Leben Ihrer Familie zu kümmern. Geben Sie das richtige Beispiel? Richten Sie sich Zeiten ein für sich selbst, Ihre Frau und Ihre Kinder, um in Gottes Wort zu wachsen? Sie stolpern vielleicht auf diesem Weg gelegentlich – das ist auch uns passiert –, doch ich will Ihnen als Ehemann Mut machen: Bleiben Sie auf dem Kurs, wenn Sie ihn einmal eingeschlagen haben. Das ist die Art von Führung, die Ihre Frau sich wünscht und die sie braucht – und die Art, die der Herr selbst sehen möchte.

SMD

Siebte Woche

Die Rolle der Ehefrau

Sonntag

Marthas geheimes Gewürz

von Roy J. Reiman

Es ärgerte Ben jedes Mal, wenn er in die Küche ging. Da lag diese kleine Dose auf dem Regal über Marthas Herd. Er hätte die kleine Dose wohl kaum bemerkt und sie wäre ihm sicher völlig gleichgültig geblieben, hätte Martha ihm nicht wiederholt gesagt, dass er sie auf keinen Fall berühren dürfe. Der Grund dafür, meinte sie, ist, dass die Dose ein »geheimes Gewürz« enthält, das sie von ihrer Mutter bekommen habe. Da sie diese Dose nicht wieder auffüllen konnte, achtete sie sorgsam darauf, dass weder Ben noch jemand anderes sie berührte und öffnete. Denn man könnte sie fallen lassen, und ihr wertvoller Inhalt würde verschüttet.

Dabei sah die Dose nicht einmal besonders hübsch aus. Sie war so alt, dass ihre rote Farbe fast völlig abgeblättert und das Goldmuster ziemlich verbleicht war. Man konnte die Stellen genau erkennen, an denen die Dose immer wieder in die Hand genommen und geöffnet worden war. Es waren nicht nur Marthas Finger gewesen, die die Dose berührt hatten, sondern auch die Finger ihrer Mutter und ihrer Großmutter. Martha wusste es nicht ganz sicher, aber sie meinte, dass sogar schon ihre Urgroßmutter dieselbe Dose mit dem »geheimen Gewürz« benutzt hatte.

Alles, was Ben darüber wusste, war, dass Marthas Mutter kurz nach ihrer Hochzeit gekommen war und Martha die Dose gegeben hatte – mit der Bemerkung, von dem Inhalt genauso liebevoll Gebrauch zu machen wie sie selbst.

Und das tat sie mit aller Hingabe. Ben sah, dass Martha jedes Mal, wenn sie eine Mahlzeit zubereitete, die Dose nahm und ein wenig über die Zutaten streute. Sogar wenn sie Kuchen, Torten oder Plätzchen buk, fügte sie ein wenig aus der Dose hinzu, ehe sie das Ganze in den Herd schob.

Was auch immer in jener Dose war, es tat seine Wirkung. Denn Ben war sich sicher, dass Martha die beste Köchin der Welt war.

Und er stand mit dieser Meinung nicht allein, denn jeder, der bei ihnen zu Besuch war, lobte Marthas Kochkunst.

Aber warum ließ sie es nicht zu, dass Ben diese Dose berührte? Befürchtete sie tatsächlich, dass er deren Inhalt verderben konnte? Und wie sah dieses geheimnisvolle Gewürz aus? Es war so fein, dass Ben, wenn Martha es über dem Essen verstreute, nicht sehen konnte, wie es aussah. Und sie nahm offensichtlich immer nur ganz wenig davon, denn man konnte es nicht nachfüllen.

Irgendwie hatte Martha es geschafft, dass die Dose in den 30 Jahren ihrer Ehe nie leer wurde und dass immer ein Essen zu Stande kam, bei dem einem das Wasser im Munde zusammenlief.

Ben überkam je länger je mehr die Versuchung, in die kleine Dose hineinzuschauen, doch er brachte das nie übers Herz.

Dann wurde Martha eines Tages krank. Ben brachte sie ins Krankenhaus, wo sie über Nacht bleiben musste. Zurück in seinem Haus, kam er sich entsetzlich einsam vor. Martha war zuvor nie über Nacht weg gewesen. Als die Zeit des Abendessens näher rückte, fragte er sich, was er machen sollte. Martha hatte es so geliebt zu kochen, dass er sich nie hatte darum kümmern müssen.

Als er in die Küche ging, um zu sehen, was alles im Kühlschrank lag, fiel sein Blick sofort auf die kleine Dose. Seine Augen wurden von ihr angezogen wie Eisen vom Magneten. Er blickte schnell wieder weg, doch seine Neugier siegte.

Was war in dieser Dose? Warum durfte er sie nicht berühren? Wie sah das geheime Gewürz aus? Wie viel davon war noch da?

Ben blickte wieder weg und hob den Deckel einer Pfanne, in der noch ein großer Pfannkuchen lag. Ah, da war ja noch etwas von Marthas Kochkünsten übrig. Er schnitt sich ein großes Stück davon ab, setze sich an den Küchentisch. Er hatte gerade *einen* Bissen davon im Mund, als seine Augen wieder zu der Dose hinüberwanderten. Was würde es schon ausmachen, wenn er hineinsah? Warum machte Martha daraus solch ein Riesengeheimnis?

Ben biss noch einmal ein Stück ab und frage sich selbst: Soll ich oder soll ich nicht? Er biss noch fünfmal kräftig zu, während er nachdachte, die kleine Dose immer im Blick. Schließlich konnte er nicht länger widerstehen.

Langsam ging er durch den Raum und nahm die Dose so vorsichtig vom Regal, wie er nur konnte, begleitet von der Angst – größte aller Horrorvorstellungen!, – er könnte ihren Inhalt verschütten, wenn er ein klein wenig hineinsah.

Er legte die Dose auf die Arbeitsplatte der Küche und nahm ganz vorsichtig den Deckel ab. Er wagte es kaum hineinzublicken. Als der Inhalt der Dose erkennbar war, öffneten sich Bens Augen weit. Die Dose war leer – leer, bis auf einen kleines Stück Papier, das auf dem Boden lag.

Ben griff hinunter nach dem Papier, wobei er mit seiner großen Hand Mühe hatte. Er ergriff das Papier sorgfältig an einer Ecke, nahm es hoch und faltete es im Küchenlicht auseinander.

Eine kurze Notiz war innen hingekritzelt, und Ben erkannte sofort die Handschrift von Marthas Mutter. Da stand ganz schlicht: »Martha, füge allem, was du machst, eine Prise Liebe hinzu.«

Ben schluckte, legte das Papierstück wieder in die Dose und ging ergriffen zurück zum Tisch, um den restlichen Pfannkuchen zu verzehren. Jetzt verstand er völlig, warum es so gut schmeckte.

Ein Blick voraus …

Obwohl er schon 30 Jahre mit Martha verheiratet war, hatte Ben immer noch nicht herausgefunden, welches »geheime Gewürz« seine Frau benutze, ein Gewürz, das jedem Essen seiner Frau die besondere Note gab. Ich vermute, dass Sie als Ehefrau, in vielerlei Hinsicht, Ihre eigenen »geheimen Zutaten« für Ihre Ehe haben.

Wir werden in dieser Woche über die Rolle der Ehefrau reden und mehrere Anregungen anbieten, die aber alle eigentlich auf eines hinauslaufen: Wenn Sie Ihrem Mann helfen und für ihn sorgen, dann fügen Sie allem eine Prise Liebe hinzu.

JCD

Montag

Eine geeignete Helferin

Und Gott der Herr baute ein Weib aus der Rippe, die er von dem Menschen nahm, und brachte sie zu ihm.
1. Mose 2,22

Von Anfang an war sich Gott darüber im Klaren, was die Hauptaufgabe der Frau in dieser Welt ist. In 1. Mose 2,18 lesen wir: »Es ist nicht gut, dass der Mensch allein sei; ich will ihm eine Gehilfin machen, die um ihn sei.« Eine der Frauen, die ihre Aufgabe als Hilfe für den Mann äußerst ernst nahm, ist Jane Hill, die Frau von E. V. Hill, Pastor in Los Angeles. Sie liebte ihn sehr und ordnete sich hingebungsvoll seinen Bedürfnissen unter. E. V. erhielt eines Tages die Morddrohung einer Gangsterbande, die besagte, dass er am nächsten Tag ermordet würde. Er erwachte am nächsten Morgen »dankbar dafür, dass ich lebe«, wie er später erzählte. »Doch ich merkte, dass Jane nicht da war. Ich sah zum Fenster hinaus – und mein Wagen war weg. Da ging ich nach draußen, und endlich sah ich sie die Auffahrt herauffahren. ›Wo warst du?‹, fragte ich sie. Sie antwortete: ›Ich ... Ich ... Ich stellte mir vor, dass sie letzte Nacht eine Bombe in dein Auto getan haben könnten. Falls du eingestiegen wärst, wäre es in die Luft gegangen. Daher stieg ich hinein und fuhr ein Stück damit. Das ist alles.‹«

Ein Mann ist in der Tat glücklich zu nennen, wenn seine Frau ihm hingebungsvoll hilft – ob sie ihm nun einen Kuchen backt, seine Muskelschmerzen behandelt oder sogar ihr Leben für ihn riskiert. Nichts sonst erweist schöner die Art, wie Jesus jedem von uns Seine Liebe erweist.

Nur für uns ...

- (Ehemann) Scheint dir die Aufgabe als »Gehilfin« erniedrigend zu sein?
- (Ehemann) Fällt es dir leicht, mir als Ehemann zu »dienen«?
- (Ehemann) Fällt mir das auf, wenn du es tust, und reagiere ich mit Anerkennung darauf?

- (Ehefrau) Welche Unterstützung, die ich dir biete, bedeutet dir am meisten?

(Gebet für die Ehefrau)
Lieber Herr, danke, dass Du mich erschaffen hast, dass ich meinem Mann helfe und ihm diene. Ich nehme diesen Dienst von ganzem Herzen an! Gib mir Deine Weisheit, Stärke und Freude dabei. Segne ihn durch alle meine Worte und Taten. Amen.

Dienstag

Glauben Sie an ihn!

»Die Ehefrau soll ihren Mann achten und respektieren.«
Epheser 5,33

Das männliche Ego ist erstaunlich verletzlich, besonders in Momenten des Versagens und der Scham. Dies ist einer der Gründe, weshalb ein Mann unbedingt die Unterstützung und den Respekt seiner Ehefrau braucht.

Jane Hill verstand diese Seite der Rolle einer Ehefrau sehr gut. Gegen Janes Einwände hatte E. V. die kargen Ersparnisse seiner Familie in eine eigene Tankstelle gesteckt. Jane war dagegen, denn sie wusste, dass ihrem Mann die Zeit und Erfahrung fehlten, um die Auswirkungen seiner Investition überschauen zu können. Es zeigte sich, dass sie Recht gehabt hatte; die Tankstelle ging pleite. Als E. V. sie anrieft, um ihr zu gestehen, dass er die Tankstelle verloren hatte, hätte sie »Ich hab's ja gleich gewusst« sagen und ihn damit am Boden zerstören können. In diesem Augenblick der Verletzlichkeit hätte sie ihn erniedrigen können. Stattdessen sagte sie »Wenn du rauchen und trinken würdest, hättest du ebenso viel verloren wie jetzt mit der Tankstelle. Also kommt es eigentlich auf das Gleiche heraus. Vergessen wir's.«

Es gibt Momente, in denen steht und fällt ein Mann mit seiner Frau. Wenn sie an ihn glaubt und seiner Führung vertraut, bezieht er daraus das Selbstvertrauen, das er braucht, um sein Potential weise auszuschöpfen und auch einmal Risiken einzugehen. Wenn die Frau ihrem Ehemann gegenüber aber überkritisch und respektlos ist und nur mit ihm konkurrieren will, wird sie zu einer Belastung für die ganze Familie. Lesen Sie noch einmal Epheser 5,33. Einer der wichtigsten Schlüssel zu einer gelingenden Ehe liegt in einem einzigen Wort: *Respekt*!

Nur für uns ...

- (Ehefrau) Hast du das Gefühl, dass ich an dich glaube?
- (Ehefrau) Was ist deiner Meinung nach der größte Rückschlag oder das größte Versagen, dass du jemals erlebt hast? Habe ich dich in dieser Zeit unterstützt?
- (Ehefrau) Wie kann ich dir meinen Respekt besser zeigen?

(Gebet für die Ehefrau)
Himmlischer Vater, vergib mir all die Situationen, in denen ich meinem Ehemann keinen Respekt entgegengebracht habe. Ich möchte sein Selbstvertrauen stärken, nicht untergraben. Bitte zeige mir, wie ich eine solche Dir wohlgefällige Ehefrau werden kann. Amen.

Mittwoch

Die Unterordnungs-Debatte

Ihr Ehefrauen sollt euch euren Männern unterordnen,
so wie ihr euch dem Herrn unterordnet.
Epheser 5,22

Es gibt keine schnellere Möglichkeit, ein geselliges Beisammensein christlicher Frauen zu stören, als das Thema »Unterordnung« anzuschneiden. Ehe man sich's versieht, sind Freundinnen in leidenschaftliche Diskussionen verwickelt und vertreten dabei alle zu der Frage möglichen Standpunkte. Entweder das oder sie lachen verächtlich. Doch Gottes Anordnung in dieser Sache ist eindeutig: »Christus [ist] das Haupt eines jeden Mannes [...]; der Mann aber ist das Haupt der Frau; Gott aber ist das Haupt Christi« (1. Korinther 11,3 nach Luther 1984).

Jeder von uns ordnet sich einer höheren Autorität unter. Denken wir nur an unseren Chef an unserer Arbeitsstelle oder an den Steuerprüfer, der gerade unsere Finanzen unter die Lupe nimmt. Als Menschen sind sie uns gleich; dennoch fügen wir uns ihren Anweisungen, weil sie uns übergeordnet sind, wenn sie ein bestimmtes Amt ausüben. In der gleichen Weise ordnet sich eine Ehefrau ihrem Mann unter. Sie beide sind gleich wertvolle, gleich wichtige Partner – ihre Rollen jedoch sind unterschiedlich. Zudem kann Unterordnung ohne die zweite Hälfte der Anweisung in Epheser 5,25 weder richtig verstanden noch ihre Bedeutung vollends ermessen werden. Dort heißt es nämlich, dass ein Mann seine Ehefrau so lieben soll, wie Christus die Gemeinde liebte, bis dahin, dass er sein Leben für sie aufgab. Diese Anordnung lässt keinen Raum für Verantwortungslosigkeit, Unterdrückung oder Herrschsucht!

Als Ehefrau wird von Ihnen erwartet, sich der Führung Ihres Ehemanns unterzuordnen. Als Ehemann wird von Ihnen verlangt, Ihre Frau aufopfernd zu lieben und zu achten. Das ist der göttliche Plan für Ehe und Familie.

Nur für uns ...

- Wie definieren wir die Pflicht der Ehefrau, sich ihrem Mann unterzuordnen?
- (Ehefrau) Wie genau halte ich mich deiner Meinung nach an diese Anweisung Gottes?
- Wie können wir einander helfen, sich in Gottes Sinn in Unterordnung zu üben?

(Gebet für die Ehefrau)
Vater, ich gebe zu, mich unterzuordnen fällt mir nicht immer leicht. Doch ich erkenne Deinen wunderbaren Plan für unsere Ehe an. Lass mich heute Deinen überreichen Segen darin erkennen, dass ich meinen Mann von ganzem Herzen als das Oberhaupt unserer Ehe unterstütze. Amen.

Donnerstag

Ein edler Charakter

Eine tüchtige Frau ist die Freude ihres Mannes*
und seine Krone;
eine schamlose Frau untergräbt seine Kraft.
Sprüche 12,4

Ein Mädchen namens Lucy war wegen ihres hinterhältigen Charakters berühmt-berüchtigt. Unzählige Male überredete sie einen Jungen namens Charlie Brown, einen Football wegzuschießen, den sie in ihren Händen hielt, doch jedes Mal zog sie ihn im letzten Moment weg, so dass Charlie kräftig in die Luft trat.

Sei es im Comic, sei es im wirklichen Leben – eine hinterhältige Frau meidet man tunlichst. Salomo beschreibt eine solche Frau als »Fäulnis in seinen Knochen« (so die wörtliche Übersetzung des hebräischen Grundtextes). Der König muss viele unangenehme Frauen gekannt haben, denn er sagt ebenfalls: »Es ist besser, allein in einem Winkel auf dem Dach zu wohnen als gemeinsam mit einer nörgelnden Frau in einem schönen Haus« (Sprüche 21,9). Die Bibel berichtet von vielen anderen Frauen, die sich schändlich verhalten haben. Unter ihnen sind Eva und Lots Frau (ungehorsam), Michal (überkritisch), Isebel (skrupellos und gewalttätig), Hiobs Frau (töricht), Herodias (grausam) und Saphira (gierig).

Selbst die geistlichsten Menschen unter uns sind vor Versuchung nicht sicher, aber eine Frau, die sich ihren edlen Charakter bewahrt, wird Gott, ihrem Ehemann und sich selbst Ehre machen.

Nur für uns …

- (Ehefrau) Wenn du meinen Charakter beschreiben solltest, würde dir dann das Wort »edel« einfallen? Warum oder warum nicht?

* Anmerkung des Übersetzers: Alle zu Rate gezogenen deutschen Übersetzungen verwenden den Begriff »tüchtige Frau«; der dieser Andacht zu Grunde liegende Vers aus der englischen Bibel lautet jedoch »A wife of noble character …«, also »Eine Frau mit einem edlen Charakter …«. Dies erklärt die Diskrepanz zwischen dem Inhalt der Andacht und dem Wortlaut des Bibelverses.

- Was ist ein edler Charakter – und wie kann man durch ihn Gott ehren? (Vielleicht denken Sie einmal über einige Beispiele von edlen Frauen in der Bibel nach – Rut, Abigail, Maria von Bethanien und Maria, die Mutter von Jesus.)
- Wie können du und ich der nächsten Generation einen »edlen Charakter« vermitteln?

(Gebet für die Ehefrau)
Lieber Vater im Himmel, hilf mir anzunehmen, was Dein Wort mich lehrt: Nicht Jugend, Schönheit, Charme oder Reichtum sind es, die mich zu einem wertvollen Schmuck für meinen Mann machen, sondern ein edler Charakter. Hilf mir, in Wort und Tat solch eine Frau zu sein. Amen.

Freitag

Zeltgenossen

Wir sind sicher,
dass ihr zwar leiden müsst,
aber auch von Gott getröstet werdet.
2. Korinther 1,7

Nachdem es sich auch bei ihnen herumgesprochen hatte, dass das Campen der typische Urlaub für glückliche Familien ist, entschlossen sich Gary Smalley und seine Frau Norma, ihren Nachwuchs ins Freie zu bringen. An einem wunderschönen Sommerabend saßen die Smalleys um das Lagerfeuer, sangen Lieder und brieten Würstchen. Um neun Uhr lagen dann alle müde und zufrieden in ihren Schlafsäcken. Gary dachte: Nun sehe ich in der Tat, warum diese Art Urlaub Familien näher bringt.

Dann kam es knüppeldick. Donner grollten, und Blitze leuchteten ringsum. Der Wind wurde stürmisch. Der Regen trommelte an die Außenseite des Zeltes und drang schließlich herein. Das plötzliche Unwetter verwandelte einen friedlichen Camper-Abend in eine Schreckensnacht.

Brachte dies Gary und Norma dazu, in Zukunft auf Campingurlaube zu verzichten? Keineswegs – sie wurden leidenschaftliche Camper. Die Smalleys entdeckten, dass gemeinsame Abenteuer – die erfreulichen wie die unerfreulichen – sie auf eine Weise miteinander verbanden, wie sie es sich vorher nicht hätten vorstellen können.

Wir ermutigen Ehepaare, gemeinsame Interessen und Aktivitäten zu entwickeln. Wenn man sich gemeinsam für eine Sache engagiert und sich um sie bemüht, so vertieft dies die Partnerschaft und bringt unbezahlbare Erinnerungen – selbst wenn man dabei in Unwetter gerät.

Nur für uns …

- Auf welche Weise fördert es unsere Beziehung, wenn wir Zeiten der Erholung und andere Interessen miteinander teilen?
- (Ehemann) Welche meiner Hobbys interessieren dich?
- (Ehefrau) Würdest du es schätzen, wenn ich mich an deinen Freizeitaktivitäten beteilige? Wenn ja, an welchen? Und warum?
- Welche neuen gemeinsamen Interessen könnten uns näher zusammenbringen?

Herr, wir danken Dir dafür, dass Du uns heute Abend ermutigst, in vieler Hinsicht Freunde und Gefährten zu sein. Zeige uns neue Wege, damit wir das Beste aus unserem gemeinsamen Leben machen! Amen.

Samstag

Die Frau nach Sprüche 31 …

Eine Frau, die Ehrfurcht hat vor dem Herrn,
soll gelobt werden.
Sprüche 31,30

Hat es Sie als Ehefrau jemals entmutigt, wie die Frau in Sprüche 31 geschildert wird? Mich schon. Wie können wir damit konkurrieren? Hier ist eine Frau zu sehen, die ihren Mann »ihr ganzes Leben lang unterstützt« und »ihm nichts Böses zufügt«, die aufsteht, ehe es hell wird, die ihre Familie ernährt, die für ihren Mann Decken macht und selbst gefertigte Kleider verkauft, die genug Glauben hat, um »keine Angst vor dem kommenden Tag« zu haben, die »weise Worte spricht«, die nicht faul ist, sondern das Lob und den Preis ihres Mannes und ihrer Kinder verdient.

Seien wir ehrlich: Damit können wir nicht konkurrieren ... aber das müssen wir auch nicht. Ich bin nicht davon überzeugt, dass die Frau, die in Sprüche 31 beschrieben wird, eine reale Person ist. Oder falls sie es doch gewesen ist, so hat sie das alles sicher nicht in ein und derselben Phase ihres Lebens zu Stande gebracht. Ich meine vielmehr, dass der Herr uns Frauen durch die Sprüche Salomos ein ganz bestimmtes Beispiel zeigt, dem wir nachstreben sollen – genau so wie alle Christen danach trachten sollen, wie Jesus zu werden, obwohl wir Seinen Grad an Vollkommenheit niemals erreichen werden.

Ich glaube, dass der Schlüssel zum rechten Verständnis von Sprüche 31 in Vers 30 liegt, dem vorletzten Vers des Sprüchebuches: »Anmut betrügt und Schönheit vergeht, aber eine Frau, die Ehrfurcht hat vor dem Herrn, soll gelobt werden.« Laut diesem Vers ist eine »Frau, die Ehrfurcht hat vor dem Herrn« – eine Frau, die für sich als Ehefrau, Mutter und Nachfolgerin Jesu nach dem Willen Gottes fragt – *die* Frau, wie sie uns Sprüche 31 vor Augen malt, ganz gleich, wie ein einzelner Tag oder eine bestimmte Zeit ihres Lebens auch verlaufen mag.

Ich möchte Ihnen als Ehefrau Mut machen, Gott zu suchen und sich Seiner Führung zu unterstellen – und dabei allem eine »Prise Liebe« hinzuzufügen. Ich verspreche Ihnen, dass Sie auf diese Weise Ihrem Schöpfer Freude machen, Ihrem Ehemann und Ihrer Familie Ehre bringen – und eine persönliche Zufriedenheit erlangen, die durch nichts überboten werden kann.

SMD

Achte Woche

Seine zuverlässige Gegenwart

Sonntag

Genau so empfinde ich für dich

von Nancy Jo Sullivan

An einem heißen Morgen im Juli erwachte ich vom Geräusch des Ventilators, der feuchte Luft über meine Gesicht blies. Der alte Ventilator hatte schon bessere Tage gesehen. Man konnte nur noch eine Stufe daran einstellen, und die rotierenden Blätter waren krumm. Er müsste dringend repariert werden. Das sollte – wie ich dachte – auch mein Leben. In diesem Jahr hatte bereits unsere Tochter Sarah, die am Down-Syndrom litt, am Herz operiert werden müssen. Das war inzwischen überstanden, doch nun hatten wir einen Berg von Rechnungen, die durch unsere Versicherung nicht abgedeckt waren. Und der Gipfel des Ganzen war, dass der Arbeitsplatz meines Mannes in wenigen Wochen gestrichen werden würde. Es schien unvermeidlich, dass wir unser Haus würden verkaufen müssen.

Als ich meine Augen schloss, um ein Morgengebet zusammenzubekommen, spürte ich, wie eine kleine Hand vorsichtig an meinen Arm stieß. »Mami«, sagte Sarah, »ich ha-ha-habe mich ga-ga-ganz al-l-lleine für die F-F-Ferien-B-B-Bibelschule fertig gemacht!« Neben dem Bett stand die fünfjährige Sarah und blinzelte mich mit ihren Augen durch zwei dicke Brillengläser an. Strahlend zeigte sie mir ihre Hände und posaunte: »Ta-dah!«

Ihre roten Shorts waren falsch herum angezogen, die Kordel an der Seite in die Bündchen gestopft. Ein Preisschild hing von ihrem grün getupften T-Shirt, das sie umgekehrt anhatte. Zu diesem Outfit hatte sie einen roten und einen grünen dicken Wollsocken gewählt. Jeden ihrer Tennisschuhe trug sie am falschen Fuß, und auf dem Kopf saß zu dem allem eine Baseballmütze, deren Schirm und Emblem nach hinten zeigten.

»I-I-Ich habe a-a-auch den R-R-R-Rucksack gepackt«, stotterte sie und öffnete ihn, um mir den Inhalt zu zeigen. Neugierig starrte ich auf die Schätze, die sie sorgfältig darin eingepackt hatte: fünf Legosteine, einen Behälter für Büroklammern, einen Tesafilm, drei Puzzleteile und einen Notizzettel.

Ich hob sanft ihr Kinn nach oben, bis sich unsere Blicke trafen, und sagte ganz langsam: »Du siehst sehr hübsch aus!«

»D-D-D-Danke!« Sarah lächelte und begann, wie eine Ballerina im Kreis herumzutanzen. Gerade schlug die Uhr im Wohnzimmer acht und das bedeutete, dass ich noch eine dreiviertel Stunde Zeit hatte, bis ich mit Sarah, einem Kleinkind und einem Baby das Haus verlassen musste. Ich beeilte mich, die Kinder zu füttern, doch die Minuten verwandelten sich in Sekunden. Ich wusste, dass ich keine Zeit mehr haben würde, um Sarahs Outfit zu ändern.

Als ich die Kinder in den Autositzen anschnallte, versuchte ich, mit Sarah zu diskutieren. »Süßes, ich glaube nicht, dass du deinen Rucksack für die Ferienbibelschule brauchst. Du kannst ihn hier im Auto lassen, und ich nehme ihn wieder mit zurück.«

»N-N-Nein, ich b-b-b-brauche ihn!«

Schließlich gab ich auf und sagte mir selbst, dass ihr Selbstbewusstsein wichtiger ist als das, was andere Leute über ihren Rucksack voll nutzloser Dinge denken.

Als wir auf dem Fußweg zur Kirche waren, versuchte ich, mit der einen Hand Sarahs Kleidung in Ordnung zu bringen, während ich mit der anderen Hand das Baby hielt. Doch Sarah stieß mich weg und erinnerte mich daran, wie ich sie doch gelobt hatte. »N-N-N-Nein … i-i-i-ich sehe hü-hü-hü-hübsch aus!«

Eine junge Lehrerin, die unser Gespräch mitbekommen hatte, schloss sich uns an. »Du siehst sehr schön aus!«, sagte sie zu Sarah. Dann nahm sie Sarahs Hand und meinte zu mir: »Sie können Sarah um 11 Uhr 30 wieder abholen. Wir werden uns gut um sie kümmern.« Als ich sie davongehen sah, wusste ich, dass Sarah in guten Händen war.

Als Sarah in der Schule war, nahm ich die beiden anderen Kinder mit und ging auf meinen Rundgang. Als ich einige Überweisungen abschickte und Gutscheine in der Drogerie einlöste, rasten meine Gedanken vor Angst, und ich betete innerlich mit zusammenhanglosen Worten. Was wird die Zukunft bringen? Wie werden wir unsere drei kleinen Kinder versorgen können? Werden wir unser Haus aufgeben müssen? Kümmerte sich Gott tatsächlich um uns?

Ich traf einige Minuten zu früh bei der Kirche ein. Eine Tür stand offen, und ich sah innen die Kinder, die in einem Halbkreis saßen und eine biblische Geschichte hörten. Sarah saß mit dem Rücken zu mir und hielt immer noch die Traggurte ihres Rucksacks. Ihre Baseballmütze, die Shorts und das T-Shirt waren immer noch verkehrt herum und mit der Innenseite nach außen. Bei diesem Anblick dachte ich ganz schlicht: »Ich habe sie doch sehr gerne.«

Als ich so dastand, hörte ich jene leise, tröstliche Stimme, in der ich Gottes Stimme erkannt habe, zu mir sagen: »Genau so empfinde ich für dich.«

Ich schloss meine Augen und stellte mir vor, wie mein Schöpfer auf mich blickt: auf mein Leben, das so war, wie Sarahs Kleidung – falsch herum, unpassend, total verdreht.

»Warum schleppst du diesen nutzlosen Rucksack mit dir herum, voll von Angst, Besorgnis und Verzweiflung?« Ich konnte mir vorstellen, wie Gott zu mir sagte: »Lass mich das tragen.«

Als ich an diesem Abend wieder auf unseren defekten Ventilator sah, spürte ich in mir neue Hoffnung. Sarah hatte mich daran erinnert, dass Gottes Gegenwart bleibt, auch wenn unser Leben reparaturbedürftig ist. Sicher, alle meine Probleme sind nicht gelöst – aber ich kann mich immer auf Ihn verlassen, auf Ihn, der meine Lasten trägt.

Ein Blick voraus …

Dank ihrer fünfjährigen Tochter Sarah entdeckte Nancy Jo Sullivan die Realität von Gottes allmächtiger Gegenwart ganz neu. Viele Menschen erfassen nie, dass Er in unserer Mitte ist, uns lieben und unseren »Rucksack« voll Ängsten und Sorgen auf sich nehmen will. Diese Menschen zweifeln, unterlassen es, Ihn um Hilfe zu bitten, oder können nicht erkennen, wie sie der Herr versorgt, wenn sie es dringend brauchen. Doch Er ist da – mit seiner zuverlässigen Gegenwart –, sieht uns jederzeit, will uns in allem Unfrieden helfen und uns liebevoll führen, ganz gleich, wie schwierig die äußeren Umstände sind.

Wenn Nöte und Krisen Sie treffen, dann sind Sie versucht zu meinen, Gott habe Sie verlassen und würde sich nicht mehr um Sie kümmern. Widerstehen Sie diesem Gedanken! Selbst wenn Seine Lösung nicht die ist, die Sie sich wünschen, können Sie sicher sein, dass Er Ihnen gibt, was Sie in Ihrer Bedrängnis brauchen.

Wir werden in dieser Woche darüber reden, dass der Herr vertrauenswürdig und zuverlässig ist. In jeder Ehe von Christen ist diese Wahrheit früher oder später verlässlicher als das eigene Leben!

JCD

Montag

Ein Schubkarren voll Vertrauen

Ich bin sicher und fürchte mich nicht.
Jesaja 12,2

Viele von uns ringen mit einer unbegründeten Angst. Doch wir können lernen, Gott zu vertrauen, wenn wir den Unterschied zwischen Glauben und Vertrauen verstehen.

Stellen Sie sich vor, Sie wären in der Nähe der schönen, aber gefährlichen Niagarafälle. Ein Zirkusartist hat ein Seil über die Fälle gespannt, um darauf einen Schubkarren von der einen Seite auf die andere zu bewegen. Ehe er auf das Seil tritt, richtet er an Sie die Frage: »Meinen Sie, dass ich es schaffen werde?«

Da Sie schon von seinen Künsten gehört haben, geben Sie zur Antwort, dass Sie der Meinung sind, er könne sich auf das Seil wagen. Mit anderen Worten: Sie haben den *Glauben* daran, dass er Erfolg haben wird. Dann sagt er: »Wenn Sie wirklich meinen, dass ich's schaffe, warum setzen Sie sich dann nicht in den Schubkarren und lassen sich von mir hinüberschieben?« Wenn Sie diese Einladung annehmen, so wäre das ein Beispiel für ein beeindruckendes *Vertrauen.*

Es fällt manchen Menschen nicht schwer zu glauben, dass Gott mächtige Taten wirken kann. Schließlich hat Er ja die Welt erschaffen. Zu vertrauen jedoch heißt, dass wir uns darauf verlassen, dass Er Seine Verheißungen *uns* gegenüber hält, selbst wenn es keinen Beweis dafür gibt, dass Er das wird. Es fällt nicht so leicht, in jenen Schubkarren zu steigen und unser Leben Seiner Fürsorge zu überlassen. Und doch ist das ein Schritt, den wir gehen müssen, wenn wir in all unseren Lebensumständen grundlose Angst haben.

Nur für uns …

- Findest du es leicht oder schwer, Gott zu vertrauen?
- Hast du jemals das Gefühl gehabt, der Herr habe dich verlassen oder Er habe dein Gebet nicht gehört? Wie bist du damit umgegangen?
- Inwiefern kann es unserer Ehe helfen, wenn wir unser Vertrauen auf Gott setzen?

Lieber Herr, Du allein bist unseres ganzen Vertrauens würdig. Doch Dir mit Vertrauen zu antworten fällt oft schwer. Lehre uns, Dir zu vertrauen – uns auf Deine Stärke zu verlassen, mit Deiner Güte zu rechnen und immer und überall Deine Treue zu erwarten. Amen.

Dienstag

Worte, auf die du dich verlassen kannst

Deine Gesetze sind meine einzige Hoffnung.
Psalm 119,43

Wie Sie dem Herrn in allem vertrauen, das Sie tun, so sollten Sie auch Seinem Wort vertrauen.

Vor vielen Jahren, nachdem ich (JCD) meine Posten bei einem Kinderkrankenhaus in Los Angeles und an der Universität der *Southern California School of Medicin* aufgegeben hatte, begann ich mit einem ausgedehnten Reisedienst, hielt viele Vorträge über die Gestaltung des Familienlebens. Bald schon merkte ich, welchen Preis meine eigene Familie dafür bezahlte. Als ich mit diesem Problem rang, entdeckte ich eine Bibelstelle, die mir die Lösung zeigte. Mose war müde geworden, all die Probleme lösen zu helfen, mit denen sein Volk zu tun hatte. Jethro, sein Schwiegervater, bemerkte dies und riet Mose, andere als Helfer einzuweisen: »Sofern du das tust, sofern Gott zustimmt, bleibst du der Aufgabe gewachsen, und die Leute hier können alle zufrieden heimgehen« (2. Mose 18,23). Am nächsten Tag sagte ich alle Termine für das nächste Jahr ab (bis auf zwei) und beschloss, zu Hause zu bleiben. Diese Entscheidung führte zur Gründung des christlichen Hilfswerks *Focus on the Family* und dazu, dass Filmserien gedreht wurden, die 80 Millionen Menschen sahen!

Die Weisheit, die das meistgekaufte Buch der Welt – die Bibel – enthält, hat seit Jahrtausenden Ehemänner und Ehefrauen getragen. Wäre es nicht töricht, Gott zu vertrauen, aber Sein Wort zu ignorieren?

Nur für uns …

- Welcher Bibelvers hat dein Leben am stärksten beeinflusst?
- Meinst du, dass wir als Ehepaar genügend Zeit für das gemeinsame Bibellesen aufbringen?
- Wie können wir mehr Zeit für das Bibellesen freihalten?
- Welches Buch der Bibel würdest du gerne als Nächstes lesen?
- Wie kann unser Bibellesen fruchtbarer werden?

Lieber Gott, wir danken Dir sehr, dass Du uns einen verlässlichen, geschriebenen Wegweiser gegeben hast, um uns zu zeigen, wie wir leben sollen. Hilf uns, dass wir uns immer mehr auf die Bibel verlassen, auf Deine Weisheit für unser Leben. Amen.

Mittwoch

In Erwartung von Enttäuschungen

Setzt euer Vertrauen nicht auf die Mächtigen dieser Welt;
sie können euch nicht helfen.
Psalm 146,3

Die Medien bombardieren uns fortwährend mit Bildern gebrochenen Vertrauens: Ehegatten, die einander betrügen; Politiker, die ihre Versprechen brechen; Vorstände von Unternehmen, die ihre Angestellten betrügen. Und die Liste ließe sich fortsetzen.

Menschen in verantwortungsvoller Position *sollten* sich gegenüber höchsten moralischen und ethischen Richtlinien verantwortlich wissen. Und doch ist jeder dieser Menschen ein sterbliches Geschöpf mit einem natürlichen Hang zum Sündigen. In dem Moment, in dem wir unser tiefstes Vertrauen auf Menschen setzen, bereiten wir uns selbst auf eine riesige Enttäuschung vor.

Was bedeutet dies für die Ehe? Selbst in den bestehenden Beziehungen können sich Ehemänner und -frauen irren und gegenseitig das Vertrauen brechen. Das ist der Grund, aus dem wir uns auf Gottes Kraft verlassen müssen und nicht auf die eigene, wenn wir ein ehrsames Leben führen wollen. Wenn sich beide Ehepartner verpflichten, nach Gottes Willen und Geboten zu leben, so entsteht ein Band des Vertrauens zwischen ihnen. Obwohl keiner von uns vollkommen ist, können wir unser Herz vertrauensvoll unserem Partner hingeben, wenn wir wissen, dass er oder sie wahrhaft Gott und Seiner Weisung zu folgen sucht.

Nur für uns …

- Hat schon einmal jemand in verantwortlicher Position dein Vertrauen gebrochen?
- War es jemals für dich schwer, mir zu vertrauen?
- Wie können wir, da wir um unser sündiges Wesen wissen, gegenseitiges Vertrauen gewinnen?
- Auf welche Weise segnet deiner Meinung nach der Herr solche Ehepartner, die einander vertrauen?
- Wie können wir in unserer Beziehung noch mehr gegenseitiges Vertrauen entwickeln?

Himmlischer Vater, danke, dass Du vollkommen würdig bist, dass wir Dir vertrauen. Wenn sich mein Ehepartner und ich zu gegenseitigem Vertrauen verpflichten, so ermächtige uns dazu durch Deinen Geist. Schenk uns Gnade, wenn wir versagen. Und segne uns, so bitten wir, mit Freude und Zuversicht, wenn wir unserem gegenseitigen Vertrauen einen wichtigen Rang einräumen. Amen.

Donnerstag

Das Dreiecksverhältnis Ehe

Gesegnet ist der Mann, der sich auf den Herrn verlässt.
Jeremia 17,7

Gott verspricht, die zu segnen, die Ihm vertrauen. Die Psalmen stellen fest, dass Freude, Freiheit, Sieg, Gnade, Sicherheit, Segen und Fürsorge über diejenigen kommen, die ihre Zuversicht auf den Herrn setzen.

Wir müssen unsere Ehen auf jene Segnungen bauen und uns darauf verlassen – sonst werden uns die Belastungen des Lebens auseinander ziehen. Und diese Belastungen *werden* kommen! Wenn das Haus abbrennt ... Wenn ein Kind krank wird ... Wenn eine Arbeitsstelle und ein monatliches Gehalt verloren gehen ... In solchen Situationen liegt es nur allzu nahe, dass Angst und Enttäuschung einen Keil zwischen die Ehepartner treiben. Aber auch schon kleinere Probleme wie Nörgeln oder eine schlaflose Nacht können die Qualität einer Ehe stark mindern.

Die gute Nachricht ist, dass wir das Gelingen der Ehe nicht davon abhängig machen müssen, wie gut wir uns aufeinander verlassen können. Die Ehe ist ein Dreiecksverhältnis – bei dem sich Mann und Frau an den beiden unteren Ecken befinden, und der Herr ist am oberen Eck. Das Predigerbuch erwähnt eine ähnliche Wahrheit, nämlich dort, wo Salomo über die Stärke einer dreifachen Schnur spricht (4,12). Wenn wir den Herrn in unsere Ehe einladen und auf Seine Kraft vertrauen, erfahren wir Kraft und Frieden in unserer Ehe, ganz gleich, wie die äußeren Umstände sind.

Nur für uns ...

- Wann erwies Gott dir Seine Kraft in einer Krise, ehe wir verheiratet waren?
- Wie hat Er uns in schweren Zeiten gesegnet?
- Welche kleineren Probleme treiben uns auseinander?
- Wie können wir uns anhand dessen, was wir in dieser Woche gelesen haben, ermutigen, Gott mehr zu vertrauen?

Lieber Herr, wir preisen Dich, dass Du – der Gott der Liebe, der Kraft und der Güte – in unserer Beziehung machtvoll gegenwärtig sein willst. Binde uns mit Liebe zusammen, wenn Prüfungen kommen. Wenn wir schwach sind, sei Du stark für uns. Amen.

Freitag

Erfüllte Zeiten

Ich weiß, dass der Herr immer bei mir ist.
Psalm 16,8

So, wie wir in Notzeiten versucht sind zu meinen, Gott habe uns vergessen, so neigen wir dazu, Gott zu vergessen, wenn es uns gut geht. Gerade dann, wenn alles leicht und glatt läuft, geraten viele Ehen in ernsthafte Schwierigkeiten.

Jesus erzählte eine Geschichte von einem reichen Bauern, der nicht nach Gott fragte. Dieser Mann war gut ausgestattet und versorgt. In einem Jahr fuhr er eine solche Ernte ein, dass er nicht alles einlagern konnte. In einer Welt voll Leid und Hunger war dies sein größtes Problem! Dann sagte er: »Das will ich tun: ich will meine Scheunen abbrechen und größere bauen, und will darin sammeln all mein Korn und meine Vorräte und will sagen zu meiner Seele: Liebe Seele, du hast einen großen Vorrat für viele Jahre; habe nun Ruhe, iss, trink und habe guten Mut!« Aber Gott sagte zu ihm: »Du Narr! Diese Nacht wird man deine Seele von dir fordern; und wem wird dann gehören, was du angehäuft hast?« (Lukas 12,18-20)

Genießen Sie in Ihrem gemeinsamem Leben eine Zeit relativen Wohlstands? Wenn ja, dann passen Sie auf, dass Sie nicht arrogant und selbstzufrieden werden. Als Nächstes würden Sie sich wie der Narr in der Geschichte von Jesus verhalten – leben, als gäbe es Gott nicht. Ein Pastor hat vor langer Zeit geschrieben: »Segen ist die größte Gefahr, weil er uns nach und nach dazu bringen kann, unsere Abhängigkeit von Gott preiszugeben und stattdessen stolz und anmaßend zu werden.«

Nehmen Sie sich heute Abend einen Moment Zeit, um Gott für all das Gute zu danken, das Sie empfangen haben. Und vergessen Sie an keinem einzelnen Tag, von Ihm ganz abhängig zu bleiben, selbst wenn alles ganz wunderbar läuft.

Nur für uns …

- Vertrauen wir Gott auch in guten Zeiten, oder fangen wir dann an, selbstzufrieden zu werden?
- Geben wir Gott, was Ihm gebührt, und preisen wir Ihn, wenn das Leben gut verläuft?
- Wie können wir uns gegenseitig ermutigen, uns zu allen Zeiten tagtäglich auf den Herrn zu verlassen?

Herr, Du hast über unserem Leben Deine Güte ausgegossen, und wir sind wirklich sehr dankbar dafür. Vergib uns, wenn wir es zulassen, dass Zufriedenheit uns in unserer Hingabe an Dich lähmt. Amen.

Samstag

Keine Angst

»Habt keine Angst. Ihr vertraut auf Gott, nun vertraut auch auf mich!«
Johannes 14,1

Als das Familienhilfswerk *Focus on the Family* gerade gegründet war und unsere Kinder noch klein waren, war Jim viel auf Reisen unterwegs. Eines Nachts, als er wieder einmal verreist war, erwachte ich um 2 Uhr. Mir war bange, und ich wusste keinen Grund dafür. Nach einigen Minuten der Angst zwang ich mich aufzustehen, und fiel vor dem Bett auf die Knie.

»O Herr«, betete ich, »ich weiß nicht, warum ich solche Angst habe. Ich bitte Dich, über unserem Haus zu wachen und unsere Kinder zu beschützen. Sende Deinen Schutzengel zu uns.« Ich ging wieder zu Bett und schlief ungefähr eine halbe Stunde später ein.

Am nächsten Morgen kam ein Jugendlicher aus unserer Nachbarschaft zu uns herüber. »Frau Dobson, haben Sie schon gehört, was passiert ist? Ein Dieb hat das Nachbarhaus neben Ihnen ausgeraubt.« Es war wahr. Ein Dieb war eingebrochen und mit dem Urlaubsgeld der Familie – ca. 500 Dollar – entkommen. Mein Nachbar erzählte mir dann noch, dass die Polizei den Zeitpunkt des Diebstahls ermittelt habe – etwa 2 Uhr, zu der Zeit, als ich vor Angst erwacht war!

Meine Gedanken rasten, je mehr ich daran dachte. »Falls ein Einbrecher in unser Haus eindringen wollte«, sagte ich, »würde er sicher den Weg durch das Badezimmerfenster in der Nähe der Kinderzimmer nehmen. Lass uns mal nachsehen!« Wir gingen zu jenem Fenster und sahen, dass das Rollo verbogen und das Fenster zersplittert war. Jemand hatte in der Tat versucht, hier einzubrechen. Was hatte ihn davon abgehalten?

Ich bin überzeugt, dass Gott uns in jener Nacht wegen meines Gebetes, das ich voll Panik ausgestoßen hatte, beschützte. In jenem Augenblick großer Verzweiflung war mein Vertrauen geprüft worden und Gott hatte sich als zuverlässig erwiesen. Ich kann es nicht erklären, warum Er uns angstvolle Situationen durchleben lässt, obwohl wir beten. Doch ich weiß, dass Er »uns in Zeiten der Not hilft« (Psalm 46,2). Darum können wir auch mit dem Psalmisten sagen: »Deshalb fürchten wir uns nicht … Der allmächtige Herr ist bei uns« (Psalm 46,3.8).

SMD

Neunte Woche

... jenes Gefühl der Liebe

Sonntag

Romantik

von Bill und Lynne Hybels

Romantik war noch nie meine starke Seite. In der Garage ihrer Eltern habe ich Lynne einen Heiratsantrag gemacht; für unsere Hochzeitsreise nahm ich meine *Harley Davidson* und der schönste Hochzeitstag war für mich, wenn wir uns ein Video mit dem Film »Rocky III« ansehen konnten. Doch nach einigen Jahren Ehe erkannte ich, dass nicht nur der Gehaltsscheck am Ende des Monats und dann und wann ein Gesprächsabend mit Lynne einen guten Ehemann ausmachten. Ich musste die zarte Kunst der Romantik erlernen.

Für den Anfang versuchte ich es mit Blumen. Darüber hinaus hatte ich keine Ahnung, was sonst noch dazugehörte, doch ich dachte, das mit den Blumen würde ich schon hinkriegen. Quasi als Bestätigung von Gott, dass ich in die richtige Richtung marschierte, baute ein Blumenverkäufer unmittelbar der Gemeinde gegenüber seinen Stand auf.

So hielt ich von nun an sehr häufig auf dem Heimweg von der Gemeinde bei ihm an, kaufte einen Strauß Rosen oder Nelken und brachte sie Lynne nach Hause mit. Was für ein guter Ehemann du doch bist, dachte ich, wenn ich dem Blumenmann meine drei Dollar reichte. Hunderte Männer fahren an diesem Blumenstand vorbei, aber kaufen sie Blumen für ihre Frauen? Nein. Tue ich das? Natürlich. Ich erinnere mich noch, wie ich alle diese anderen unsensiblen Männer angesehen und gedacht habe: Wie können sie eine solche Gelegenheit ungenutzt lassen?

Doch wenn ich Lynne stolz meine Blumen überreichte und erwartete, dass sie in Jubelrufe ausbrach, war ihre Reaktion eher lauwarm.

»Hey, danke«, sagte sie. »Wo hast du die denn her?«

»Woher schon? Von meinem Blumenmann, du weißt schon, der Bursche mit dem Stand auf der Kreuzung Barrington und Algonquin Straße. Ich bin Stammkunde bei ihm. Er gibt mir schon Rabatt, weil ich so oft bei ihm kaufe, und wenn die Blumen schon ein wenig verwelkt sind, lässt er sie mir sogar zwei Dollar billiger. Aber ich denke, sie werden sich wieder erholen, wenn du sie ins Wasser stellst.«

»Natürlich«, erwiderte sie.

Das tat ich regelmäßig über einen bestimmten Zeitraum hinweg, bis Lynnes mangelnde Begeisterung über das Geschenk auch meinen Enthusiasmus schließlich dämpfte. Wenn ich nun die Gemeinde verließ, den Blumenmann sah und versucht war anzuhalten, dachte ich: Auf keinen Fall. Ich mag es nicht, wenn das alles als Selbstverständlichkeit hingenommen wird. Also winkte ich nur und fuhr ohne Blumen nach Hause.

Einige Zeit später, an unserem »Eheabend«, beschlossen Lynne und ich, die Luft zwischen uns zu reinigen. Wir nehmen uns regelmäßig einen Abend Zeit, gehen in ein billiges Restaurant – denn ich bin nicht nur unromantisch, sondern auch geizig – und fragen uns: »Was ist los? Gibt es etwas, über das wir sprechen müssen? Fehlt etwas in unserer Beziehung?« An diesem bestimmten Abend nahm Lynne ihre Liste heraus und las die Punkte vor, und ich sagte: »Oooh, da hast du Recht. Es tut mir Leid. Ja, das stimmt auch. Bekenne mich schuldig. Schuldig. Schuldig. Du hast wieder einmal Recht.« Sie beendete ihre Liste, und ich war ganz klein mit Hut. Ich sagte: »Es tut mir wirklich Leid. Aber vertrau mir. Ich werde mich bessern.«

Darauf sagte sie: »Und was ist mit dir?« Ich hatte eigentlich nichts, worüber ich mich beklagen konnte, doch nachdem ich mir ihre Liste angehört hatte, war ich der Meinung, dass ich doch wenigstens etwas vorbringen sollte. »Also, ich habe tatsächlich ein kleines Problem«, sagte ich. »Hast du bemerkt, dass ich dir in letzter Zeit keine Blumen mehr mitgebracht habe?«

»Nein«, erwiderte sie. »Das ist mir gar nicht aufgefallen.« Wie konnte sie so etwas sagen?

»Wir haben ein Problem. Ich verstehe das nicht. Hunderttausende Männer gehen an dieser Ecke vorbei. Bleiben sie stehen, um Blumen für ihre Frauen zu kaufen? Nein! Halte ich an? Ja! Freust du dich, wenn ich mit den Blumen nach Hause komme? Nein! Was soll das? Wieso reagierst du so anders?«

Ihre Antwort erschütterte mich. Sie sah mir in die Augen und sagte ruhig: »Die Wahrheit ist, Bill, dass ich nicht besonders beeindruckt bin, wenn du mir halb verwelkte Blumen von einem Blumenstand schenkst, an dem du zufällig auf dem Heimweg vorbeikommst. Die Blumen sind billig, und der Aufwand ist minimal. So wie ich es sehe, investierst du nicht genügend Zeit oder Energie, um eine überschwängliche Reaktion von mir erwarten zu können. Du fragst dich nicht, was mich glücklich machen könnte; du tust nur, was dir gerade in den Kram passt.«

Ich erwiderte: »In Ordnung, wir wollen das mal klären. Du wärst also glücklicher, wenn ich mitten in der Arbeit aufstehen, meinen Terminplan in den Wind schreiben, den ganzen Weg bis zum Parkplatz laufen, in meinen Wagen steigen und bis zur Barrington Straße fahren würde, wo ich viermal so viel für die Blumen bezahlen müsste? Und dir würde es nichts ausmachen, wenn diese Fahrt mich in meinem Terminplan zurückwirft? Du weißt doch sicher, Lynne, dass hoher Blutdruck und Herzkrankheiten in meiner Familie keine Seltenheit sind. Und es würde dir nichts ausmachen, wenn ich wegen der zusätzlichen Lauferei, um dir teure Blumen zu besorgen, später nach Hause käme? Willst du mir das sagen? Das würde dich glücklich machen?«

Ich war stolz auf mich. Ich habe meinen Beruf verfehlt. Ich hätte Rechtsanwalt werden sollen. Die Geschworenen wären sprachlos gewesen. Ich hätte sie sofort überzeugt.

Ohne mit der Wimper zu zucken, erwiderte Lynne: »Ja, das würde mich glücklich machen.«

Ich konnte es nicht glauben! »Wovon sprichst du überhaupt? Was du erwartest, ist weder praktisch, wirtschaftlich noch eine effektive Ausnutzung der Zeit.«

»Das ist eine großartige Definition von Romantik. Bill, du lernst dazu!«

Ein Blick voraus ...

Ob wir erst ein Jahr oder schon 40 Jahre mit unserem Partner zusammen sind, wir sind alle dabei zu lernen, »Romantik« für unsere Ehe zu definieren – und zu praktizieren. Was Bill Hybels lernte ist, dass zu romantischer Liebe wesentlich mehr gehört als das, was unser Auge wahrnimmt. Was seine Frau Lynne brauchte, war eine Beziehung von Herz zu Herz, von Seele zu Seele. Diese Art von Beziehung scheint

Frauen von Natur aus näher zu liegen, und Männer müssen mitunter eine schwere Zeit durchleben, bis sie das erfasst haben.

Was aber ist nun Romantik? Wir werden in dieser Woche darüber reden. Heute Abend sollten Sie sich einige Minuten Zeit nehmen, um einander zu sagen, was Sie unter Romantik verstehen. Vielleicht hören Sie etwas Wichtiges, das Ihnen bisher gefehlt hat.

JCD

Montag

Raus mit dem Müll und den Flanell-Pyjamas!

Mein Freund ist mein, und ich bin sein.
Hoheslied 2,16

Waren Sie überrascht darüber, wie Ihr Ehepartner gestern Abend »Romantik« definierte? Romantik kann für Frauen und Männer ganz Verschiedenes bedeuten, aber für die meisten beschreibt dieses Wort jenes wundervolle Gefühl, beachtet, gewünscht und begleitet zu werden – ganz im Mittelpunkt der Aufmerksamkeit unseres Partners zu stehen. Frauen neigen dazu, Romantik zu definieren als das, was ein Ehemann tut, damit sie sich geliebt, beschützt und geehrt fühlen. Blumen (falls sie nicht zu billig sind), Komplimente, zärtliche Berührungen nichtsexueller Art und liebevolle Notizen – das alles sind Schritte in die richtige Richtung. Auch Mithilfe bei der Hauarbeit gehört dazu. Der Schriftsteller Kevin Leman hat es einmal so ausgedrückt: »Der größte Anreiz zur Liebe ist es, wenn ein Mann für seine Frau den Müll hinausbringt.«

Männer andrerseits verlassen sich mehr auf ihre Sinne. Sie erwarten, dass sich eine Frau für ihren Mann so attraktiv wie möglich macht. Ein Mann will von seiner Frau respektiert – und mehr noch: bewundert – werden. Er möchte hören, dass und wie seine Frau ausdrücklich Interesse an seiner Meinung, seinen Hobbys und seiner Arbeit hat.

Das sind freilich Verallgemeinerungen. Daher müssen Sie sich die Definition Ihres Ehepartners zu Herzen nehmen. Wenn Sie wissen, wie er/sie Romantik versteht, so kann das viele Missverständnisse und Enttäuschungen vermeiden. Mit ein wenig Sorgfalt und Vorbedacht können Sie das Feuer der Romantik hell leuchtend halten.

Nur für uns …

- Was ist das Romantischste, das ich jemals für dich getan habe?
- Wie denkst du über unsere persönlichen Definitionen von »Romantik«?
- Wie kann unsere unterschiedliche Sicht von Romantik unsere Ehe stärken?

Lieber Gott, danke, dass Du uns als Mann und Frau einzigartig geschaffen hast. Bitte hilf uns, unsere kunstvoll geschaffenen Unterschiede zu verstehen und zu begrüßen. Wir wollen darin Experten werden, den anderen zu begleiten und liebevoll für ihn zu sorgen. Amen.

Dienstag

Das Geheimnis der Romantik

Viele Wasser können die Liebe nicht auslöschen und Ströme sie nicht ertränken.
Hoheslied 8,7

Ganz gleich, wie sehr wir versuchen, »Romantik« zu definieren, sie behält immer etwas Geheimnisvolles. Das Hohelied von Salomo deutet jedoch einige Male an, was zum Wesen der Romantik gehört. In dieser Beschreibung romantischer Liebe entdecken wir, dass sie sowohl Intimität als auch intensive gefühlsmäßige Erregung bedeutet: »Mein Freund ist mein, und ich bin sein« (2,16); »… mein Innerstes wallte ihm entgegen« (5,4). Wir sehen, wie tiefe Zuneigung das Verlangen und völlige gegenseitige Bewunderung auslöst: »Siehe, meine Freundin, du bist schön! Siehe, schön bist du!« Wir lernen, dass romantisch zu sein heißt, das Objekt unserer Zuneigung zu verfolgen – und uns nach ihm zu sehnen, wenn er/sie sich uns entzieht: »Des Nachts auf meinem Lager suchte ich, den meine Seele liebt. Ich suchte, aber ich fand ihn nicht« (3,1). Und wir sehen, wie stark das öffentliche Vorführen solcher Zuneigung romantische Liebe kommuniziert: »Er führt mich in den Weinkeller, und die Liebe ist sein Zeichen über ihm« (5,4).

Das Wichtigste dabei ist, dass wir erkennen, dass Gott die Romantik in das unlösliche Band ehelicher Liebe eingebunden hat. Das Hohelied erreicht seinen Höhepunkt in der Beschreibung der Macht der Liebe: »Liebe ist stark wie der Tod und Leidenschaft unwiderstehlich wie das Totenreich. Ihre Glut ist feurig und eine Flamme des Herrn« (8,6). Der Herr würde uns dieses biblische Beispiel von Liebe und Romantik nicht gegeben haben, wenn er nicht gewollt hätte, dass wir uns davon animieren lassen.

Nur für uns …

- Wie zeigt uns das Hohelied, wie wichtig die Romantik in der Ehe ist?
- Wie kann uns Romantik zu einer Liebe wie »feurige Glut« ermutigen?
- Würdest du deine Definition von »Romantik« im Licht dessen, was wir heute Abend gelesen haben, irgendwie abändern?

Himmlischer Vater, wir danken Dir für den Segen romantischer Zuneigung. Mögen mein Partner und ich einander begleiten – voll Freude und mit immer neuen Ideen, alle Tage unseres Lebens. Amen.

Mittwoch

Schweigen hat seine Zeit

Ein jegliches hat seine Zeit …
schweigen hat seine Zeit, reden hat seine Zeit.
Prediger 3,1.7

Ich (JCD) erinnere mich genau an einen Tag, ungefähr zwei Wochen ehe Shirley und ich heirateten, als wir voll Stolz in einem weiß glänzenden 1957er Ford Sedan das Gelände eines Gebrauchtwagenhändlers verließen. Fünf Querstraßen weiter beugte ich mich zu Shirley hinüber, um ihr wegen dieses historischen Ereignisses rasch einen Kuss zu geben.

Doch nicht rasch genug! Genau in diesem Augenblick legten zwei Autos vor uns eine überraschende Vollbremsung hin. Ich fuhr auf den Hinteren auf und schob in auf den Vorderen. Das Vorderteil meines tollen Autos knautschte sich zusammen wie ein Akkordeon. Glücklicherweise gab es außer meinem Stolz keine Verletzten.

Wegen dieses törichten Fehlers konnte ich es mir nicht leisten, Shirley einen Ehering auch nur mit einem kleinen Diamanten zu kaufen. Und das Auto, das wir uns so lange zu kaufen gewünscht hatten, war stark beschädigt. Aber Shirley ließ nicht zu, dass der Unfall die romantische Aura unserer ersten Verliebtheit verdarb. Ich hörte von ihr nie ein kritisches Wort darüber, und an unserem ersten Hochzeitstag schenkte ich ihr einen Diamantring. Vierzig Jahre danach hat sich Shirley immer noch nicht über meine dürftige Fahrkunst beschwert!

Wir raten Ihnen dringend, zuerst nachzudenken, bevor Sie verletzliche und unfreundliche Worte sagen, Worte, die sich für viele Jahre unauslöschlich ins Gedächtnis unseres Ehepartners einprägen. Schützen Sie Ihre romantische Beziehung, selbst wenn Kritik gerechtfertigt zu sein scheint. Ihre Liebe zueinander ist wie eine kostbare und zerbrechliche Blume. Behandeln Sie sie auch so!

Nur für uns ...

- Pflegen wir bewusst das romantische Element unserer Ehe?
- Sind wir weise genug zu erkennen, wann »schweigen seine Zeit hat«?
- Ist da immer noch ein Gefühl der Romantik zwischen uns, wenn uns das Missgeschick und Pech des Lebens trifft?

Herr, Du bittest uns, die Interessen unseres Ehepartners an oberster Stelle zu behalten, doch manchmal fällt uns das nicht leicht. Hilf uns, noch achtsamer, gebender, verzeihender darin zu sein, unsere Herzen gegenseitig zu pflegen. Amen.

Donnerstag

Alte Plätze, neue Erinnerungen

Mit meiner Seele will ich den Herrn loben …
Er macht mein Leben reich und erneuert täglich meine Kraft,
dass ich wieder jung wie ein Adler werde.
Psalm 103,2.5

Shirley und ich haben unseren Hochzeitstag vor wenigen Jahren auf die Weise gefeiert, dass wir das erkundet haben, was wir als »alte Plätze« bezeichnen. Wir hielten uns einen Tag dafür frei und gingen zunächst zu jenem Bauernmarkt, über den wir als jung Verliebte öfters gebummelt waren. Dann nahmen wir ein geruhsames Mittagessen in unserem Lieblingsrestaurant ein und sprachen über Dinge, die wir vor langer Zeit gemeinsam erlebt hatten. Danach besuchten wir eine Aufführung im Pasadena Playhouse, wo wir uns bei unserem zweiten Rendezvous getroffen hatten, und später waren wir zu Kaffee und Kuchen in Gwinn's Restaurant, einem Lieblingstreffpunkt junger Paare. Wir sprachen über unsere schönen Erinnerungen und durchlebten die Aufregung vergangener Tage noch einmal. Das war wundervoll.

Wenn Ihre Ehe festgefahren ist, dann könnte es an der Zeit sein, die schönen Stätten und Ereignisse Ihrer ersten Verliebtheit und der ersten Zeit Ihrer Ehe wieder zu erfahren. Durchleben Sie noch einmal Ihr erstes Rendezvous. Gehen Sie noch einmal den Strand entlang oder den Gebirgsweg hinauf, wie Sie es damals genossen haben. Begeben Sie sich zurück an den Ort, an dem Sie sich verlobt haben. Besuchen Sie die Kirche, in der Sie getraut wurden. Fahren Sie zu dem Haus oder zu der Wohnung, in der Sie zuerst lebten. Singen Sie die alten Lieder. Erzählen Sie sich die alten Geschichten.

Ich bin der Meinung, Sie werden entdecken, dass dort auf Sie dieselbe Aufregung wartet wie einst.

Nur für uns …

- Welches waren die Lieblingsstätten, die Lieblingsbeschäftigungen etc. in unserer Verlobungszeit?

- Welche unsrer Rendezvous oder Ausflüge würden wir gerne noch einmal erleben?
- Wie können wir jetzt miteinander Erfahrungen machen, auf die wir später stolz zurückblicken können?

Herr, wir danken Dir sehr für die guten alten Tage unserer ersten Verliebtheit. Hilf uns, viele gute neue Erfahrungen in den Tagen zu machen, die vor uns liegen. Amen.

Freitag

»Gewöhnliche« Liebe

Euer Leben soll von Liebe geprägt sein,
wie auch Christus uns geliebt hat.
Epheser 5,2

Wir haben über romantische Liebe gesprochen und davon, wie man sie erhält. Es gibt jedoch in jeder Ehe Zeiten, in denen zwischen Mann und Frau eine gewisse Gleichgültigkeit aufkommt und das Interesse aneinander abflacht. Jim schrieb mir die folgende Notiz, als wir eine solche Phase in unserer Ehe erlebten, und zwar zu unserem achten Hochzeitstag:

»Du erinnerst dich sicher gut an Zeiten in unserer achtjährigen Ehe, in denen die Wogen der Liebe und Zuneigung hoch schlugen. Diese Art intensiver Gefühle begleitete oft eine Zeit besonderen Glückes. Wir spürten diese Nähe, als unser erstes Kind von der Entbindungsstation nach Hause kam. Doch Gefühle sind etwas Merkwürdiges! Wir spürten dieselbe Nähe auch, als du letztes Jahr im Krankenhaus warst. Ich verspürte das sehr intensiv, als ich mich nach dem furchtbaren Autounfall über deinen bewusstlosen Körper beugte.

Erfreuliches wie Bedrohliches – beides erweckt in Liebenden überwältigende Wertschätzung und Zuneigung. Doch unser Leben verläuft überwiegend ruhiger, alltäglicher. In solch ›normalen‹ Zeiten freue ich mich über die gelassene, ruhige Art von Liebe, die eigentlich die überschäumende Art von Liebe übertrifft. Ich spüre dann die stetige, ruhige Zuneigung, die von einem Herzen kommt, das mir ganz zugewendet ist. Ich fühle mich jetzt mehr denn je dir und deinem Glück verpflichtet.

Wenn uns gewisse Ereignisse näher zusammenbringen, dann durchleben wir aufwühlende und romantische Gefühle. Aber in der Routine des Lebens gilt dir meine Liebe unvermindert. Ich wünsche meiner wundervollen Frau einen schönen Hochzeitstag.«

Nur für uns …

- Wann erlebten wir den allerromantischsten Augenblick unserer Ehe?
- Wie kann ruhige, gelassene Liebe die Romantik zwischen uns neu aufleben lassen?
- Erfreuen wir uns an dieser Art der Liebe? Warum bzw. warum nicht?

Lieber Gott, wir danken Dir für die intensiven Gefühle, die unsere romantische Liebesbeziehung begleiten. Hilf, dass sie uns wert und teuer bleiben. Möge unsere Liebe auch an gewöhnlichen Tagen stark und ausdauernd bleiben, aber auch an Tagen, wenn wir eine gefühlsmäßige Ebbe erleben. Amen.

Samstag

Nur wir zwei

Zieh mich dir nach, so wollen wir laufen.
Hoheslied 1,4

Als Jim und ich unsere Rendezvous hatten, freute ich mich darüber, seine kreative, romantische Seite zu entdecken. Die kleinen Besonderheiten, die er dann vollbrachte – er schickte mir z. B. einen kleinen Liebesbrief in einer Cola-Flasche –, gaben mir ein ganz besonders Gefühl. Ich bewahrte mir diese romantischen Momente unserer ersten gemeinsamen Zeit wie einen Schatz auf.

Nachdem wir geheiratet hatten, waren wir beide sehr beschäftigt – Jim machte seinen Hochschulabschluss und ich unterrichtete an einer Schule. Doch wir konnten uns immer ein gemeinsames Wochenende freihalten. Wir zogen durch Läden, hielten uns an den Händen, lachten und redeten viel miteinander. Wir liebten es, durch Möbelhäuser zu bummeln und davon zu träumen, wie wir einmal unser Haus einrichten würden. Wir nahmen uns Zeit für das Frühstück und für ein Abendessen bei Kerzenlicht.

Das Leben wurde in den nächsten Jahren immer hektischer, als Gott unsere Arbeit in Seinem Dienst segnete. Wir kamen an einen Punkt, an dem wir voll Verzweiflung erkannten: Wir hatten dringend eine Auszeit nötig, für uns ganz allein. Wir verabredeten mit meiner Mutter, dass sie die Kinder übernahm, und fuhren sechs Stunden Richtung Norden in ein Skigebiet namens Mammoth in Kalifornien. Jenes Wochenende wurde ein Höhepunkt unserer Ehe. Ich fühlte mich wieder wie die junge Studentin, die ich einst war. Wir unterhielten uns auf dem ganzen Weg und hielten, um zu essen, wo immer es uns passte. Am nächsten Morgen zogen wir unsere Skikleidung an, und wir aßen in einem wundervollen Restaurant, dem »Schweizer Café«. Hilda, die Schwedin, der das Restaurant gehört, nannte mich »Shoooolie«.

Unser Gespräch beim Frühstück versetzte uns in unsere früheren Tage zurück. Jims Augen waren noch nie so blau gewesen und das Gefühl der Liebe, das immer zwischen uns ist, erreichte einen neuen Höhepunkt.

Die Fahrt zur Skihütte war genauso schön. Die Straßen führten durch eine traumhafte Winterlandschaft. Die riesigen Berge mit ihren weißen »Pelzmänteln« lagen majestätisch um uns herum. Ich hatte es im Gefühl, dass dies ein großartiger Tag zum Skifahren werden würde. Oben angekommen, fuhren wir hin- und herwedelnd die Hänge hinab.

Mit einem Gefühl wunderbarer Erschöpfung fuhren wir zu unserem Ferienapartment. Jim machte sich am offenen Kamin zu schaffen, während ich unser Lieblingsessen zubereitete – gebackene Burritos. Bei Kerzenlicht aßen wir zu Abend, sprachen über den vergangenen Tag und viele andere Themen. Nach dem Abwaschen nahmen wir die

Kissen vom Sofa, legten unsere Lieblingsplatten auf. Wir machten es uns vor dem Feuer gemütlich und unterhielten uns stundenlang. Wir waren uns auch einig, dass wir unbedingt versuchen sollten, dieses »Rendezvouz« mindestens einmal pro Jahr zu wiederholen. Die Erinnerung an dieses Wochenende motivierte mich lange Zeit, die Ehefrau und Mutter zu sein, die ich sein sollte.

Ist es Zeit für Sie, eine ähnliche romantische Reise zu unternehmen? Selbst bei knapper Finanzlage kann ein einfaches Beisammensein jenes frühere Gefühl der Liebe wieder entzünden. Alles, was man dazu braucht, ist ein wenig Vorbereitung und eine fördernde Atmosphäre. Sprechen Sie darüber mit Ihrem Ehepartner; fragen Sie ihn oder sie, was neues Interesse und neue Begeisterung in Ihre Ehe bringen könnte. Dann planen Sie miteinander mindestens zwei »Flucht«-Möglichkeiten pro Monat ein, an denen Sie gemeinsam alleine sein können. Wenn Sie das Feuer Ihrer Beziehung durch Romantik am Leben erhalten, werden Sie die Wärme durchweg in Ihrer Ehe spüren.

SMD

Zehnte Woche

Das Geschenk der Sexualität

Sonntag

Eine sanfte Liebkosung

von Daphna Renan

Michael und ich bemerkten kaum, dass die Kellnerin kam und unser Essen abstellte. Wir saßen in einem kleinen Gourmetrestaurant, etwas abseits von dem Getriebe der Third Street in New York. Selbst der wundervolle Duft der gefüllten Pfannkuchen konnte uns nicht dazu bringen, unser anregendes Gespräch zu unterbrechen. Ja, die Pfannkuchen blieben noch längere Zeit in der sauren Sahne liegen. Wir hatten zuviel Interesse aneinander, um zum Essen zu kommen.

Unser Austausch war lebhaft, ja sogar tiefsinnig. Wir lachten über den Film, den wir am vorigen Abend gesehen hatten und wir waren verschiedener Meinung über die Interpretation des Textes, den wir soeben in unserem Literaturseminar gelesen hatten. Er sprach von dem Augenblick, an dem er den großen Schritt vom Kind zum Manne getan hatte und sich geweigert hatte, »Mikey« statt »Michael« genannt zu werden. War er da 12 oder 14 Jahre alt gewesen? Er wusste es nicht mehr genau, aber er erinnerte sich daran, dass seine Mutter geweint und gesagt hatte, er sei zu rasch groß geworden. Als wir schließlich in unsere Heidelbeer-Pfannkuchen bissen, erzählte ich ihm von den Heidelbeeren, die meine Schwester und ich immer gesammelt haben, wenn wir unsere Cousins und Cousinen auf dem Land besuchten. Mir fiel ein, dass ich meine immer aufgegessen hatte, bis wir wieder zu Hause waren, und dass mich meine Tante jedes Mal warnte, ich würde davon schlimmes Bauchweh bekommen. Aber das geschah natürlich nie.

Während wir unser nettes Gespräch fortsetzten, ließ ich meine Augen durch das Restaurant wandern, bis sie an einer Nische in einer Ecke haften blieben, in der ein älteres Ehepaar saß. Das Kleid der Frau, mit Blumen bedruckt, schien ebenso abgetragen zu sein wie das Kissen, auf das sie ihre alte Handtasche gelegt hatte. Der Kopf des Mannes war oben so glatt wie das Äußere des weichen Eies, das er gerade langsam verzehrte. Auch sie aß ihren Haferflockenbrei ganz langsam.

Was meine Gedanken zu ihnen zog war die ungestörte Ruhe, die sie um sich hatten. Mir schien, als sei ihre Ecke von einer melancholischen Leere erfüllt. Während das Gespräch zwischen Michael und mir zwischen Lachen und Flüstern, Eingeständnissen und Beurteilungen hin- und herwechselte, zog mich die wehmütige Stille jenes Paares in den Bann. Wie traurig, dachte ich, wenn man sich nichts mehr zu sagen hat! Gab es nicht noch irgendeine Seite in der Lebensgeschichte eines der beiden, die sie noch nicht umgeblättert hatten? Was wäre, wenn das uns passierte?

Michael und ich bezahlten und erhoben uns, um das Restaurant zu verlassen. Als wir an der Ecke vorbeikamen, an der das ältere Paar saß, fiel meine Brieftasche auf den Boden. Als ich mich hinabbeugte, um sie aufzuheben, sah ich, dass sie sich unter dem Tisch bei den Händen hielten. Sie hatten die ganze Zeit über mit der einen Hand gegessen und sich mit der anderen gehalten!

Ich fühlte mich ein wenig gedemütigt, als ich mich wieder erhob, angesichts dieser einfachen, aber doch tief gehenden Art von Verbindung zwischen den beiden, die nur ich wahrgenommen hatte. Dass dieser Mann die müden Finger seiner Frau so sanft liebkoste, das erfüllte nicht nur die gefühlsmäßig leere Ecke (wie ich gemeint hatte), sondern das erfüllte auch mein Herz. Die beiden umgab nicht jenes peinliche Schweigen, das beim ersten Rendezvous aufkommt, nachdem man sich eine Anekdote erzählt hat. Nein, das war eine angenehme, entspannte Zufriedenheit, eine zärtliche Liebe, die nicht immer Worte braucht, um sich Ausdruck zu verleihen. Sie hatten vermutlich schon seit langem diese Morgenstunde miteinander verbracht, und der heutige Morgen unterschied sich wohl kaum von dem gestrigen, doch die beiden waren damit im Reinen – und miteinander.

Vielleicht, dachte ich, als ich mit Michael das Lokal verließ, vielleicht wäre es nicht das Schlechteste, wenn wir beide es eines Tages auch so hätten. Vielleicht wäre das ganz nett.

Ein Blick voraus …

Wenn Mann und Frau echte Intimität und Nähe erreicht haben – wie jenes ältere Paar, das sich an den Händen hielt –, dann können sie einander zutiefst erfreuen und verstehen. Das gilt in jenem Restaurant genauso wie im Schlafzimmer.

So mancher meint, »Sex zu haben« und »Liebe zu machen« sei ein und dasselbe, und doch ist zwischen beidem ein großer Unterschied. Der körperliche Akt des Geschlechtsverkehrs kann von jedem Säugetier ausgeführt werden, das über die nötige Ausstattung verfügt, wie auch von den meisten übrigen Angehörigen des Tierreiches. Doch die Kunst des Sich-Liebens, wie Gott sie für die Menschen geplant und geschaffen hat, ist eine wichtigere und umfassendere Erfahrung – sie betrifft den Menschen im Blick auf den Leib, das Gefühlsleben und den Geist. In der Ehe sollten wir nach einer sexuellen Beziehung trachten, die sich nicht nur von Leib zu Leib, sondern auch von Herz zu Herz, von Seele zu Seele ausdrückt.

Wenn wir diesen Bereich der Ehe in den nächsten Tagen erörtern, werden Sie sich als Ehepaar vielleicht fragen: Ist unsere leibliche Intimität so, wie sie sein könnte?

JCD

Montag

Was ist dein Motiv?

Meinem Freund gehöre ich,
und nach mir steht sein Verlangen.
Hoheslied 7,10

Seien wir ehrlich: Das Thema »Sex« spukt jedem Ehemann und jeder Ehefrau im Kopf herum. (Manche Frauen behaupten, ihr Mann denke an nichts anderes!) Die körperliche Vereinigung von Mann und Frau ist einer jener Aspekte der Ehe, der die meiste Freude bringt und einen wichtigen Rang einnimmt. Wenn sich ein Paar jedoch aus falschen Motiven für Sex interessiert, verliert der Geschlechtsverkehr rasch seine Bedeutung und kann zur reinen Pflichtübung werden. Dr. David Hernandez hat solche Motive für Sex genannt, der nicht aus der Liebe entspringt:

- um seine ehelichen Pflichten zu erfüllen,
- um dem anderen eine Gefälligkeit zu vergelten,
- als Triumph,
- als Ersatz für verbale Kommunikation,
- um Minderwertigkeitsgefühle zu überwinden,
- um jemanden zu gefühlvoller Liebe zu verführen,
- um Ängste und Spannungen zu überwinden,
- als eine Form, sich selbst zu belohnen, ohne den anderen zu befriedigen.

Gott gab uns Sex als intimen Ausdruck der Liebe zwischen Mann und Frau in der Ehe. Alles, was dem nicht gerecht wird, lässt einen der beiden Partner unbefriedigt, mit dem Gefühl, er/sie sei ausgenutzt worden.

Nur für uns …

- Wann hast du zum letzten Mal über körperliche Liebe nachgedacht?
- Gehört dein Motiv für Sex in irgendeine der oben aufgezählten Kategorien?
- Hast du jemals das Gefühl gehabt, du seist von mir sexuell »benutzt« worden?
- Wie können wir vom »Sex haben« zum »sich lieben« weiterschreiten?

Himmlischer Vater, Du hast unsere Gemeinschaft mit der Fähigkeit gesegnet, dass wir uns sexuell ausdrücken können. Segne uns mit emotionaler wie auch sexueller Intimität. Wir danken Dir für die Freude und das Wunder ehelichen Sexes. Amen.

Dienstag

Die zwei Seiten der leidenschaftlichen Liebe

*Die Ehefrau gibt ihrem Mann das Recht
über ihren Körper,
und ebenso gibt der Ehemann seiner Frau
das Recht über seinen Körper.*
1. Korinther 7,4

Es besteht ein fundamentaler Unterschied zwischen Frauen und Männern, den Ehepartner kennen und verstehen müssen: Frauen suchen Sex, um Intimität zu bekommen, und Männer suchen Intimität, um Sex zu bekommen. So können beispielsweise viele Männer den Geschlechtsakt von der ehelichen Beziehung trennen und beim Geschlechtsverkehr ein gewisses Maß an körperlicher Befriedigung empfinden. Nicht so die meisten Frauen. Weil sie eher an der Beziehung zu ihrem Partner interessiert sind, fühlen sie sich ausgenutzt, wenn die sexuelle Beziehung nicht von Zärtlichkeit, Fürsorge und romantischer Liebe begleitet ist.

Gibt es Lösungen dafür, mit diesem Unterschied konstruktiv umzugehen? Der Mann, der mit seiner Frau aufregende sexuelle Erfahrungen machen möchte, sollte sein besonderes Augenmerk auf die restlichen 23,5 Stunden des Tages richten. Er sollte ihr Komplimente machen, ihr sagen, wie er für sie sorgt, und sie auf alle möglichen Arten und Weisen spüren lassen, dass sie für ihn die eine, die einzige Frau ist. Die Frau dagegen sollte Verständnis dafür zeigen, dass ihr Mann eher visuell orientiert ist und leicht durch das angeregt wird, was er sieht. Sie sollte sich ihm so attraktiv wie möglich zeigen.

Mit ein wenig selbstlosem Nachdenken kann jeder der beiden Ehepartner lernen, den anderen zufrieden zu stellen. Unserer Erfahrung nach führt die Berücksichtigung dieser Unterschiede zwischen Mann und Frau zu echter Leidenschaft in der Ehe.

Nur für uns …

- Stimmst du dem zu, dass Männer und Frauen in Bezug auf Sex unterschiedlich veranlagt sind?
- Verstehen wir, wie der andere Partner im Blick auf Sex und Intimität fühlt und denkt?
- Warum erschuf deiner Meinung nach Gott Mann und Frau mit diesen Unterschieden?
- Was kann ich tun, damit dir unser Sex besser gefällt?

Herr, hilf uns, unsere Unterschiede im Blick auf Sex stets zu beachten – uns nicht im Wege zu stehen, wo wir einander helfen können, uns nicht gegenseitig zu vernachlässigen oder zu kritisieren, wenn wir in Liebe und Würde miteinander umgehen können. Wir danken Dir, dass wir uns einander ganz schenken können. Amen.

Mittwoch

Zwölf Schritte der Bindung

Das Wichtigste aber ist, dass ihr einander beständig liebt.
1. Petrus 4,8

Fühlen Sie sich an Ihren Ehepartner gebunden? Gebunden zu sein heißt, eine emotionale Beziehung zu haben, die Mann und Frau für das ganze Leben miteinander verknüpft und jeden für den anderen unersetzlich, nicht austauschbar zu machen.

Nach Dr. Donald Joy und Dr. Desmond Morris entsteht dieses Gebunden-Sein zumeist dadurch, dass man die folgenden zwölf Schritte während der Zeit des Sich-Umwerbens und der Ehe durchschreitet: 1) Auge an Körper. 2) Auge an Auge. 3) Von Stimme zu Stimme. 4) Hand an Hand. 5) Hand an Schulter. 6) Hand an Taille. 7) Gesicht an Gesicht. 8) Hand am Kopf. 9) Hand am Körper. 10) Mund an Brust. 11) Berührung unterhalb der Taille. 12) Geschlechtsverkehr. Der letzte Akt des körperlichen Kontaktes sollte freilich der Ehe vorbehalten sein.

In den besten ehelichen Beziehungen ist es so, dass Mann und Frau diese zwölf Schritte regelmäßig durchgehen. Sich berühren, miteinander reden, sich an den Händen halten und sich in die Augen sehen – all das ist für Ehepartner in der Lebensmitte genauso wichtig wie für 20-Jährige. Ja, die beste Weise, ein erlahmtes Sexualleben neu zu beleben, ist es, die zwölf Schritte des Sich-Umwerbens immer wieder und mit Genuss zu durchlaufen!

Nur für uns …

- Sind wir in der Zeit vor unserer Heirat diese Schritte gegangen?
- Durchschreiten wir auch jetzt regelmäßig diese zwölf Schritte?
- Wie können wir das Band unserer Beziehung – körperlich wie emotional – kräftigen?

Lieber Vater, vergib uns, wenn wir mit der Festigkeit des Bandes zwischen uns sorglos umgegangen sind. Hilf uns, ein Leib und eine Seele zu werden. Amen.

Donnerstag

Blödsinn von Frischverheirateten

Wo ist meine Ehre?
Maleachi 1,6

Vor einigen Jahren, als ich (JCD) mich einmal durch verschiedene Fernsehkanäle zappte, geriet ich an eine Fernsehshow für Neuvermählte. Das war nicht die beste Wahl! Der Moderator stellte einigen Bräuten, deren Ehemänner »in einem schalldichten Raum hinter der Bühne« warteten, eine Reihe törichter Fragen.

Der Moderator wollte von den Frauen wissen, wie ihre Männer wohl antworten würden auf Fragen wie: »Wie würdet ihr es mit den vom Fernsehen her bekannten Begriffen ›Erstsendung‹, ›Wiederholung‹ und ›fällt aus‹ beschreiben, als ihr mit euren Männer zum ersten Mal Sex hattet?« Ohne auch nur mit der Wimper zu zucken gaben die Frauen bereitwillig Auskunft zu dieser wie zu anderen intimen Fragen. Einige Minuten später bekamen auch die Männer die Gelegenheit, ihre Frauen bloßzustellen. Sie ließen sich das natürlich nicht entgehen.

Man hat schon oft gesagt, Fernsehprogramme würden die Werte widerspiegeln, die die Gesellschaft hat, die diese Programme ansieht. Der Himmel möge uns helfen, wenn das stimmt. In dem Fall der oben geschilderten Sendung enthüllten die Frischvermählten ihre Unreife, ihren Egoismus und mangelnden Sinn dafür, was angemessen ist und was nicht. Statt dass sie ihre sexuellen Beziehungen – und die von anderen – mit der Privatheit und dem Respekt behandelten, wie es hätte sein sollen, gaben diese Jungvermählten im landesweiten Fernsehen jedes intime Detail preis, ohne auch nur eine Sekunde lang zu überdenken, was das bedeutet.

Intimität wird weder im Schlafzimmer noch auf einem anderen Gebiet der Ehe erreicht, wenn man anderen so ungeniert Einblicke in seine Beziehung gibt. Manche Angelegenheiten Ihres gemeinsamen Lebens bleiben am besten zwischen Ihnen und Ihrem Ehepartner und dringen nicht darüber hinaus.

Nur für uns …

- Hast du das Gefühl, dass ich den sexuellen Bereich unserer Beziehung respektiere?
- Gebe ich bzw. gab ich jemals Einzelheiten unseres Sexuallebens preis, was du nicht möchtest?
- Inwiefern kann das oben beschriebene Verhalten der Jungverheirateten einer Ehe schaden?

Herr, wir danken Dir für die Intimität, die wir miteinander teilen. Gib, dass wir es sofort erkennen und von uns weisen, wenn öffentlich propagierte Werte Dich und unsere Ehe kränken. Amen.

Freitag

Gottes Geschenk

Sie waren beide nackt, der Mensch und seine Frau, und schämten sich nicht.
1. Mose 2,25

In früheren Zeiten waren manche Leute davon überzeugt, dass Frauen Sex nicht genießen können. Selbst heutzutage haben manche Christen das Gefühl, Sex zwischen verheirateten Partnern sei irgendwie sündig oder »schmutzig«. Doch derartige Ansichten sind nicht in der Bibel begründet.

Der Herr schuf uns als sexuelle Wesen und gab uns das Geschenk körperlicher Intimität als Ausdruck der Liebe zwischen Ehemann und Ehefrau. In der biblischen Geschichte vom Garten Eden wird uns gesagt, es werde »ein Mann seinen Vater und seine Mutter verlassen und seiner Frau anhangen, und sie werden sein *ein* Fleisch«. Die Bibel sagt, dass sich der erste Ehemann und seine Frau ihrer Nacktheit nicht schämten, ehe die Sünde auf der Bildfläche erschien (1. Mose 2,24-25).

Die Heilige Schrift benutzt sexuelle Bildersprache auch, um das Verhältnis von Gott und Mensch zu beschreiben (siehe z. B. Jesaja 62,5; Jeremia 7,9 und 23,10; Hesekiel 16; das Buch Hosea; Epheser 5 und Offenbarung 19,6-7). Dazu kommt noch das Hohelied Salomos, in dem die sexuelle Freude zwischen Ehepartnern ganz offen gepriesen wird. Wir empfehlen Ihnen, dass Sie sich die Zeit nehmen, dieses Buch miteinander zu lesen.

So, wie Gott es in seiner Schöpfung gewollt hat, ist sexuelles Verlangen in der Ehe mehr als eine Zugabe oder ein Mittel zur Fortpflanzung. Darum können wir aus ganzem Herzen sagen: »Lasst uns ›Liebe machen‹ so, wie Gott es will!«

Nur für uns …

- Sind dir als Kind und als Jugendlicher positive oder negative Ansichten über Sex vermittelt worden? Wie hat sich das deiner Meinung nach auf unser Liebesleben ausgewirkt?

- Hältst du Sex für eine Gabe Gottes?
- Gibt es irgendetwas an unserem Liebesleben, worüber du mit mir reden möchtest?

Lieber Gott, wir danken Dir, dass Du uns so klar in der Bibel zeigst, dass Du Sex in der Ehe von Anfang an geplant hast. Wo wir dieses Geschenk mit Füßen getreten haben, da vergib uns. Wir wollen aus ganzem Herzen »Liebe machen« so, wie Du es für uns vorgesehen hast. Amen.

Samstag

Gottes Rezept für Sex

Mein Freund komme in seinen Garten und esse von seinen edlen Früchten.
Hoheslied 4,16

Jemand hat einmal gemeint, in Sachen Sex seien Männer wie Mikrowellen und Frauen wie Kochtöpfe. An dieser Analogie mit dem Kochen ist sicher etwas dran – Männer erreichen ihren »Siedepunkt« oft, ehe Frauen überhaupt gemerkt haben, was auf dem Speisezettel steht!

Warum schuf Gott Männer und Frauen so? Schafft nicht dieser Unterschied so manchen Konflikt, wenn es um leibliche Intimität geht?

Ich glaube, der Herr wusste, was Er tat, als Er diese fundamentalen Unterschiede zwischen uns schuf. Schließlich würden wir, wenn Frauen den Männern etwas ähnlicher wären, so viel Zeit im Schlafzimmer verbringen, dass sonst wenig zu Stande käme. Und wenn Männer den Frauen ähnlicher wären, würden wir mehr Zeit mit wichtigen Gesprächen verbringen – doch die Spezie »Mensch« könnte aussterben!

Unsere Unterschiede sind es, die das Leben so interessant und erfrischend machen. Sie zwingen uns dazu, uns mit unserem Partner genauer zu befassen, mit ihm zu reifen und ihn besser zu verstehen.

Wenn in der Ehe der Mann extrovertiert und die Frau introvertiert ist, so lockt der Mann die Frau aus der Reserve, während die Frau dem Mann hilft, sich Zeit fürs Nachdenken zu nehmen. Wenn eine Frau spontan ist und ihr Mann eher ein planender Mensch, dann bringt sie Energie und frischen Wind in sein Leben, während er ihr Leben stabiler gestaltet.

So ist es auch mit dem Sex. Gefühlsmäßige und körperliche Unterschiede schaffen Interesse und Spannung. Wir ermutigen Sie, diese Unterschiede bewusst zu genießen! Schließlich geht es beim »Ein-Fleisch«-Werden von Ehepartnern um mehr als um körperliche Einigung. Wir vereinigen uns mit unserem ganzen Wesen – nach Leib, Seele und Geist – in einem wundervollen und geheiligten Zusammentreffen. Genau das will Ihr liebender Gott. Sie sollen und dürfen die Abwechslung, die jeder von Ihnen in die Ehe einbringt, genießen – ganz gleich, welches Mahl Sie kochen.

SMD

Elfte Woche

Wie Vertrauen wächst

Sonntag

Traumgeliebte

von Patrick O'Neill

Der Radiowecker spielte eine nette Melodie, und ich erwachte wieder an einem Tag voller Verheißungen und Wunder.

»Morgen, Süße«, sagte ich, während mein Kopf sich ins Kissen kuschelte.

»Wer ist Angela?«, fragte mich meine Frau in einem Ton, der nach einem Fernsehmoderator klang, der ein armes Opfer befragte.

Jahrtausende voller Erfahrungen haben verheirateten Männern eine Art sechsten Sinn dafür geschenkt, wann sie völlig wahrhaftig sein und alle Fragen völlig und ohne Vorbehalt beantworten müssen.

»Ich kenne keine Angela«, sagte ich.

»Ich weiß, dass du keine kennst«, sagte Kathleen, setzte sich auf und schlug mit ihrer Hand auf den Alarmknopf des Weckers. »Es ist so lächerlich. Ich hatte nur diesen Traum letzte Nacht, in dem du mich und die Kinder im Stich gelassen hast und mit irgendeiner Angela abgehauen bist. Ich lag danach drei Stunden wach und fühlte mich immer mieser.«

»Dummes Mädchen«, sagte ich und kuschelte mich noch tiefer in die Bettdecke. »Ich verspreche dir, dass ich niemals und mit niemandem weglaufen werde. Weder letzte Nacht noch in einer anderen Nacht. Und vor allem nicht mit irgendeiner Angela.«

Kathleen schlug die Deckbetten mit wesentlich mehr Kraft zurück, als nötig gewesen wäre, und stieg aus dem Bett.

»Das war doch nur ein Traum«, sagte ich und wünschte mir, ich wäre zwei Minuten lang bewusstlos gewesen. »Ich kenne keine Angela. Ich bin hier bei dir und unseren Kindern. Ich habe nicht vor, euch zu verlassen. Niemals.«

Die Badezimmertür schlug zu. Ich stand auf. Plötzlich hatte ich ein nasses Handtuch im Gesicht.

»Sorry, Liebes, ich zielte auf den Wäschekorb«, meinte Kathleen. »Und doch, du und Angela, ihr lebt zusammen in einem dieser Luxusapartments der Innenstadt.«

»Haha! Merkst du nicht, wie verrückt das ist? Ich könnte es mir nicht einmal leisten, unter einer Brücke zu leben, wenn ich dich verlassen würde. Was ich ohnehin nicht vorhabe.«

»Angela ist Chirurgin«, sagte sie, als würde sie zu einem Vollidioten sprechen. »Von internationalem Rang. Sie ist ungeheuer reich. Oder solltest du das nicht bemerkt haben? Freilich hast du's. Nur ein Traum.«

»Nun hör mal, ich weiß, dass Träume manchmal ganz schön realistisch wirken können. Aber du bist die Frau meiner Träume. Okay? Was für eine Chirurgin?«

Aus dem Badezimmer hörte ich das untrügliche Geräusch, von zu Bruch gehenden Kosmetikartikeln.

»Du willst wissen, was mich am meisten aufregt?«, fragte sie. »Die Kinder. Die Kinder kommen an einem Wochenende zu Besuch, und weißt du, was Angela – du weißt es –, was sie tat? Sie buk Teddybär-Pfannkuchen. Mit kleinen Rosinenaugen. Die Kinder sprachen tagelang darüber: ›Warum machst du uns nie Teddybär-Pfannkuchen, Mama?‹«

»Teddybär-Pfannkuchen? Das klingt irgendwie niedlich. Man kann sie wahrscheinlich recht einfach …«

»Oooo«, sagte Kathleen. »Das ist so dumm. Wie kann man sich auch nur über solch einen dummen Traum aufregen, in dem ein Ehemann mit einer weltberühmten Chirurgin wegläuft, einer Angela, die sich ans Klavier setzt mit den Kindern und all die Lieder auswendig spielen und singen kann, die im Fernsehen zu hören sind, die das Haar deiner Tochter perfekt frisiert und deinem Sohn zeigt, wie man mit einem Taschenmesser umgeht, und die Aerobic unterrichtet?«

»Kathleen, ich liebe keine Chirurgin. Chirurgen sind krankhaft egoistisch und selbstsüchtig. Aber vielleicht ist Angela ja anders.«

»Angela arbeitet unter den Armen«, meinte Kathleen. »Hier ist der Tennisschuh, den du gesucht hast … O, bist du in Ordnung? Aber ganz egal, der Präsident gab ihr eine Auszeichnung. Das habe ich im Fernsehen gesehen. In meinem Traum. Da war sie mit ihrem hübschen Gesicht und ihren langen schwarzen Haaren. ›Andere haben das mehr verdient als ich, Herr Präsident.‹ Mir wurde fast kotzübel.«

Den blauen Fleck vom Tennisschuh würde niemand sehen, es sei denn ich ginge schwimmen.

»Aber mit ihren Teddybär-Pfannkuchen, ihrem Humanismus und den Klavierstunden würde Angela ja kaum Zeit für einen Mann haben«, sagte ich. »Ich meine, für einen Mann wie mich.«

»O nein. Die Kinder erzählten mir, wie sie Stunden damit verbrachte, dir die Schultern zu massieren, und manchmal saß sie dir zu Füßen auf jenem fleckenlosen weißen Teppich – ›Der ist weiß wie Schnee, Mama!‹ –, starrte dich an und lachte über alles dumme Zeugs, das du sagtest. Verflixt! Deine Uhr fiel in die Ritze. Entschuldige, Süßes.«

»Ich finde, du bist ein wenig hart zu Angela«, warf ich ein. »Es hört sich an, als wäre sie eine ganz nette Person, die nur versucht, allein durchs Leben zu kommen.«

»Sie ist ein boshafter kleiner Nestzerstörer, und wenn du noch einmal so tust, als würdest du hinter ihr hersehen, dann brauchst du mehr als eine weltberühmte Chirurgin, um dich wieder zusammenzuflicken!«

Später an jenem Tag schickte ich Blumen in Kathleens Büro. Das ist natürlich nur ein Anfang. Wenn jemand wie Angela in dein Leben tritt, dann dauert es eine Weile, bis die Wunden wieder geheilt sind.

Ein Blick voraus …

Die meisten Ehepartner geben zu: Irgendwann, hie und da haben wir eine Angst verspürt, ob unser Partner auch zu seinem ein Mal gegebenen Wort steht, ganz gleich, ob die Beziehung tatsächlich bedroht war oder ob es sich nur um einen Traum handelte wie bei Kathleen.

Unter dem Humor, mit dem Kathleens »Angsttraum« erzählt wird, steckt ein ernstes Thema: Können wir einander trauen oder nicht? Die Ungewissheit, die viele im Blick auf das Vertrauen spüren, ist freilich eine Erscheinung unserer Zeit. Untreue und außereheliche Liebesbeziehungen sind mehr als nur weit verbreitet, und in manchen Kreisen werden sie als unvermeidbar akzeptiert. Als Christen wissen wir, dass wir dem Herrn unbedingt und einzigartig vertrauen können. Aber absolutes Vertrauen zu unserem Ehepartner? Das zu schenken fällt manchmal sehr schwer. In Wahrheit muss es erst mit der Zeit verdient werden – mit jedem neuen Wort, jeder neuen Tat.

Ehen, die von Angst und Unsicherheit beherrscht werden, werden nie das Potenzial ausschöpfen, das in sie gelegt ist. Doch Ehen, die auf Vertrauen und Sicherheit gründen, blühen auf. Sie werden sehen, warum es für Ehepaare so wichtig ist, zu ihrer Verpflichtung zu stehen, damit Vertrauen wächst. In der Woche, die vor uns liegt, helfen wir Ihnen zu verstehen, wie Vertrauen entsteht und wie man es zum Fundament einer sicheren und reifenden Partnerschaft macht.

JCD

Montag

Geh sofort nach Hause

Wie ein brüllender Löwe streift euer Feind, der Teufel, umher und sucht nach einem Opfer, das er verschlingen kann.
1. Petrus 5,8

Eine der größten Ängste, die verheiratete Männer und Frauen überkommt, ist, dass ihr Partner untreu werden könnte – eine verständliche Sorge angesichts der hohen Scheidungsquote in den USA und Westeuropa. Viele dieser Scheidungen haben ihre Ursache in der Untreue. Wir müssen immer darauf gefasst sein, dass Satan Ehen attackiert.

Ich (JCD) erinnere mich an eine Falle, die der Teufel einmal für mich aufgestellt hatte. Ich war mit Shirley erst einige wenige Jahre verheiratet, als wir einen kleinen Ehekrach hatten. Ich stieg ins Auto und fuhr eine Stunde lang in der Gegend herum, um wieder einen klaren Kopf zu bekommen. Als ich wieder nach Hause fuhr, hielt neben mir in ihrem Auto ein sehr attraktives Mädchen an und lächelte herüber. Ganz eindeutig flirtete sie mit mir. Sie fuhr langsam vor mir her, schaute zurück und bog in eine Nebenstraße ab. Ich verstand, dass sie mich einlud, ihr zu folgen.

Ich schluckte den Köder nicht; ich fuhr direkt nach Hause und versöhnte mich mit Shirley. Aber später dachte ich über das Ganze nach: Wie rasch hatte doch Satan unseren Konflikt und meine Verletzlichkeit auszunützen versucht! Auf diese Weise geht er immer wieder vor. Erwarten Sie, dass er auch Ihnen eine Falle stellen wird. Versichern Sie sich dessen, dass sich Ihr Partner dann auf Sie verlassen kann und Sie nach Hause kommen, wenn Sie die Versuchung überfällt.

Nur für uns …

- Was sagt Gottes Wort zum Thema Ehebruch? (Wir raten Ihnen, sich Zeit zu nehmen und folgende Bibelstellen durchzugehen: 2. Mose 20,14; 3. Mose 18,20; 20,10; Sprüche 7; Maleachi 3,5; Matthäus 5,27-28; Markus 10,11-12; Johannes 8,1-11; Römer 7,2-3; Epheser 5,3-5; Hebräer 13,4.)
- Was verheißt Gott im Blick auf Versuchungen (1. Korinther 10,13)?
- Wie können wir unsere Ehe »wasserdicht« machen?

Herr, bitte gib uns Weisheit und Kraft, wenn wir unsere Ehe gegen Affären sicher machen wollen. Danke, dass Du uns einen »Fluchtweg« aus der Versuchung zeigst. Amen.

Dienstag

Sicherheitsmaßnahmen

Kann er über glühende Kohlen gehen,
ohne sich die Füße zu verbrennen?
Sprüche 6,28

Der sicherste Weg, einer Affäre zu entgehen, ist, der Versuchung zu entfliehen, sobald sie sich Ihnen in den Weg stellt. Der Autor Jerry Jenkins hat diese Art, sich moralisch sauber zu verhalten, als »Hecken bauen« bezeichnet. Man »baut Hecken« um eine Ehe, sodass die Versuchung keinen Zutritt erlangen kann. Sie unternehmen Maßnahmen, um sich selbst zu schützen und zugleich das Niveau des Vertrauens in Ihrer Ehe zu erhöhen.

Aber wie? Reden Sie mit Ihrem Partner darüber, wie Sie mit dem anderen Geschlecht umgehen, und dann führen Sie bei sich vernünftige, sensible Richtlinien ein. Manche Ehepaare schließen es z. B. aus, dass einer der Ehepartner mit einem Kollegen bzw. einer Kollegin allein zum Essen ausgeht, geschäftlich reist, hinter verschlossenen Türen redet oder als »Paar« an einem gemeinsamen Projekt arbeitet. Verständigen Sie sich darüber, was für Sie beide angemessen ist, und dann treffen Sie eine Vereinbarung. Wenn Sie in eine neue Situation geraten, sprechen Sie gleich mit Ihrem Partner darüber. Und wenn er bzw. sie ein ungutes Gefühl dabei hat, dann vermeiden Sie diese Situation. Hören Sie Ihrem Partner sorgfältig zu, damit Sie wissen worüber er bzw. sie besorgt ist. Der Herr hat Sie aus gutem Grund zu »*einem* Fleisch« gemacht.

Zunächst mag es merkwürdig klingen, für etwas um Erlaubnis zu bitten, was vermutlich eine völlig normale, harmlose Sache sein dürfte. Aber Sie werden rasch entdecken, wie beruhigend es ist, wenn die Situation umgekehrt ist und Ihr Partner *Sie* bittet!

Nur für uns ...

- Fühlst du dich wohl angesichts dessen, wie ich mit Menschen des anderen Geschlechts umgehe? Gibt es da etwas, das ich ändern sollte?
- Beten wir genug dafür, dass Gott uns vor Versuchungen bewahrt?
- Was bedeutet dir die Stelle Sprüche 6,28?

Lieber Gott, wir wollen unsere Ehe vor jeder Bedrohung schützen. Wir wollen frei und sicher leben – als Folge unserer Entscheidung, weise zu sein. Zeige uns durch Deinen Geist, wie wir einander zur Ehre und Dir zu Gefallen leben können. Amen.

Mittwoch

Verhalten bewirkt Vertrauen

Wer sich für standhaft hält, soll aufpassen, dass er nicht auf die gleiche Weise sündige.
1. Korinther 10,12

Am sichersten wächst in Ihrer Ehe Vertrauen durch das Verhalten, das Sie an den Tag legen. Überlegen Sie eine Reihe von Möglichkeiten und Verhaltensweisen, die Ihrem Partner beweisen, dass er sich auf Sie verlassen kann.

Nehmen Sie z.B. das Flirten. Es mag harmlos scheinen, einem Menschen des anderen Geschlechts ein wenig mehr Freundlichkeit zu erweisen. Doch fragen Sie sich selbst: *Würde sich mein Ehepartner wohlfühlen, wenn er bzw. sie Zeuge dieses Vorgangs wäre? Würde mein Verhalten Vertrauen wecken, oder würde es Zweifel an meinen Motiven hervorrufen?*

Ich (JCD) rate Ihnen, vorsichtig mit dem Stolz auf Ihre eigene Unfehlbarkeit umzugehen. Der Augenblick, in dem Sie meinen, eine Affäre »würde mir nie passieren«, ist der Augenblick, in dem Sie am verwundbarsten werden. Wir sind nun einmal Wesen mit einem starken Geschlechtstrieb. Wir sind auch gefallene Geschöpfe mit einem starken Hang zur Sünde. Und das ist alles, was uns anfällig macht. Geben Sie der Versuchung *keinen* Raum in Ihrem Leben! Mein Vater schrieb einmal: »Ein starkes Wollen ist wie ein reißender Fluss. Solange es den Damm des Willens Gottes nicht überschreitet, bleibt alles rein und sauber. Doch wenn es die Grenzen überströmt, wird alles Land stromabwärts überflutet und verwüstet.«

Verhaltensweisen können das Vertrauen auf vielfache, simpel überschaubare Weise beeinflussen. Wenn Sie versprechen, dass Sie am nächsten Wochenende die Garage reinigen, dann tun Sie das auch. Wenn Sie versprechen, nicht mehr als einen bestimmten Betrag auszugeben, dann halten Sie sich daran. Wenn Sie im Kleinen zu Ihrem Wort stehen, dann haben Sie auch bei großen Dingen das Vertrauen Ihres Partners.

Nur für uns …

- Wo ist die Grenze zwischen freundlichem Interesse und Flirt?
- Welches Verhalten kann ich zeigen, das dir hilft, mir zu vertrauen?
- Wie bewirkte Jesus bei Seinen Jüngern Vertrauen?

Herr Jesus, danke, dass Du uns Vorbild für verlässliches und integres Verhalten bist. Hilf uns jeden Tag, uns von der Versuchung abzuwenden und keinen Kompromiss einzugehen. Wir wollen im Innersten unseres Wesens zuverlässig und wahrhaftig werden. Amen.

Donnerstag

Heilende Worte

Freundliche Worte schenken Leben.
Sprüche 15,4

Macht es Ihnen Spaß, Ihre Frau zu necken? Geben Sie gern ein peinliches Geheimnis Ihres Mannes preis, wenn Sie mit Freunden zusammen sind?

Ein Schlüssel dazu, Vertrauen zu entwickeln, ist es, uns davor zu hüten, diejenigen, die wir lieben, zu verletzen oder zu beschämen. Manches gehört in den privaten Bereich und sollte dort auch bleiben. Wenn ein Ehepartner Familiengeheimnisse unbedenklich ausplaudert, so bricht er dadurch die eheliche Loyalität und damit natürlich auch das Vertrauen.

Genauso wichtig wie die Worte, die wir nicht aussprechen, sind die, die wir sagen. Insbesondere Männern widerstrebt es, sich mit ihren Frauen über Gefühle und Ängste auszusprechen, doch fördert Offenheit Vertrauen und Intimität. Es ist für eine gesunde, sichere Ehe von großer Bedeutung, Gedanken auszutauschen. Wie kann sich eine Frau sicher und geschätzt fühlen, wenn sie nicht weiß, worüber ihr Mann tatsächlich nachdenkt und wie er sich fühlt?

Dazu gehört auch z. B., dass Sie es nicht geheim halten, wenn Sie als Finanzverwalter der Familie das Bankkonto der Familie versehentlich oder dummerweise so ziemlich geleert haben. Lassen Sie es Ihren Partner wissen. Wenn Sie jemand im Betrieb überflügelt und einen höheren Posten als Sie bekommt, so sagen Sie das Ihrem Partner, auch wenn Ihnen das unangenehm ist. Wenn Sie miteinander daran arbeiten, Lösungen für Probleme solcher Art zu entwickeln, rücken Sie beide näher zusammen.

Nur für uns ...

- Ist es für dich angenehm, wie sehr wir uns gegenseitig necken?
- Lasse ich dich an meinen Gedanken so teilhaben, wie du es möchtest?
- Wirken unsere Worte »heilend« für uns beide?
- Wie kann ich dir helfen, deine Gefühle besser zu äußern?

Lieber Gott, lass die Worte unseres Mundes immer wahrhaftig und gnadenreich sein. Mögen unsere Worte heilend und ermutigend wirken und uns näher zusammenbringen. Amen.

Freitag

Beste Freunde

Auf einen Freund kann man sich immer verlassen.
Sprüche 17,17

Bei der oben beschriebenen Offenheit gilt es allerdings, eine Grenze zu beachten. Solche Offenheit kann nämlich auch dazu benutzt werden, Unsicherheit zu schaffen und Macht über den Ehepartner zu bekommen. Ich (JCD) kenne einen charmanten jungen Geschäftsführer, der seiner Frau jeden Tag von jeder Frau berichtete, die im Betrieb mit ihm flirtete. Seine Offenheit war bewundernswert, aber da er seiner Frau gegenüber nicht zugleich betonte, dass er an sie gebunden sei, brachte er dadurch (bewusst oder unbewusst) zum Ausdruck: »Am besten, du behandelst mich gut, denn es gibt viele Frauen, die nur darauf warten, mich an die Hand zu bekommen.« Die Frau machte sich sorgenvolle Gedanken darüber, wie sie ihren Mann am besten festhalten könnte.

Er hätte überlegen sollen, was seine wahren Motive dafür waren, dass er seine Frau so verunsicherte. Dienten diese Äußerungen dazu, die Freundschaft zwischen ihm und seiner Frau zu pflegen oder ihr zu schaden? Und sie hätte ihm helfen sollen, das Gespräch darüber in eine andere Bahn zu lenken, indem sie ihren Mann – auf ruhige, sachliche Art – darauf hinwies, welche Gefühle seine Worte in ihr hervorriefen.

Wenn Sie Ihre innersten Gefühle ehrlich und mit lauteren Motiven offen legen und dabei immer betonen, dass Sie sich an Ihre Ehe gebunden wissen, so wird Ihr Ehepartner zu Ihrem besten Vertrauten, Beschützer, Berater und Freund. Nach 40 Jahren Ehe kann ich glücklich sagen, dass Shirley und ich die besten, intimsten Freunde sind – und das ist vor allem dem Umstand zu verdanken, dass jeder von uns das Vertrauen des anderen gewonnen hat.

Nur für uns ...

- Hast du mir dein »wahres« Selbst gezeigt?
- Wie sollten wir reagieren, wenn unser Partner eine Schwäche zeigt?
- Wie kann ich dir ein besser Freund, eine bessere Freundin werden?

Vater, danke, dass mein Ehepartner und ich Partner fürs Leben sind. Doch wir wollen immer auch die besten Freunde sein. Segne uns dazu mit Deiner Weisheit, Gnade und Kraft. Darum bitten wir Dich. Amen.

Samstag

Das Haus durch Vertrauen gebaut

Gnade und Treue sollen dir nicht verloren gehen.
Sprüche 3,3

Wir haben in dieser Woche darüber gesprochen, wie man Vertrauen aufbaut – was eines der wichtigsten Bestandteile einer gelingenden Ehe ist. Das ist ein bisschen so, wie wenn man ein Haus aus Dominosteinen baut. Man fügt jeden neuen Stein sehr sorgfältig hinzu, und jede neue Ebene hält so gut, wie die darunter gebaut ist. Es ist entscheidend wichtig, die Steine richtig zu platzieren. Sitzen die Steine an den Ecken nicht richtig, so kann das ganze Projekt in sich zusammenkrachen.

Genau so verhält es sich mit dem Vertrauen. In einer Ehe sind alle Aspekte miteinander verknüpft. So, wie wir nach Gottes Willen für unser Leben fragen und folgen, so verhalten wir uns auch auf eine Art und Weise, die das Vertrauen unseres Mannes/unserer Frau verdient. Wenn das Vertrauen wächst, öffnet sich unser Ehepartner mehr und mehr und macht sich dadurch auch uns gegenüber verwundbar. Indem wir mehr von uns selbst preisgeben, wächst die Intimität, was uns unserem Partner gegenüber verantwortlicher macht. Das ist auch die Voraussetzung dafür, dass wir einander in unserem geistlichen Leben fördern und ermutigen können.

Als ich Jim noch nicht lange kannte, entschloss ich mich eines Abends im College dazu, ihm von meiner schmerzvollen Vergangenheit zu erzählen – nämlich dass mein Vater ein Alkoholiker war. Wir waren etwa ein Jahr lang befreundet, als ich ihm dieses Geheimnis enthüllte. Ich wusste nicht, wie Jim darauf reagieren würde oder ob ich ihm das anvertrauen – ob ich ihm vertrauen konnte. Ja, ich befürchtete sogar, diese Enthüllung würde unser Beziehung beenden. Aber während ich mit ihm redete, legte Jim seine Arme um mich und hörte lange zu. Als ich fertig war, sagte er, er habe mehr Achtung vor mir als zuvor und davor, dass ich die Kraft aufgebracht hatte, unter solchen Umständen aufzuwachsen. Meine Offenheit hat uns näher zusammengebracht statt uns auseinander zu treiben.

Ganz klar, Sie müssen sehr sorgfältig vorgehen, wenn Sie Ihre intimsten Geheimnisse enthüllen wollen. Manche Menschen werden Sie abweisen oder verletzen oder Ihrem Ruf bei anderen Schaden zufügen. Es ist jedoch eine der wundervollen Eigenarten der Liebe, dass es zu größerem Vertrauen führt, wenn man in einer reifen Partnerschaft Geheimnisse miteinander teilt. Ich hoffe, dass unsere Gespräche in dieser Woche Sie beide schon dazu gebracht haben, tieferes gegenseitiges Vertrauen zu erfahren.

SMD

Zwölfte Woche

Ehre deinen Partner

Sonntag

Überraschungsparty

von Gary Smalley

Es war der Abend, an dem die Abschlussfeier eines langen, strapaziösen Ausbildungsweges stattfand. Nach vier Jahren intensiven, ausschließlichen Studierens sollte er endlich sein Diplom entgegennehmen.

Seine Frau plante eine besondere Party, zu der viele ihrer Freunde kommen und mit ihm den lang ersehnten »Tag der Befreiung« feiern sollten. Es würde mit allem gefeiert werden, was dazugehört: Kuchen, Erfrischungen, Spruchbänder, Luftschlangen, Kricket und anderen Spielen. Viele hatten ihr Kommen zugesagt, und es sah aus, als würde das Haus voll werden. Ihr Mann jedoch hatte etwas anderes vor. Er nahm insgeheim mit jedem der eingeladenen Gäste Kontakt auf und teilte allen seinen Plan mit: Die Party sollte eine Überraschung zu Ehren seiner Frau werden. Ja, es würde die Spruchbänder und alles andere geben, doch darauf sollte *ihr* Name stehen, nicht seiner.

Er wollte etwas Besonderes tun, um sie wissen zu lassen, wie sehr er es würdigte, dass sie ihn in all den Jahren aufopfernd begleitet und ermutigt hatte. Sie hatte ganztags gearbeitet, damit er seine Ausbildung abschließen konnte; ihren Wunsch nach einem Eigenheim und einer Familie hatte sie hintangestellt. Das hatte – in vieler Hinsicht – schwerer auf ihr gelastet als sein Studium auf ihm.

Als der Tag schließlich kam, war sie eifrig dabei, die Vorbereitungen zu treffen und all die Einzelheiten, die noch in letzter Minute zu organisieren waren. Sie war überzeugt, alles gehe so, wie sie es geplant hatte. Er arrangierte es so, dass sie den Ort der Party kurzfristig verlassen musste, und während sie weg war, hängte er ein riesiges Spruchband auf, auf dem ihr Name stand. Inzwischen trafen die Gäste ein, wie vorgesehen.

Sie kehrte zurück und wurde mit dem lauten Ruf: »Überraschung!« begrüßt. Als sie begriffen hatte, was los war, konnte sie ihre Tränen kaum zurückhalten. Ihr Mann bat einige Gäste zu sagen, was sie am meisten an ihr schätzten. Dann trat er vor alle Zuhörer und drückte in herzlichen Worten voll Liebe und Bewunderung seine Dankbarkeit ihr gegenüber aus. Als er geendet hatte, prosteten ihr alle mit einem Glas Eistee zu.

Der Rest des Abends war ein Fest voll Freude und Lachen, mit Spielen und mehr Essen, als jeder vertragen konnte. Es war die Feier einer Erfahrung, die sie miteinander gemacht hatten, und indem sie dieses Fest auf eine besondere Weise begingen, schuf der Mann für die Liebe und Fürsorge seiner Frau ein lebenslang währendes, romantisches Andenken.

Ein Blick voraus …

Ich mag dieses Beispiel eines weisen Ehemannes. Er hatte verstanden, dass er sein Ziel in erster Linie dem Umstand zu verdanken hatte, dass seine Frau etwas aufopferte und mit ihm kooperierte. Er verfügte auch über die Weisheit, die beste Gelegenheit zu ergreifen, um seine Frau öffentlich zu würdigen. Ganz offen gesagt, ich tat dasselbe, als ich meinen Ph. D. bekam. Shirley hatte sich sieben Jahre lang aufgeopfert, damit ich mein Studium beenden konnte. Sie meinte, die Party sei für mich, doch 40 Gäste halfen mir, ihr klarzumachen, dass sie es war, die geehrt wird. Ich schenkte ihr aus diesem Anlass ein silbernes Kaffee- und Teegeschirr, das sie bis heute in der Vitrine unseres Wohnzimmers ausstellt. Ich kenne einen Mann, der seinen Doktortitel einige Jahre nach mir bekam und der nichts über die Unterstützung und Begleitung seiner Frau sagte. Seine Frau war sehr verletzt.

Jemanden zu ehren oder zu würdigen heißt, ihm Respekt zu zollen – ihm oder ihr die Anerkennung und Wertschätzung zukommen zu lassen, die er/sie verdient. Wie aufmerksam sind Sie gegenüber Ihrer Frau, Ihrem Mann? Suchen Sie aktiv nach Möglichkeiten, sie bzw. ihn vor Freunden oder vor der Familie hochleben zu lassen? Das sind äußerst wichtige Fragen.

Wir reden in dieser Woche davon, wie wichtig es ist, sich in einer Ehe zu ehren. Warum sagen Sie sich nicht heute Abend, warum sich jeder geehrt fühlt, mit dem anderen verheiratet zu sein?

JCD

Montag

Vergessene Helden

Dein, Herr, ist das Reich … Reichtum
und Ehre kommt von dir.
1. Chronik 29,11-12

In unserer Gesellschaft neigt man dazu, Menschen auszuzeichnen, die sich besondere Verdienste erworben haben. Das gilt z. B. in den Bereichen von Militär und Sport. Oder denken wir etwa an den Friedensnobelpreis. Studenten, die ihr Studium besonders gut absolviert haben, erhalten ebenfalls eine besondere Anerkennung. Herausragende Leistungen von Schauspielern werden mit dem »Oscar« usw. prämiert. Aber wer anerkennt schon die herausragenden Leistungen von Ehefrauen und Ehemännern, die tagtäglich ihre Pflichten auf sich nehmen? Wer kümmert sich schon um diese vergessenen Helden, die sich ihren vielfachen Aufgaben stellen, sich für ihre Kinder aufopfern oder sich umeinander kümmern? In den allermeisten Fällen kommt das Lob für diese Ehepaare von ihnen selbst – doch wenn einer der Ehepartner es nicht wahrnimmt, was der andere macht, so wird sich der andere nicht gerade ermutigt bzw. motiviert fühlen. Die Bibel nimmt dazu klar Stellung. Der Apostel Paulus sagt: »Habt Freude daran, euch gegenseitig Achtung zu erweisen« (Römer 12,10). Es gibt keinen besseren Ort, dies anzuwenden, als euer Zuhause – bei dem Mann oder der Frau, der bzw. die neben dir sitzt.

Nur für uns …

- Was bedeutet es deiner Meinung nach für unsere Ehe, dass einer dem anderen Achtung erweisen soll?
- Fühlst du dich durch mich »geehrt«? Weißt du, dass ich dich ohne jeden Abstrich in allerhöchster Wertschätzung halte?
- Wann hast du das in unserer Ehe gespürt? Und wann nicht?

Lieber Herr, wenn wir andere Menschen bewundern und ihre Leistungen würdigen, so hilf uns, daran zu denken, dass unser Lebenspartner, der uns liebt, am meisten Wertschätzung und Hochachtung verdient. Öffne unsere Augen, dass wir die oft schlichten, aber wichtigen Möglichkeiten entdecken, einander zu ehren. Amen.

Dienstag

Als selbstverständlich hingenommen

Habt Freude daran, euch gegenseitig Achtung zu erweisen.
Römer 12,10

Jeder von uns hat ein tiefes Bedürfnis danach, anerkannt und geehrt zu werden. Allzu oft aber nehmen wir es als selbstverständlich hin, dass unser Ehepartner zu Hause für uns da ist. Ist es da verwunderlich, dass viele Mütter ihren Job im Arbeitsleben behalten? Viele arbeiten wegen des Geldes, aber manche suchen darin die Anerkennung und Ehre, die sie von ihrem Ehepartner nicht bekommen. Könnte dies nicht auch für viele Männer gelten, die sich in ihre Arbeit stürzen, um von ihren Kollegen das Lob zu bekommen, das ihnen zu Hause fehlt?

Ihr Partner ist ein Alleskönner, der in Ihre Ehe eine Vielfalt von Fähigkeiten einbringt: Versorger, Gelegenheitskoch, Krankenpfleger, Berater, Finanzplaner, Gärtner, Gesprächspartner für geistliche Themen und vieles mehr. Wir ermutigen Sie, all diese Talente und Dienstleistungen zu würdigen. Sagen Sie Ihrer Frau, wie sehr Sie das mögen, was sie kocht. Verabschieden Sie Ihren Mann zur Arbeit mit einer Notiz, in der Sie seinen guten Umgang mit dem Familienbudget loben. Loben Sie vor Gästen den guten Geschmack Ihrer Frau bei der Einrichtung Ihres Heimes und ihre Weisheit in der Erziehung Ihrer Kinder. Wenn wir unserem Partner nicht das Gefühl vermitteln, geachtet und respektiert zu sein, so werden wir wohl merken, dass unser Partner seine Anerkennung irgendwo anders sucht.

Nur für uns …

- Welches Ehepaar in unserem Bekanntenkreis ist uns ein Beispiel darin, wie man einander loben und ehren kann?

- Ehren wir uns gegenseitig? Welche Gelegenheiten haben wir dabei schon ausgelassen?
- Haben wir außerhalb unserer Ehe und Familie nach Anerkennung gesucht, weil wir sie zu Hause nicht bekommen haben?

Himmlischer Vater, vergib uns, wo wir uns nur um uns selbst gedreht und den anderen Ehepartner zu wenig beachtet haben. Bitte lehre uns, dass wir unseren Partner ganz selbstverständlich, fast automatisch würdigen und nicht erst nach langem Nachdenken. Amen.

Mittwoch

Spielchen ...

Denkt über das nach, was rein und liebenswert und bewunderungswürdig ist.
Philipper 4,8

Bei uns in den USA gibt es auf Partys das Spiel »Töte deine Gattin«. Es geht ganz einfach: Ein Teilnehmer versucht seine Frau dadurch zu bestrafen, indem er sie vor ihren Freunden lächerlich macht. Wenn er besonders gemein sein will, dann sagt er den Gästen, dass sie dumm und hässlich sei. Dies ist ein brutales Spiel, bei dem es keinen Sieger gibt. Der Wettkampf endet dann, wenn seine Frau alle Selbstachtung und Würde verloren hat; er bekommt sogar Bonuspunkte, wenn er sie zum Weinen bringt. Klingt das nicht grausam? Es *ist* grausam, selbst wenn es der Belustigung oder der Neckerei dienen soll. Es macht keinen Spaß, zuzusehen, wenn jemand auf diese Weise an seinem (oder ihrem) Ehepartner seine Wut auslässt. Im Gegenteil dazu ist es eine Freude, seine Zeit mit Ehepaaren zu verbringen, bei denen der eine Partner den anderen vor Freunden und Gästen aufbaut. Wenn ein Mann seinen Gästen schildert, wie gut seine Frau kocht, welche Geduld sie mit den Kindern hat, welchen Erfolg sie bei der Arbeit hat – oder wenn eine Frau darauf stolz ist, wie begabt sich ihr Mann bei seiner Arbeit zeigt, wie gut er vor anderen reden oder wie fähig er ist, etwas zu reparieren –, dann wird der andere Partner ein wenig mehr lächeln und etwas in die Höhe wachsen. Wir sind für die positiven Bemerkungen, die unser Ehepartner über uns vor anderen macht, am empfänglichsten. Wenn Sie das nächste Mal mit Freunden zusammen sind, so suchen Sie nach Gelegenheiten, Ihren Partner zu würdigen. Überlassen Sie das oben erwähnte Spiel anderen.

Nur für uns ...

- Habe ich dich vor anderen in Verlegenheit gebracht oder gar verletzt? Wenn ja, können wir darüber reden?
- Wie fühlst du dich, wenn ich dich vor unseren Freunden lobe?
- Auf welche Weise können wir uns vor anderen aufbauen?

Vater, wir wollen einander immer Liebe, Ehre und Achtung erweisen – insbesondere vor anderen Menschen. Verzeih uns unsere Fehler. Schenke uns die Gnade, zu lernen und uns zu ändern. Darum bitten wir Dich. Amen.

Donnerstag

Anerkennung überfällig?

Der Ehre geht Demut voraus.
Sprüche 15,33

Herr Smith hörte, dass sein Nachbar, Herr Jones, seiner Frau an fünf Abenden nacheinander Blumen und ein Geschenk gebracht hatte. Er dachte: Das ist es wohl, womit man das Herz einer Frau erobert! Und so ging Herr Smith los und kaufte für seine Frau eine große Schachtel Pralinen und einen Strauß ihrer Lieblingsblumen. Als er nachmittags nach Hause kam – ein wenig früher als sonst –, läutete er an der Haustüre. Als Frau Smith öffnete, umarmte er sie innig. Plötzlich hing sie schlaff in seinen Armen und fiel zu Boden. »Du meine Güte! Was war jetzt falsch?«, rief er aus. Als sie wieder aus ihrer Bewusstlosigkeit erwachte, erklärte sie: »O, das war der schlechteste Tag meines Lebens! Unser Sohn kam mit einem schlechten Zeugnis nach Hause. Mutter kam ins Krankenhaus. Das Essen brannte an, und die Waschmaschine hat einen Defekt. Und als Krönung des Ganzen kommst du noch betrunken nach Hause!«

Wenn es Ihrer Frau ein Rätsel ist, warum Sie ihr Blumen oder ein Geschenk (oder etwas anderes Überraschendes) mitbringen, so verstehen Sie das bitte richtig. Sie sollten daran arbeiten, wie Sie sie würdigen können!

Nur für uns …

- Würde es dich schockieren, wenn ich dir Blumen oder irgendein anderes Geschenk mitbringen würde?
- Was war die beste Überraschung, die ich dir bisher gemacht habe?
- Welche besondere Geste würde dich besonders erfreuen und ehren?
- Magst du es, vor Freunden oder zu Hause von mir überrascht zu werden?

Herr, wir gestehen Dir, dass der Rummel des Alltags oft droht, unsere Beziehung zu ersticken. Erinnere uns daran, dass wir uns umeinander kümmern. Hilf uns, anderen Mut zu machen, die mit ihrer Ehe nicht klarkommen. Amen.

Freitag

Vater und Mutter ehren

Du sollst deinen Vater und deine Mutter ehren.
2. Mose 20,12

Wer ist Ihrer Meinung nach am meisten dafür verantwortlich, welche Meinung ein Kind von seinem Vater oder seiner Mutter hat? Der andere Elternteil! Jeder Elternteil hat enormen Einfluss darauf, wie ein Kind über den anderen Elternteil denkt. Schon früh in meiner Ehe mit Shirley lernte ich zu verstehen, dass sich gelegentlicher Ärger zwischen uns sofort auf das Verhalten der Kinder auswirkte. Sie schienen zu denken: Wenn sich Papa mit Mama streitet, dann dürfen wir das auch. Anders ausgedrückt: Meine Haltung wurde die Haltung meiner

Kinder. Ich erkannte, wie wichtig es war, offen meiner Frau gegenüber meine Liebe und Bewunderung zum Ausdruck zu bringen, selbst wenn Themen in der Luft lagen, die wir unter uns klären mussten.

Wenn Sie der Vater bei Ihnen zu Hause sind, dann rate ich Ihnen, Ihre Kinder gelegentlich daran zu erinnern, wie schwer ihre Mutter arbeiten muss und wie wundervoll sie ist. Und wenn Sie die Mutter sind, dann loben Sie den Mut und die Grundsätze Ihres Mannes vor den Kindern. Kinder erfassen rasch, dass Vater und Mutter sich respektieren, und sie spiegeln das auch wider. Wenn sich Eltern ehren, so zahlt sich das viele Jahre lang aus.

Nur für uns …

- Wie erwiesen unsere Eltern einander Respekt?
- Haben wir uns oft vor unseren Kindern gegenseitig die Ehre gegeben – und dem Herrn? In welchen Situationen vergessen wir das allzu leicht?
- Wie können wir darin besser werden?
- Kennen wir ein Ehepaar, das uns auf diesem Gebiet ein gutes Beispiel gibt? Was tun sie, damit das so gut funktioniert?

Allmächtiger Gott, wir wollen ein gutes Beispiel dafür werden, dass man sich gegenseitig ehrt, sodass unsere Kinder aufwachsen, um Vater und Mutter zu ehren. Wir bitten Dich um Deine Weisheit und Gnade, wenn wir uns zu Hause darum bemühen wollen einander zu ehren. Wir danken Dir für Deine Liebe. Amen.

Samstag

Ein König und seine Königin

Wer mich ehrt, den will auch ich ehren.
1. Samuel 2,30

Ich kenne kein besseres Beispiel für die Ehre, die zwischen Mann und Frau bestehen sollte, als die biblische Geschichte von der Königin Ester und Xerxes, dem König von Persien, im Buch Ester. Die junge

Königin stand vor einem schrecklichen Konflikt: Ihr Volk, die Juden, sollten getötet werden; das sah ein barbarischer Plan vor, den einer der Adligen geschmiedet hatte, der großen Einfluss am Königshof hatte. Und es war durch ein Gesetz verboten, dass niemand – nicht einmal die Königin – Zutritt beim König hatte, wenn ihn der König nicht selbst zu sich rief. Ester hielt sich auch in ihrer Notlage an diese Sitte, den König zu ehren. Nachdem sie drei Tage lang gefastet – und wohl auch gebetet hatte –, ging sie in den Innenhof des Palastes. Statt sich eilends ins Gebäude zu begeben, wartete sie geduldig in der Halle des Königs. Als der König Ester sah, bat er sie herein. Sie erwies Xerxes die ihm gebührende Ehre dadurch, dass sie sein Zepter berührte. Als der König sie fragte, was sie zu ihm geführt habe, antwortete Ester nicht sofort. Stattdessen lud sie den König zu einem Festmahl ein, das sie vorbereitet hatte, und gab ihm so noch einmal die Ehre. Beim Bankett lud sie ihn zu einem weiteren Festmahl am nächsten Tag ein. Erst dann rückte sie mit ihrer Bitte heraus.

Jedes Mal, wenn Ester ihren Mann ansprach, zeigte sie äußersten Respekt. Sie benutzte damals übliche Formulierung wie: »Gefällt es dem König …«; »Habe ich Gnade gefunden vor dem König …«; »Gefällt es dem König, meine Bitte zu tun …« Xerxes reagierte darauf, indem er seine Frau ehrte – und ihrer Bitte nachkam! Ja, König Xerxes tat noch mehr: Der böse Adlige wurde hingerichtet, und die Juden erhielten neue Privilegien und Rechte in seinem Königreich.

Unserer menschlichen Natur nach neigen wir dazu, unseren Ehepartner zu kritisieren oder uns über dessen Fehler zu beklagen. Und doch ist es viel gefälliger – und auch viel sachdienlicher –, wenn Ehepartner mit dem tiefen Respekt und der Ehre aufeinander zugehen, die wir einer hoch stehenden Persönlichkeit erweisen würden. Ich rate Ihnen eindringlich, auf diese Weise miteinander umzugehen – auch wenn Ihnen vielleicht gar nicht danach zumute ist. Sie werden dadurch belohnt werden, dass Ihr Heim mehr Liebe und Wärme ausstrahlt und dass Sie Ihr Zusammensein in Ehe und Familie mehr genießen können, als Sie es sich jemals vorstellen konnten.

SMD

Dreizehnte Woche

Entscheidung zur Freude

Sonntag

Darf ich um diesen Tanz bitten?

von Nancy Jo Sullivan

Ich bestellte an der Snackbar eine Tüte Popcorn, während meine Mädels durch das Kaufhaus stürmten, um Weihnachtsgeschenke auszusuchen. Gähnend nahm ich die Popcorn entgegen, als sie mir der Mann hinter der Theke reichte. Ich konnte meine Augen kaum offen halten.

Wir waren gerade in ein neues Haus gezogen. Zwischen unseren Umzugskisten buk ich Weihnachtsplätzchen, packte Geschenke ein und schrieb Weihnachtsgrüße.

Bis jetzt hatte ich an den Feiertagen noch nicht die Energie zurückgewonnen, wie ich es mir wünschte. Ich wollte Gott näher sein – gerade in dieser Zeit –, doch ich hatte kaum Zeit zum Beten und Bibellesen.

Als ich an einen Stand trat, bemerkte ich einen alten Mann, der in der Nähe des Eingangs zum Kaufhaus stand. Obwohl sein Gesicht voll Falten war, strahlten seine Augen voll jugendlicher Energie. Er läutete mit einer Glocke der Heilsarmee.

Ich sah ihm zu, wie er um seine rote Sammeldose tanzte, indem er sich hin- und herbewegte und sich drehte, im Rhythmus seiner eigenen Schritte. Er läutete die Glocke genau im Takt, winkte und lächelte die an, die an ihm vorübergingen.

»Freue dich, Welt! Der Herr ist da.«

Da blieb eine Frau bei dem singenden Mann stehen. Sie trug einen festlichen Pullover, ihre Stirn war voll Sorgenfalten, und sie trug mehrere Einkaufstüten.

»Keine Freude für den Herrn?«, rief der alte Mann ihr zu.

Die Frau seufzte und rollte mit den Augen. Sie eilte zu ihrem Auto.

Ich beobachtete, wie sich die Menschen an ihm vorbei ihren Weg bahnten. Die meisten ignorierten ihn. Jeder schien damit beschäftigt zu sein, seine Einkaufstüten und Geschenkkartons an ihm vorbeizubalancieren.

Ein Geschäftsmann mit einem Handy ging an dem tanzenden Mann vorbei.

»Und jedes Herz empfange ihn«, sang der alte Mann.

Der Klang der Glocke und das piepsende Klingeln der Kaufhauskassen zwangen den Geschäftsmann, in sein Handy zu brüllen. Er erinnerte mich daran, wie ich mich durch all die Pflichten fühlte, die die letzte Zeit mit sich gebracht hatte. Ich suchte einen Weg, mit Gott ins Gespräch zu kommen, doch bis jetzt hatte ich keine gute Verbindung bekommen.

Während vorbeieilende Kunden einen großen Kreis um den alten Mann mit der Glocke machten, näherte sich ihm eine alte Frau, deren Rücken krumm war und die nur noch langsam gehen konnte. Sie lächelte, als sie eine zerschlissene Geldbörse öffnete und ein paar kleine Münzen in den Schlitz seiner roten Büchse warf.

Der Mann nahm seine Mütze ab und verneigte sich vor ihr.

»Darf ich um diesen Tanz bitten?«, fragte er.

Die Frau errötete und begann zu kichern. Als sie sich zu voller Größe aufrichtete, schienen ihre Falten zu verschwinden. Die beiden begannen, vor dem Kaufhauseingang zu tanzen, wobei der alte Mann die schwächliche Frau sanft führte, graziös hin- und hergleitend.

»Freue dich, Welt! Der Herr ist da«, erklangen ihre Stimmen in froher Eintracht.

Als ich ihnen zusah, wünschte ich mir, ich könnte mit ihnen diesen »Kaufhauseingangswalzer« tanzen. Ihr Tanz war ein Freudentanz, frei von Stress und Last – ein Tanz des Lobpreises, der die alte Botschaft ganz neu zum Ausdruck brachte: »Freue dich, Welt! Der Herr ist da.«

Später am selben Abend, als meine Familie längst schlief, begab ich mich auf die Couch unseres Wohnzimmers. Ich legte meine Lieblings-CD auf und trank eine Tasse Tee vor unserem hell leuchtenden Weihnachtsbaum. Bald erfüllten die Klänge von »Freue dich, Welt« den ganzen Raum.

Ich konnte hören, wie der Herr zu mir sprach: »Darf ich dich um diesen Tanz bitten?«

Ein Blick voraus...
Wie jene Frau im festlichen Pullover und der Geschäftsmann mit dem Handy, so scheinen nur wenig Menschen Freude zu erfahren. Sie sind mit Dingen des täglichen Lebens beschäftigt und immer im Stress, ganz gleich, welche Jahreszeit wir gerade haben. Sie haben die Freude, die Jesus anbietet, entweder abgelehnt oder vergessen.

Doch keiner von uns muss so leben, denn die, die an den Herrn glauben, wissen von einer ewigen Freude, die schließlich jede Not überschreitet, die wir in dieser Welt erleben. Selbst inmitten von Anfechtungen steht Er da, bereit, uns aus allem Leid in Seine wundervolle Gegenwart zu leiten.

In der nächsten Woche werden wir darüber reden, wie wir in unseren Ehen und in unserem Leben Freude entdecken. Man *kann* es lernen, sich zu freuen und Ihn jeden Tag zu preisen. Der Herr ist da!

JCD

Montag

Eine Frage der Einstellung

Geht so miteinander um, wie Christus es euch vorgelebt hat.
Philipper 2,5

Eines Morgens betrat der alte Bischof Fulton Sheen ein schmieriges Lokal, um zu frühstücken. »Bringen Sie mir bitte Eier mit Speck und ein paar freundliche Worte für heute«, sagte er.

Die Kellnerin kam nach 15 Minuten wieder und stellte das Essen vor ihn hin.

»Da«, sagte sie.

»Wo bleiben die freundlichen Worte?«, fragte er.

Sie sah über ihn weg und antwortete: »Ich rate Ihnen, die Eier nicht zu essen!«

Manchmal zeigen schon die ersten Ereignisse eines Tages, dass das ein schlechter Tag wird. Was immer Sie auch unternehmen, es geht schief: das Auto, das Ihnen ins Heck fährt, der Stau, der verhindert, dass Sie einen wichtigen Termin wahrnehmen können – Und doch können Sie eines: Sie *können* wählen, wie Sie auf Ereignisse reagieren, die Ihren Tagesablauf auf ärgerliche Weise stören.

Wir können trotz all der Höhen und Tiefen des tagtäglichen Lebens glücklich leben. Doch das erfordert, in hohem Maße von Jesus Christus abhängig zu sein. Der Apostel Paulus drückte es vortrefflich aus: »Ob ich nun wenig oder viel habe, ich habe gelernt, mit jeder Situation fertig zu werden. Ich kann einen vollen oder einen leeren Magen haben, Überfluss erleben oder Mangel leiden. Denn alles ist mir möglich durch Christus, der mir die Kraft gibt, die ich brauche« (Philipper 4,12-13).

Nur für uns …

- Bin ich grundsätzlich heiter und optimistisch – oder trübselig und pessimistisch?
- Wie reagiere ich im Normalfall, wenn ich enttäuscht oder entmutigt bin?
- Wie beeinflusst mein Gefühlsleben dich und unsere Ehe?
- Wie können wir auf schwierige Ereignisse positiver reagieren?

Lieber Vater, wir bitten Dich, an uns zu arbeiten – an jedem Einzelnen und an unserer Beziehung –, dass in uns dieselbe Einstellung heranwächst, die Jesus Christus vorgelebt hat. Wir wollen nicht von irgendwelchen Umständen oder Stimmungen beherrscht werden, sondern von Deinem Geist. Amen.

Dienstag

Charlie Wedemeyer

Unsere jetzigen Leiden sind bedeutungslos im Vergleich zu der Herrlichkeit, die an uns geoffenbart werden soll.
Römer 8,18

Das Leben meinte es gut mit Charlie Wedemeyer. Er war mit einer hübschen Frau namens Lucy verheiratet, hatte zwei wundervolle Kinder und war ein erfolgreicher Hochschullehrer und Fußballtrainer. Als er jedoch in seinen Händen ein Schwächegefühl spürte, ging er zu einem Arzt. Der Arzt erklärte ihm, dass er ALS (Amyotrophe Lateralsklerose/Lou Gehrig Disease) habe und dass er in ein paar Jahren völlig gelähmt sei und eventuell sterben werde. Charlies Krankheit wurde in den darauf folgenden Jahren immer schlimmer. Das Ende schien immer näher zu rücken. Dann veränderten zwei Dinge sein Leben: Er bekam ein tragbares Atemgerät – und er wurde Christ.

Heute, mehr als 20 Jahre, nachdem die Krankheit diagnostiziert wurde, haben Lucy und Charlie durch ihr öffentliches Auftreten in den ganzen Vereinigten Staaten die Herzen vieler Menschen berührt. Charlie kann nicht gehen, reden oder auch nur selbst atmen, doch er hat sich entschieden, sich mit seinen Gebrechen nicht zu Hause einzuigeln.

»Not und Leid sind unvermeidlich«, sagt Charlie, übersetzt von Lucy. »Es liegt an uns, ob wir dann jammern oder ob wir versuchen, das Beste aus unserem Leben zu machen.«

Charlie Wedemeyer jedenfalls macht das Beste aus seinem Leben. Wie ist das bei Ihnen?

Nur für uns …

- Wie würde jeder von uns reagieren, wenn er in eine Situation käme, die der von Charlie ähnlich wäre?
- Wie viel Leid haben wir bisher im Leben ertragen müssen?
- Welche biblische Gestalt litt an schwerer Krankheit und vertraute Gott trotzdem? (Siehe z. B. 2. Könige 5,1-14; 20,1-6; Matthäus 9,27-29; Markus 5,25-29; 10,48-52 und 2. Korinther 12,7-10.)

Vater, wir danken Dir, dass Du verheißen hast, mit uns zu sein, wenn wir leiden. Hilf uns, nicht zu sehr über die kleinen Verletzungen zu klagen, die das Leben mit sich bringt, und hilf uns, unsere großen Sorgen unter Deine Fürsorge zu stellen. Amen.

Mittwoch

Das Paradoxe an Schwierigkeiten

Helft euch gegenseitig bei euren Schwierigkeiten und Problemen, so erfüllt ihr das Gesetz Christi.
Galater 6,2

Gefühle von Verzweiflung oder Hilflosigkeit können dann überwältigend werden, wenn eine Reihe von Schwierigkeiten auftritt, die uns wie eine endlose Kette erscheint. Ein Weg, aus dieser Abwärtsspirale in Richtung Depression zu kommen, ist es, auf jemand anderen zuzugehen. Unsere Probleme erscheinen uns als weniger bedrohlich und alles verzehrend, wenn wir anderen helfen, mit ihren Problemen fertig zu werden.

Die Möglichkeiten, anderen zu helfen, sind endlos. Besuchen Sie Kranke. Backen Sie etwas Leckeres für Ihre Nachbarn. Erledigen Sie Einkäufe für einen alten Menschen, der nicht mehr nach draußen kann. Bieten Sie Ihr Auto denen an, die kein Transportmittel haben. Und – das ist vielleicht das Wichtigste – seien Sie ein guter Zuhörer, eine gute Zuhörerin. Manchmal braucht ein Mensch am dringendsten einen Freund, der eine kleine Weile an seinem bzw. ihrem Leben Anteil nimmt.

Das ist eine der stärksten Paradoxien im Leben von Christen: Wenn wir uns um die Nöte eines anderen kümmern, verlieren wir einen Teil unserer eigenen. Wenn wir anderen helfen, erkennen wir im Nachhinein, dass uns selbst geholfen ist. Indem wir die Lasten anderer tragen, werden unsere eigenen leichter.

Nur für uns ...

- Wie verhältst du dich, wenn du entmutigst oder depressiv bist?
- Helfe ich dir, wenn du niedergeschlagen bist?
- Auf welche Weise diente Jesus den Niedergeschlagenen?
- Kennen wir jemanden, der in einer schwierigen Situation ist und der unsere Hilfe brauchen könnte?

Lieber Gott, wir danken Dir für Deine Güte in Zeiten der Not. Mach uns immer mehr zu Deinem Werkzeug, um anderen in ihrer Not zu helfen. Hilf uns, Deinen Trost zu empfangen und Deine große Treue zu bezeugen. Wir danken Dir, dass wir gesegnet werden, wenn wir das tun. Amen.

Donnerstag

Kein »Opfer«-Gefühl

Dieses Leiden gehört zu dem Leben, zu dem Gott euch berufen hat. Christus, der für euch litt, ist euer Vorbild, dem ihr nacheifert.
1. Petrus 2,21

Politisch korrekte Auffassungen, wie sie heutzutage vertreten werden, könnten bei uns den Eindruck erwecken, wir hätten jeden Grund dazu, über Abneigungen wütend zu sein, die irgendjemand uns gegenüber hat. Jeder fühlt sich diskriminiert: Mädchen, Jungen, die Alten, Homosexuelle, Drogenabhängige, Alkoholiker, Atheisten, Übergewichtige, Kleine, Analphabeten, Frauen (die über die Hälfte der Bevölkerung ausmachen) usw. Es gibt kaum noch einen Menschen, der sich nicht von jemandem auf die eine oder andere Weise unterdrückt fühlt. Ich (JCD) bezeichne dieses Phänomen als »allgemeines ›Opfer‹-Gefühl«.

Ohne Frage leben Menschen unter uns, die benachteiligt sind und die rechtlichen Schutz und besondere Berücksichtigung brauchen. Doch der Gedanke, dass die Mehrheit ausgebeutet und missachtet wird, wirkt sich auf fatale Weise destruktiv aus – in erster Linie deshalb, weil uns der Glaube, dass »jemand hinter uns her ist«, lähmt und uns hoffnungslos und verzweifelt macht; und in zweiter Linie auch deshalb, weil diese Ansicht ein Volk in einzelne Gruppen aufteilt, die nur noch das eigene Interesse verfolgen und sich gegeneinander ausspielen.

Die Bibel weist uns einen besseren Weg. Sie sagt, wir sollten Gott jeden Tag für Seinen Segen danken und uns nicht auf uns selbst ausrichten, sondern auf diejenigen, die benachteiligt sind. Die Bibel unterstützt oder rechtfertigt an keiner Stelle den Fluch jenes »›Opfer‹-Gefühls«. Unterwerfen Sie sich ihm nicht.

Nur für uns …

- Machen wir des Öfteren jemanden oder etwas für unsere Lebensumstände verantwortlich?
- Inwiefern bringt uns die selbst übernommene Opferrolle dazu, aufgeben zu wollen?
- Was verheißt uns Gott für unsere irdischen Auseinandersetzungen?

Herr, vergib uns, dass wir uns so rasch als Opfer fühlen. Zeige uns, welche Umstände und Nöte wir ändern können und welche wir akzeptieren sollten, weil Du in Deiner Liebe sie für uns als das Beste ansiehst. Und schenke uns in beiden Fällen Deine Gnade und Freude. Amen.

Freitag

Vorsicht, Falle!

Gott hat die Welt so sehr geliebt, dass er seinen einzigen Sohn gab, damit jeder, der an ihn glaubt, nicht verloren geht, sondern das ewige Leben hat.

Johannes 3,16

Wir haben herausgefunden, dass Ehepaare, die im Ruhestand sind, oder Ehepartner, die tagsüber zu Hause bleiben, gerne in die folgenden vier Fallen tappen, die ihnen die Lebensfreude rauben.

Hier werden sie, jeweils mit Tipps, wie man sie vermeiden kann, erläutert:

- Die erste Falle ist die *Isolation.* Genehmigen Sie sich nicht den Rückzug in die eigenen vier Wände! Gehen Sie immer auf Menschen zu und erhalten Sie Kontakte aufrecht, auch wenn es Ihnen leichter fällt, zu Hause zu bleiben.
- Die zweite Falle ist die *Inaktivität.* Schon das einfache Spazierengehen, der Besuch einer Bücherei oder das Einkaufen hält die Muskeln geschmeidig und macht das Denken wieder munter.
- Das Dritte ist die Falle des *Selbstmitleids.* Diese Haltung kann Sie innerlich verkrüppeln lassen oder gar abtöten! Um das zu vermeiden, sollten Sie sich um andere Menschen kümmern. Überlegen Sie, wie Sie durch Gebet und ein gastfreundliches Haus für Menschen aus Ihrem Umfeld tätig werden können.
- Die vierte Falle ist die *Verzweiflung.* Vor allem ältere Menschen können der Meinung verfallen, das Leben sei vorbei und nicht mehr lebenswert. Doch ein Christ sollte immer zukunftsorientiert sein. Die Schönheit unseres Glaubens liegt in der Gewissheit, dass wir nach diesem Leben in einer anderen Welt leben werden, in der uns wahre Freude erwartet.

Nur für uns …

- Tappst du gelegentlich in die eine oder andere dieser Fallen? In welche?
- Was können wir ganz konkret unternehmen, um das zu vermeiden?
- Blickst du zuversichtlich in die Zukunft? Warum bzw. warum nicht?
- Wie nimmt Gott ältere Menschen in seinen Dienst und setzt sie für seine Pläne ein?
- Inwiefern kann es uns Freude machen, wenn wir für andere beten und uns um sie kümmern?

Vater, wir sind so dankbar dafür, dass wir eines Tages die Sorgen dieses Lebens hinter uns lassen und in die Freude des ewigen Lebens bei Dir eintreten werden. Bis es so weit ist, hilf uns, die Zeit zu Deiner Ehre auszukaufen, in der Zuversicht, dass Du zu jedem Augenblick mit Deinen göttlichen Plänen am Werk bist. Amen.

Samstag

Unser Gott der Freude

Freut euch im Herrn. Ich betone es noch einmal: Freut euch!
Philipper 4,4

Der Unterhaltungskünstler Joe E. Brown meinte einmal, als er schon alt war: »Ich habe kein Verständnis für Christen, die ein langes Gesicht machen. Wenn Gott überhaupt etwas ist, so muss Er Freude sein.« Wie wahr! Wir haben einen Gott, der uns mehr liebt, als wir unsere Kinder oder sogar uns selbst lieben – einen Gott, der Seinen Sohn sandte, um für uns zu sterben, und der für uns in der Ewigkeit einen Platz vorbereitet hat. Er ist tatsächlich ein Gott der Freude – und wir haben viel Grund, darüber fröhlich zu sein!

Es fiel mir schwer, diese Lektion zu lernen. Zu Beginn unserer Ehe unterrichteten Jim und ich in Schulen, wir übernahmen Dienste in unserer Gemeinde und trugen auch sonst manche Verantwortung. Jim arbeitete damals noch an seinem Hochschulabschluss und konnte mir deshalb bei vielem nicht helfen. Jede Woche wartete ich sehnsüchtig auf den Samstag, an dem ich ich mich ausruhen und erholen konnte. Schließlich tappte ich in die Falle, nur noch an einem Tag der Woche wirklich glücklich zu sein. Und wenn dieser Tag dann nicht das brachte, was ich mir erhoffte, dann war ich sehr frustriert. Allmählich lernte ich es, jeden Tag der Woche zu genießen, selbst wenn ich viel zu arbeiten hatte. Es war eine kleine, einfache Änderung meiner Einstellung, die mein Leben erhellte. Jemand sagte zu mir: »Wenn du eine Grenze überschreiten musst, um glücklich zu sein, dann siehst du die Dinge irgendwie falsch.« Dem stimmte ich zu.

Es gibt viele Christen, »die ein langes Gesicht machen«, weil sie in die Versuchungen dieser Welt verstrickt sind. Es fällt uns nicht immer leicht, daran zu denken, dass wir auch inmitten von Anfechtungen und Auseinandersetzungen Freude erfahren können. Wir vergessen dann rasch, dass Jesus unseren Kummer in dieser Welt mit den Geburtswehen einer werdenden Mutter vergleicht: Sie hat Schmerzen, doch sie vergisst Angst und Qual, wenn ihr Kind geboren ist (Johannes 16,21). Wir vergessen, dass die Apostel, nachdem sie auf Anordnung des Hohen Rates ausgepeitscht worden waren, als Freigelassene »voller Freude darüber« waren, »dass Gott sie für würdig gehalten hatte, für den Namen von Jesus zu leiden« (Apostelgeschichte 5,41).

Freude ist etwas, das wir erfahren, wenn wir beginnen, die Größe Gottes und Seine Liebe zu verstehen, die Er uns schenkt. Sie ist nicht etwas, das wir an uns reißen, sondern etwas, das Er austeilt. Sie gilt nicht nur einigen wenigen, sondern alle Christen können sie empfangen. Freude ist eine selbstlose, üppige Qualität des Glaubens, die unser Herr Jesus Christus selbst geschaffen hat. Er ist es, der uns aufforderte, zu frohlocken und »vor Freude zu springen«, wenn wir arm sind, hungern, weinen, gehasst und ausgeschlossen werden, denn »im Himmel erwartet euch eine große Belohnung« (Lukas 6,23).

Freude beginnt genau jetzt – wenn wir wollen! »Freut euch im Herrn – *allezeit*!«

SMD

Vierzehnte Woche

Das Spiel mit dem Geld

Sonntag

Der Erdnussverkäufer

von Sam Kameleson

Vor langer Zeit lebte in South India ein Erdnussverkäufer. Jeden Tag ging er den Strand auf und ab und rief: »Erdnüsse! Kauft Erdnüsse! Erdnüsse!« Der Mann war elend arm. Er verdiente nicht einmal die Hälfte davon, was zum Unterhalt seiner Frau und seiner Kinder nötig war. Doch abends prahlte er vor seiner Frau und seinen Kindern: »Ich bin der Präsident, der Vizepräsident, der Sekretär und der Schatzmeister meines eigenen Unternehmens!«

Allmählich zehrte die drückende Armut an seinen Nerven. Er machte Schluss mit seinem bisherigen Leben. Er verkaufte alle Erdnüsse und das meiste seines mageren Besitzes. Er entschloss sich, etwas Großes zu probieren.

»Eines Tages werde ich leben wie ein Reicher!«, schwor er sich.

Er besuchte einen Friseur, ließ sich sauber rasieren und einen stilvollen Haarschnitt verpassen. Er ging in ein besseres Kleidergeschäft und leistete sich einen teuren Anzug, ein weißes Hemd und eine Krawatte sowie alles, das man braucht, um reich auszusehen. Dann buchte er eine Suite im besten Luxushotel für eine Nacht. Er hatte danach gerade noch soviel Geld, um sich das Gourmetfrühstück am nächsten Morgen leisten zu können.

Er genoss in dieser Nacht die Bequemlichkeiten seiner Luxussuite. Am nächsten Morgen begab er sich zum Frühstücksbuffet in den Innenhof an der Strandseite des Hotels. Obwohl alles voll war von Touristen, bekam er einen Tisch für sich allein. Er hatte soeben seinen Teller gefüllt und sich niedergesetzt, als ein elegant gekleideter Mann hereinkam. Nun waren alle Tische besetzt, und so trat der Mann an ihn heran und fragte: »Darf ich mich zu Ihnen setzen?«

Der Erdnussverkäufer antwortete: »Aber bitte! Setzen Sie sich.« Er dachte: Das ist mein Glückstag! Ich lebe nicht nur wie ein Reicher – ich werde dazu noch mit einem Reichen speisen.

Als sie miteinander ins Gespräch kamen, fragte der Fremde: »Mein Herr, was machen Sie beruflich?«

»Ich bin der Präsident, der Vizepräsident, der Sekretär und der Schatzmeister meines eigenen Unternehmens«, antwortete er. »Und was machen Sie?«

Der reich gekleidete Mann sah ein wenig dumm drein. »O, entschuldigen Sie. Ich hätte mich vorstellen sollen. Ich war davon ausgegangen, dass Sie mich von Zeitungsberichten her kennen. Mein Name ist John D. Rockefeller.«

Auch wenn er das Gesicht nicht erkannt hatte, so kannte der Erdnussverkäufer doch diesen Namen. Er dachte: Das ist wundervoll! Ich speise mit einem der reichsten Männer der ganzen Welt.

Nachdem sie eine Zeit lang miteinander geredet hatten, sagte Rockefeller: »Ich mag Ihren Stil. Wir gründen soeben hier in South India ein neues Unternehmen. Warum kommen Sie nicht zu mir und arbeiten für mich? Ich werde Sie zum Vizepräsident der Verkaufsabteilung meiner neuen Firma machen.«

Der Erdnussverkäufer antwortete: »Vielen Dank. Welch großzügiges Angebot! Ich möchte nur ein paar Minuten darüber nachdenken.«

»Natürlich«, meinte Rockefeller, »doch ich würde gerne erkennen, ob Sie irgendwie an meinem Angebot interessiert sind, ehe wir miteinander ins Geschäft kommen.«

In Ruhe genossen die beiden ihr Frühstück. Als sie fertig waren, stand der Erdnussverkäufer auf. Er wollte seine Entscheidung stilvoll bekannt geben. Er trat einen Schritt vom Tisch zurück, drehte sich um und sprach so laut, dass viele mithören konnten.

»Vielen Dank, Herr Rockefeller, dass Sie mir die Stelle eines Vizepräsidenten in Ihrem neuen Unternehmen anbieten. Doch ich muss leider absagen. Ich möchte lieber der Präsident, der Vizepräsident, der Sekretär und der Schatzmeister meines eigenen Unternehmens sein.« Er machte kehrt und verließ den Saal.

Einige Jahre später ging ein alter Erdnussverkäufer den selben Bereich am Strand auf und ab und rief: »Erdnüsse! Kauft Erdnüsse! Erdnüsse!« Doch abends brüstete er sich vor seinen Enkeln damit, dass ihm vor langer Zeit einer der reichsten Männer der Welt angeboten hätte, er würde ihn zum Vizepräsidenten einer großen Firma machen.

»Ich lehnte das ab«, prahlte er, »und so konnte ich der Präsident, der Vizepräsident, der Sekretär und der Schatzmeister meines eigenen Unternehmens sein.«

Ein Blick voraus …

Der Erdnussverkäufer hatte die Chance, sich finanziell wesentlich zu verbessern, doch er war zu stolz und selbstgenügsam, um das zu tun. Aber begehen wir als Christen nicht häufig denselben Fehler? Unser »reicher« Freund – unser Vater im Himmel – verfügt über die Besitztümer und Ressourcen der ganzen Welt. Er hat uns Liebe, Lebenssinn, ein Lebensziel und schließlich das ewige Leben angeboten. Das sind seine Geschenke für uns (»Mein Gott wird euch aus seinem großen Reichtum, den wir in Christus Jesus haben, alles geben, was ihr braucht«, Philipper 4,19). Alles was wir tun müssen, ist, unsere Sünden zu bereuen und Seine Herrschaft über unser Leben anzunehmen. Doch viele Ehemänner und Ehefrauen sind zu stolz – zu selbstgenügsam –, um ihr Leben und ihren Besitz Ihm zu übergeben. Das unglückselige Resultat daraus ist, dass sie in Not und Armut weiterleben.

Kämpfen Sie damit, dass Sie »mehr« möchten – mehr Geld, mehr Besitz, einen höheren Status oder sonst etwas? Wir werden in den nächsten Tage über die Macht materieller Wünsche und den Umgang mit Geld in einer Ehe sprechen. Wenn wir das tun, so vergessen Sie nicht, dass alles, was wir besitzen, und alles, was wir sind, eigentlich dem gehört, der der Herr über alles ist.

JCD

Montag

Wo ist dein Schatz?

Die Liebe zum Geld ist die Wurzel aller möglichen Übel.
1. Timotheus 6,10

Geld! Männer und Frauen hat es in seinen Bann gezogen; sie töteten dafür, starben dafür und gingen dafür zur Hölle. Geld hat sich zwischen die besten Freunde gestellt, hat Familien zerbrochen und Stolze und Mächtige zu Fall gebracht. Und es hat Millionen von Ehen zerbrochen! Larry Burkett, der Gründer von »Christian Financial Concepts«, äußerte, dass 80 Prozent der Paare, die sich scheiden lassen wollten, als Hauptgrund Differenzen wegen des Geldes nennen.

Als Jesus auf dieser Erde war, sprach Er über nichts anderes so oft wie über das Geld. Die meisten Seiner Äußerungen dazu waren Warnungen: »Wo dein Reichtum ist, da ist auch dein Herz« (Matthäus 6,21); »Was nützt es, die ganze Welt zu gewinnen und dabei seine Seele zu verlieren?« (Matthäus 16,26); »Ihr könnt nicht gleichzeitig Gott und dem Geld dienen« (Matthäus 6,24).

Wenn wir Gott lieben und Ihm dienen wollen – und unsere Ehen intakt bleiben sollen –, dann sollten wir regelmäßig unser Verhältnis zum Geld überprüfen, indem wir fragen: »Wem dienen wir?«

Nur für uns …

- Hast du schon einmal mit jemandem aus der Familie eine schmerzliche Auseinandersetzung gehabt, bei der es um Geld ging?
- Wie denkst du darüber, wie wir mit unseren Finanzen umgehen?
- Schieben wir Gott mitunter auf die Seite, um dem Geld zu »dienen«?
- Was können wir tun, um sicherzustellen, dass unsere finanziellen Entscheidungen mit den Worten von Jesus übereinstimmen?

Lieber Gott, wir bekennen, dass wir oft von der Anziehungskraft des Geldes und des Besitzes in Bann gezogen werden. Doch wir wollen, dass Du der Herr über unser Geld und unseren Besitz bist. Führe uns dazu, dass wir auf diesem Gebiet im Gehorsam gegenüber Dir bleiben. Darum bitten wir Dich. Amen.

Dienstag

Das Blechmonster

Das wahre Leben wird nicht daran gemessen,
wie viel wir besitzen.
Lukas 12,15

Zumindest war es eine gute Absicht, die mich (JCD) dazu trieb, einmal eine Schaukel für meine Kinder zu bestellen, dieselbe, die ich als schön glänzendes Ausstellungsmodell in einem Geschäft gesehen hatte. Sie traf bei uns ein – in einer großen Kiste, die 6.324 Röhrchen, 28.487.651 Bolzen, 28.487.650 Schrauben und eine Bedienungsanleitung enthielt, von der Albert Einstein begeistert gewesen wäre. Schwitzend montierte ich die vorhandenen Teile, die nicht vorhandenen Teile und, zu meiner großen Verwirrung, Teile von einem 1948er Ford. Endlich stand die wacklige Konstruktion aufrecht da.

Ich bekam noch einen Schock, als ich die letzte Zeile der Bedienungsanleitung las: »Bitte ziehen Sie die Schrauben dieses Geräts alle zwei Wochen an, um Sicherheit und Dauerhaftigkeit zu gewährleisten.« Ich musste mich von nun an jeden zweiten Samstag diesem Blechmonster widmen, damit es nicht meine Kinder verschlingt!

Alles, was Sie besitzen, wird Sie letztlich in Besitz nehmen! Ungehinderter Materialismus wird über Sie herrschen, sowohl, wenn Sie Dinge anschaffen, als auch dann, wenn Sie sie unterhalten müssen. Deshalb ermutige ich Sie von ganzem Herzen, sich miteinander dazu zu entschließen, weniger zu besitzen – und mehr das Leben zu *genießen.*

Nur für uns …

- Haben wir in unserem Leben ein »Blechmonster« – etwas Neues und vielleicht Wertvolles, das uns mehr Sorgen bereitet, als es wert ist?

- Was haben wir, das wir nicht brauchen und das wir einfach weggeben oder wegwerfen könnten?
- Inwiefern können wir Gott näher kommen, wenn wir weniger besitzen?

Lieber Herr, wir werden so leicht von dem Wunsch getrieben, mehr Dinge zu besitzen. Wir wollen mit weniger leben. Ändere uns dadurch, dass Du uns Deine Wahrheit über die ewigen Werte nahe bringst. Wir wollen über unser ganzes Einkommen und unseren Besitz im Vertrauen auf Dich, den eigentlichen Besitzer, verfügen. Amen.

Mittwoch

Den Jackpot knacken

Eher geht ein Kamel durch ein Nadelöhr,
als dass ein Reicher in das Reich Gottes kommt.
Matthäus 19,24

Haben Sie auch schon einmal von einem Lotto-Sieg geträumt? Dann ist es vielleicht für Sie interessant zu hören, dass ein Drittel aller Lottogewinner innerhalb von fünf Jahren nach dem Sieg bankrott ist und dass ein weiteres Viertel dieser Sofortmillionäre Restzahlungen aus bestehenden Schulden zu einem vergünstigten Zins abzahlt. Leute, die mit normalen Gehaltszahlungen waghalsig umgehen, gehen auch mit großen Geldbeträgen waghalsig um.

Wir sollten uns lieber bemühen, mit dem besser umzugehen, was wir haben, statt zu phantasieren, wie wir den Jackpot knacken. Mit Ihren Kreditkarten – sollten Sie sie tatsächlich benötigen – sollten Sie sehr vorsichtig umgehen, und Sie sollten alles Erdenkbare tun, um nicht in Schulden zu geraten. Schulden sind einer der Gründe, aus denen die meisten Ehen zerbrechen. Bezahlen Sie Ihre Anschaffungen in bar, wenn möglich. Stellen Sie ein Familienbudget auf und halten Sie sich strikt daran. Vergessen Sie nicht, zehn Prozent Ihres Verdienstes dem Herrn zu geben – letztlich gehört Ihm ohnehin *alles.*

Vor allem: Geben Sie monatlich weniger aus als Sie verdienen. Dazu braucht man Disziplin, doch dieses einfache Konzept wird auf lange Sicht dazu beitragen, dass Sie in Ihrem Heim eine sorgenfreie Atmosphäre haben.

Nur für uns …

- Für die meisten Menschen auf der Welt hat das Durchschnittseinkommen die Höhe eines Jackpots. Für dich auch?
- Sparen wir Geld statt Schulden zu machen?
- Würde es uns helfen, wenn wir ein Familienbudget einrichten oder das vorhandene überprüfen?
- Geben wir den Zehnten?

Himmlischer Vater, Du segnest uns mit so vielem. Selbst wenn das Geld bei uns knapp ist, wissen wir, dass Du für uns sorgst. Doch wir versagen oft darin, verantwortlich zu sein und Dich darin zu ehren, wie wir mit dem Geld umgehen. Hilf uns hierbei durch Deine Weisheit. Amen.

Donnerstag

Gott gibt dir vielfach zurück

Prüft mich hiermit, spricht der Herr Zebaoth,
ob ich euch dann nicht des
Himmels Fenster auftun werde
und Segen herabschütten die Fülle.
Maleachi 3,10

Mein (JCDs) Vater, ein Evangelist, war ein sanftmütiger Mensch. Ich weiß noch, wie er einmal in einer kleinen Gemeinde Dienst tat und nach zehn Tagen nach Hause kam. Meine Mutter fragte ihn, was das Opfer dort erbracht habe. Ich sehe noch das Gesicht meines Vaters, wie er lächelte und zu Boden sah.

»Du hast das Geld jemandem geschenkt, stimmt's?«, fragte sie.

»Myrt«, sagte er, »der dortige Pastor durchlebt eine schwere Zeit. Seine Kinder brauchen dringend Hilfe. Ich hatte das Gefühl, dass ich ihm die gesamte Summe von 50 Dollar überlassen sollte.«

Meine liebe Mutter sah meinen Vater kurz an und lächelte dann. »Du weißt, dass das für mich in Ordnung geht, wenn Gott dir das gesagt hat.«

Einige Tage später hatten wir überhaupt kein Geld mehr, und so sammelte mein Vater die Familie um sich, um gemeinsam zu beten. Er sagte: »Herr, Du hast gesagt, dass Du Dich, wenn wir Dich in guten Zeiten ehren, um uns kümmerst, wenn die Zeiten schwierig werden. Wir brauchen jetzt ein wenig Deine Hilfe.« Am nächsten Tag traf völlig unerwartet bei uns ein Scheck über 1.200 Dollar ein. So etwas haben wir erlebt – nicht nur einmal, sondern immer wieder. Ganz gleich, wie viel Sie für Gott geben: Sie werden entdecken, dass Er es Ihnen auf vielfache Weise zurückgibt.

Nur für uns …

- Vertrauen wir Gott in dem, was wir spenden?
- Welchen Segen – materieller und geistlicher Natur – haben wir empfangen, weil wir Gott etwas gegeben haben?
- Kennen wir jetzt jemanden, der unsere Hilfe braucht? Sollten wir das, was wir haben, mit ihm teilen?
- Glauben wir *wirklich*, dass Gott *alles* gehört?

Himmlischer Vater, Du hast verheißen, dass Du Segen ausschüttest über denen, die in Deinem Namen den Zehnten geben. Hilf uns, Dich bei Deinem Wort zu nehmen und Deiner Fürsorge zu vertrauen, wenn wir Dir zurückgeben, was Dir ohnehin gehört, und unseren Überfluss mit anderen teilen. Amen.

Freitag

Verlassene Schlösser

Du wirst noch heute Nacht sterben.
Und wer wird dann das alles bekommen?
Lukas 12,20

Welch riesige Torheit der Materialismus darstellt, das habe ich (JCD) bei einer Reise durch England vor einigen Jahren mit eigenen Augen gesehen. Als ich durch Museen und historische Gebäude streifte, beeindruckte mich ein Phänomen, das ich mit »verlassene Schlösser« bezeichne. Da standen einsam im Nebel Gebäude, die einst von stolzen Menschen errichtet worden waren, von Menschen, die meinten, diese Bauwerke würden ihnen tatsächlich gehören. Doch was ist aus diesen Menschen jetzt geworden? Sie sind alle gestorben, die meisten von ihnen völlig vergessen. Die eingefallenen Schlösser, die sie zurückließen, stehen da wie Monumente, die die Verletzlichkeit und Vergänglichkeit jener Menschen bezeugen, die sie gebaut haben.

Ich hoffe, dass ich mehr als leer stehende Schlösser zurücklasse, wenn ich sterbe – dass ich etwas hinterlasse, das bedeutsamer ist als Landbesitz, Maschinen, Aktien oder Ruhm. Ich sehe mein irdisches Leben als vergeudet an, wenn ich nicht dreierlei hinterlasse: eine Familie, in der die Liebe regiert, eine Investition in das Leben anderer Menschen und den Versuch, mit meinem Leben dem Gott zu dienen, der mich geschaffen hat. Das ist alles, was einmal zählt.

Nur für uns ...

- Was würde in unseren Todesanzeigen beschrieben werden, wenn wir heute Nacht sterben würden: sinnloses Streben oder sinnvolles Leben?
- Wie würde der Herr unseren Umgang mit Geld, Zeit und Besitz beurteilen?
- Was war unsere unsinnigste Geldanlage bzw. Anschaffung in den letzten Jahren?

- Suchen wir unsere Zufriedenheit in materiellen Dingen oder im Herrn? Sollten wir uns an diesem Punkt ändern?
- Wie können wir einander ermutigen, nach dem zu streben, was wirklich zählt?

Herr, wir wissen, dass alles, was von dieser Erde ist, einmal zu Staub werden wird. Wir wollen tagtäglich als Deine Kinder leben – immer mit Deinen ewigen Werten vor unseren Augen. Schenke uns Deine Gnade und Weisheit, wenn wir unser Leben so ändern wollen, dass es Dich verherrlicht. Amen.

Samstag

Geh aufs Ganze

Menschen, die reich werden wollen,
geraten nur in Versuchung und verstricken sich
in viele dumme und schädliche Wünsche.
1. Timotheus 6,9

Bei uns in den USA gab es früher eine Fernsehshow mit dem Titel »Let's Make a Deal«. Wer dabei mitmachte, der konnte sich entscheiden, entweder das zu behalten, was er bereits gewonnen hatte, oder es gegen einen unbekannten Preis einzutauschen, der hinter »Tor 1«, »Tor 2« oder »Tor 3« verborgen war. Ob ihr es glaubt oder nicht, ich habe Jim einmal dazu überredet, an einer solchen Show teilzunehmen.

Da waren wir also: Ich hatte an meinem Kopf und an meiner Bluse lauter Plastikvögelchen angesteckt, und Jim hielt (innerlich widerstrebend) ein Schild hoch, auf dem stand: »Meine Frau hat etwas für Vögel übrig.« Diese Aufmachung verschaffte uns die Möglichkeit, unter denen platziert zu werden, die etwas gewinnen konnten. Ehe wir uns versahen, standen wir im Licht der Kameras und sollten den richtigen Preis von vier Gegenständen schätzen, um ein brandneues Auto der Marke »Camero« zu gewinnen. Und wir brauchten ja dringend ein neues Auto! Jim hatte gerade seinen Abschluss hinter sich gebracht, und wir hatten jeden Dollar in seine Ausbildung gesteckt.

Wir errieten den Wert von drei Gegenständen in etwa korrekt (innerhalb einer Kulanz von drei Dollar), doch beim vierten Objekt – einem Staubsauger – lagen wir daneben. Den Camero gewannen wir also nicht. Doch wir gingen nicht mit leeren Händen nach Hause. Wir gewannen einen neuen Staubsauger und einen anderen, weit wertvolleren Preis: ein größeres Wissen darum, wie leicht uns die Gier überkommt.

Seit damals haben wir immer wieder entdeckt, dass Satan uns das anbietet, wonach wir uns sehnen, und dafür einen geistlichen Kompromiss einhandelt. In unserem Fall war das neue Auto ein perfekter Lockvogel, um unsere Gier zu entfachen. Wenn Sie nach außerehelichem Sex verlangen, werden Sie ihn schließlich bekommen. Wenn Sie nach Ruhm oder Macht streben, wird Ihnen dieses Objekt Ihrer Lust versprochen (doch vielleicht nie gegeben!) werden. Wenn Sie nach großem Reichtum dürsten – Vorsicht! Menschen, die leidenschaftlich mehr Geld wollen, fallen oft auf dubiose Angebote und dunkle Geschäfte herein. Sie sind immer auf der Suche nach einer Goldader, die ihnen entgehen könnte. Statt reich zu werden, werden sie abhängig von ihrer Sucht nach Geld.

Das ist die Gefahr, die von der Gier ausgeht. Materieller Komfort oder Geld können zu unserer »ersten Liebe« werden – zu unserem größten Schatz, zur Leidenschaft. Und dann passiert es. Gott wird völlig nebensächlich. Doch der Herr lässt sich nicht an die zweite Stelle setzen (»Du sollst keine anderen Götter haben neben mir«, 2. Mose 20,3). Wir raten Ihnen beiden, jetzt zu sagen: »Let's Make a Deal!« Treffen Sie die Abmachung, dass für Sie das Geld immer an seinem Platz bleibt und der Herr in Ihrem Leben die »erste Liebe« ist.

SMD

Fünfzehnte Woche

Die Kraft der Ermutigung

Sonntag

Ein äußerst ungewöhnliches Ereignis

von Jo Ann Larsen

Larry und Jo Ann waren ein ganz normales Ehepaar. Sie lebten in einem normalen Haus in einer ganz normalen Straße. Wie andere normale Ehepaare auch, rangen sie darum, ihr Leben auf die Reihe zu bekommen und für ihre Kinder das Richtige zu tun.

Sie waren jedoch noch auf eine andere Art völlig normal – sie hatten ihre Streitigkeiten. In ihren Gesprächen ging es oft darum, was in ihrer Ehe falsch lief und was zu tadeln war – bis sich eines Tages ein äußerst ungewöhnlicher Vorfall ereignete.

»Jo Ann, du weißt, dass ich einen mysteriösen Schrank mit Schubladen habe. Immer, wenn ich eine Schublade öffne, ist sie voll von Socken und Unterwäsche«, sagte Larry. »Ich danke dir dafür, dass du sie all die Jahre immer wieder gefüllt hast.«

Jo Ann blickte über ihr Glas weg und starrte ihren Mann an. »Was willst du denn, Larry?«

»Nichts, ich möchte nur, dass du weißt, wie sehr ich diese mysteriösen Schubladen schätze.«

Es wäre nicht das erstemal gewesen, dass Larry etwas Befremdliches tat. Deshalb vergaß Jo Ann für einige Tage dieses Ereignis wieder.

»Jo Ann, ich danke dir, dass du in diesem Monat so oft die richtigen Scheckziffern ins Scheckbuch eingetragen hast. Nur eine Ziffer ist falsch. Das ist ein Rekord.«

Jo Ann glaubte, ihren Ohren nicht zu trauen, und sah von ihrer Handarbeit auf. »Larry, du hast dich doch immer darüber beklagt, dass ich die falschen Ziffern eintrage. Warum jetzt nicht?«

»Einfach so. Ich möchte nur, dass du weißt, wie sehr ich es schätze, dass du Fortschritte machst.«

Jo Ann schüttelte ihren Kopf und machte sich wieder an ihre Handarbeit. »Was ist nur mit ihm los?«, murmelte sie vor sich hin.

Doch als Jo Ann am nächsten Tag in der Drogerie einen Scheck ausfüllte, sah sie noch einmal ins Scheckbuch, ob die Ziffer auch korrekt war. »Warum kümmere ich mich mit einem Mal um diese blöden Scheckziffern?«, fragte sie sich.

Sie versuchte, auch das zu vergessen, doch Larrys befremdliches Benehmen wurde noch stärker.

»Jo Ann, das war ein großartiges Essen«, sagte er eines Abends. »Ich mag es, wie du dir Mühe machst. In den vergangenen 15 Jahren hast du meiner Schätzung nach über 14.000 Mahlzeiten für mich und die Kinder zubereitet.«

Dann: »O, das Haus sieht so toll aus. Du hast sicher schwer gearbeitet, bis das so war.« Und sogar: »Danke, Jo Ann, dass du die bist, die du bist. Ich genieße das Zusammensein mit dir.«

Jo Ann machte sich immer mehr Sorgen. ›Wo bleibt der Sarkasmus, die Kritik?‹, wunderte sie sich.

Ihre Befürchtung, dass ihrem Mann etwas Seltsames zugestoßen sei, wurde durch die 16-jährige Shelly bestätigt, die klagte: »Papa ist meschugge geworden, Mama. Er sagte mir, ich sähe hübsch aus. Er sagte das, obwohl ich das Make-up trug und diese schlampigen Klamotten. Mama, das ist nicht unser Papa. Was stimmt nicht mit ihm?«

Was auch immer mit ihm nicht stimmte, Larry überwand es nicht. Tag für Tag betonte er etwas Positives.

Nach einigen Wochen gewöhnte sich Jo Ann allmählich an das ungewöhnliche Verhalten ihres Mannes und antwortete sogar gelegentlich mit einem unwirschen »Danke schön!«. Sie war schon recht stolz darauf, damit fertig zu werden, als eines Tages etwas so Überraschendes geschah, das sie völlig verwirrte.

»Ich möchte, dass du dich ein wenig ausruhst«, sagte Larry. »Ich werde das Geschirr spülen. Also, stell bitte diese Pfanne weg und verlass die Küche.«

(Lange, lange Pause.)

»Danke, Larry. Hab vielen Dank!«

Jo Anns Gang war ein wenig leichter, ihr Selbstvertrauen größer, und sie summte vor sich hin. Sie schien nicht mehr so oft deprimiert zu sein wie früher. ›Larrys neues Benehmen gefällt mir‹, dachte sie.

Das wäre eigentlich das Ende der Geschichte, wenn sich nicht eines Tages eine weitere äußerst ungewöhnliche Begebenheit ereignet hätte. Diesmal war es Jo Ann, die etwas sagte.

»Larry«, sagte sie, »ich danke dir dafür, dass du arbeitest und für uns in all diesen Jahren gesorgt hast. Ich habe dir wohl bisher nicht gesagt, wie sehr ich das schätze.«

So sehr Jo Ann darauf drang, eine Antwort zu bekommen, – Larry hat ihr nie enthüllt, was der Grund für die gewaltige Änderung seines Verhaltens war, und so wird dies wohl eines jener Geheimnisse bleiben, die das Leben mit sich bringt. Doch es ist eines, mit dem ich sehr gut leben kann und für das ich dankbar bin.

Sie haben gemerkt: Ich bin diese Jo Ann.

Ein Blick voraus ...

Larry zeigt uns, dass schon ein wenig Lob und Aufmunterung eine Ehe umwandeln kann. Keinem von uns fehlt das menschliche Verlangen nach Anerkennung – sei er nun König oder Königin, Präsident oder Firmenboss, Ehemann, Hausfrau oder Kind. Mark Twain sagte einmal: »Von einem guten Kompliment kann ich zwei Monate leben.« So wirkt ein freundliches Wort. Es entfacht unsere Energie und flößt uns neuen Enthusiasmus ein, sodass wir uns mit neuer Kraft den Herausforderungen unseres Lebens stellen können.

Ich lade Sie zu dem Thema ein, das wir in dieser Woche miteinander erörtern wollen: Die unglaubliche Kraft der Ermutigung. Wenn Sie dieses Prinzip anwenden, so werden Sie meiner Meinung nach entdecken, dass die Sonne ein wenig heller scheint und dass Ihre Tage ein wenig ruhiger und glatter verlaufen. Sie könnten heute damit beginnen, indem Sie Ihrem Partner einfach sagen, wir sehr Sie es schätzen, ihn oder sie bei sich zu haben.

JCD

Montag

Seite an Seite

Ermutigt einander jeden Tag.
Hebräer 3,13

Das griechische Wort für »Ermutigung« ist *parakletos*, was wörtlich heißt »zur Seite gerufen, um zu helfen«. Dieses Wort erinnert uns an das biblische Bild zweier Menschen, die – aneinander gekoppelt wie zwei Ochsen unter dem Joch – gemeinsam eine Aufgabe verrichten. So sagte Jesus zum Beispiel: »Nehmt mein Joch auf euch. Ich will euch lehren ... Denn mein Joch passt euch genau, und die Last, die ich euch auflege, ist leicht« (Matthäus 11,29-30). Zu dieser Art der Ermutigung gehört auch, dass man dem anderen ein aufbauendes Wort sagt, und doch ist sie mehr als das. Ermutigung in der Ehe bedeutet, dass Sie Ihrem Mann mit einer ermutigenden Einstellung zur Seite stehen, wenn er von der Arbeit erschöpft ist. Es bedeutet, dass Sie einspringen und das Geschirr spülen, wenn Ihre Frau vor Müdigkeit nicht mehr stehen kann. Es bedeutet, dass Sie sich auf die Augenhöhe einer Vierjährigen begeben und ihr mitfühlend zuhören, wenn sie Ihnen weinend erzählt, wie sie ihr Knie aufgeschlagen hat.

Zum Akt der Ermutigung gehört *nicht*, dass Sie Ihren Partner belehren, wie er bzw. sie mit einem Problem umgehen soll. Dazu gehört nicht, einen Rat zu geben, Vorschläge zu machen, was man in Zukunft verbessern könnte, oder völlig wertlose Sätze wie: »Du hättest es wirklich besser wissen müssen, als solch einen dummen Fehler zu machen«, oder: »Vergiss es!« Ermutigung meint vielmehr, teilzunehmen. Wenn Sie Ihrem Partner zur Seite stehen und an seinen bzw. ihren Sorgen teilhaben, dann praktizieren Sie *parakletos* und sind eine ausgezeichnete Quelle der Ermutigung, der Hoffnung und des Glückes.

Nur für uns ...

- Kennst du jemanden, der dir immerzu ein gutes Gefühl über dich selbst vermittelt? Wie macht man das?

- Warum ist es oft so schwer, zuerst an den anderen zu denken?
- Inwiefern hat mich Gott schon gebraucht, dir zur Seite zu stehen? Wie kann ich das besser machen?

Herr Jesus, danke, dass Du uns die Kraft gegeben hast, einander zu ermutigen. Mögen wir in diesem gegenseitigen Dienst wachsen! Mögen wir doch darin Experten werden – und in unserer Ehe damit beginnen. Amen.

Dienstag

Verwandelnde Liebe

In unseren Kämpfen und Schwierigkeiten
hat es uns sehr getröstet …
1. Thessalonicher 3,7

Als ich (JCD) 13 Jahre alt war, bekamen wir den besten Hund der ganzen Welt. Penny – wie wir ihn nannten – war klug und gehorsam. Er mochte jeden, und jeder mochte ihn. Doch als ich auf die Uni ging und meine Eltern umzogen, entschloss sich meine Familie widerstrebend, Penny an eine andere Familie zu übergeben.

Nach einer Weile bekam Penny mit, dass mein Vater nicht mehr da war. Der Hund wurde traurig. Ja, er schien das Leben aufzugeben und es dauerte nicht lange, bis er durch Arthritis und andere gesundheitliche Probleme gelähmt wurde. Als mein Vater von diesem elenden Zustand von Penny hörte, fuhr er ca. 1.100 Kilometer, um ihn zurückzuholen. Er fand unseren Hund zusammengekrümmt in seinem Körbchen liegend. Penny konnte sich nicht bewegen, doch sein kleiner Stummelschwanz wedelte wild hin und her, als er seinen Herrn sah. Bemerkenswerterweise erholte sich Penny wieder unter der Liebe und Aufmerksamkeit, die meine Eltern ihm schenkten. Zwei Wochen, nachdem er nach Hause zurückgekehrt war, rannte und hüpfte er wieder umher. Er lebte noch elf Jahre lang – ohne irgendein weiteres Anzeichen von Arthritis!

Diese Geschichte von unserem Hund sagt mir, dass, wenn sogar ein Köter Liebe und Ermutigung braucht, um am Leben zu bleiben, dann auch sicherlich jedes Menschenwesen, das über diese Erde geht. Wir sind soziale Wesen, von Gott dazu geschaffen, in Beziehung zu Ihm und zu anderen zu leben. Doch manche von uns sind wie zusammengekrümmt in einem Körbchen voll Mutlosigkeit.

Wir haben jeden Tag die Chance, anderen Mut zum Leben zu machen, – wir können aber auch ihre Bedürfnisse übersehen und nur an uns selbst denken. Es ist *unsere* Sache, wie wir uns entscheiden.

Nur für uns …

- Hast du dich verwandelt bzw. verändert gefühlt, wenn ich dich einmal ermuntert und ermutigt habe?
- Wer könnte sich verwandelt fühlen, wenn er oder sie von uns ein wenig Ermutigung bekäme?

Herr, öffne unsere Augen für das Verlangen anderer Menschen nach Aufmerksamkeit, Zuwendung und Aufmunterung. Mögen wir nie zurückbehalten, das weiterzugeben unsere Pflicht und unser Vorrecht ist! Amen.

Mittwoch

Stöcke und Steine

Ihre Worte sind verletzend wie der Biss einer Schlange.
Psalm 140,4

Das alte englische Sprichwort: »Sticks and stones can break my bones, but words will never hurt me!« (zu deutsch: »Stöcke und Steine können meine Knochen brechen, aber Worte werden mich nie verletzen können.«) ist einfach nicht wahr. Jeder, der den Widerhaken der Kritik jemals gespürt hat, weiß, dass Worte tief verletzen können. Der Autor Lewis Yablonsky beobachtete, wie sich negative Bemerkungen auf seinen eigenen Vater auswirkten. Lewis' Mutter sagte bei Tisch Dinge wie: »Schau dir deinen Vater! Seine Schultern sind eingefallen; er ist ein einziger Versager. Er bringt nicht den Mut dazu auf, sich einen besseren Job zu suchen oder mehr Geld zu verdienen. Er ist ein geschlagener Mann.« Yablonskys Vater verteidigte sich nie dagegen. Er starrte nur auf seinen Teller.

Der Psychologe Abraham Maslow sagte einmal: »Es bedarf bei unseren Kindern neun bestätigender Bemerkungen, um *eine* kritische Anmerkung auszugleichen.« Erwachsene sind gegen Kritik keineswegs immun. Wir wollen uns in unserer Ehe auf die positiven Charakterzüge unseres Partners konzentrieren, nicht auf die negativen. Wir sollten sie einmal auflisten und sie unserem Partner täglich und mit viel Liebe vor Augen führen.

Nur für uns …

- Gibt es eine negative Bemerkung aus deiner Kindheit, die du immer noch mit dir trägst? Welches Gefühl gibt dir das?
- Sollten wir uns gegenseitig mehr bestätigen und weniger kritisieren? Wie können wir darin besser werden?
- Wie bestätigte Jesus andere Menschen? (Lesen Sie z. B. Matthäus 16,17-19; 26,6-13; Lukas 7,44-48 und Johannes 1,47-48.)
- Auf welchen Gebieten deines Lebens bist du entmutigt? Wie kann ich dir dort aufhelfen?

Lieber Vater, jedes verletzende Wort, das wir dem anderen gesagt haben, tut uns zutiefst Leid. Bitte vergib uns und hilf uns, einander zu vergeben. Wir wollen uns darin bessern und nur Worte verwenden, die den anderen aufbauen, heilen, ermutigen und bestätigen. Wir bitten Dich, uns dabei zu helfen. Amen.

Donnerstag

Panne oder Chance?

Sorgen drücken einen Menschen nieder;
ein gutes Wort aber muntert einen Menschen auf.
Sprüche 12,25

Vor vielen Jahren kostete der Fehler eines leitenden Angestellten eine große Ölfirma mehr als zwei Millionen Dollar. An dem Tag, an dem diese Nachricht an die Öffentlichkeit drang, fürchteten sich viele Angestellte vor dem Zorn des mächtigen Bosses des Unternehmens – John D. Rockefeller –, und sie fanden verschiedene Möglichkeiten, ihm aus dem Weg zu gehen. Einer der Firmenteilhaber hielt sich jedoch an den Termin, den er an jenem Tag mit Rockefeller hatte. Als er bei Rockefeller eintrat, sah er ihn etwas auf ein Papier schreiben.

»O, Sie sind es, Bedford«, meinte Rockefeller ruhig. »Ich vermute, Sie haben von unserem Verlust gehört?« Der Firmenteilhaber bestätigte dies. »Ich habe darüber nachgedacht«, sagte Rockefeller, »und ehe ich mit dem betroffenen Angestellten diese Angelegenheit bespreche, habe ich mir einige Notizen gemacht.« Oben auf dem Blatt stand: »Punkte, die für Herrn .... sprechen.« Danach folgte eine lange Liste mit den Fähigkeiten jenes Mannes, wozu auch zählte, dass der leitende Angestellte in drei Fällen wesentlich dazu beigetragen hatte, die richtige Entscheidung zu treffen. Da der Gewinn daraus den jetzigen Verlust um ein Vielfaches überstieg, meinte Rockefeller zu Bedford, er habe sich entschlossen, den leitenden Angestellten aufzumuntern statt zu tadeln.

Wenn Ihr Ehepartner das nächste Mal einen Fehler macht, dann können Sie ihn oder sie mit einem Sturzbach wütender Worte fertig machen – oder Sie könnten darin eine großartige Chance sehen, ihn oder sie aufzumuntern.

Nur für uns ...

- Wann habe ich dich in einer Krise am meisten ermutigt?
- Gibt es einen bestimmten Bibelvers, an dem du dich in schweren Zeiten wieder aufrichtest?

Herr, wir unterschätzen so oft, wie unsere Worte wirken können. Wir bitten Dich um die Weisheit, ermutigend reden zu können – vor allem dann, wenn der andere Kritik erwartet. Amen.

Freitag

Die Arme deines Vaters

Wir bitten für euch, dass Jesus Christus, unser Herr und Gott, unser Vater ... eure Herzen ermutige und euch stärke.
2. Thessalonicher 2,16-17

Ein begabter junger Athlet, der Sohn eines berühmten Baseball-Spielers, spielte in einem Club in einer der unteren Ligen mit und erwartete, dass er bald entlassen würde. Während eines Spieles war er am Schlag. Dem ersten Schlag ließ er schnell zwei weitere folgen. Dann ging der Catcher (Fänger) zum Pitcher, um mit ihm zu reden. Der Schiedsrichter sprach mit dem jungen Athleten. »Du hältst den Schläger wie einst dein Vater«, meinte er. »Ich sehe in dir seine Gene. Du hast die Arme deines Vaters.« Beim nächsten Wurf schlug der junge Mann den Ball aus dem Park. Sein Spiel besserte sich merklich und bald wurde er in die obere Liga berufen. Als man ihn fragte, was sein Können als Spieler verbessert habe, würdigte der junge Mann die Worte jenes Schiedsrichters. »Danach«, erklärte er, »habe ich mir jedes Mal, als ich den Schläger schwang, vorgestellt, ich hätte statt meiner Arme die meines Vaters.«

Wenn Sie Ihrem Ehepartner Mut machen wollen, so denken Sie an »die Arme des Vaters«. Vielleicht denken Sie auch an das biblische Vorbild des Barnabas, dessen Name übersetzt »Sohn der Ermutigung« lautet. Die Bibel sagt, dass er »tief erfüllt vom Heiligen Geist und im Glauben verwurzelt« war (Apostelgeschichte 11,24), und es war für Paulus äußert wertvoll, dass ihm Barnabas auf ihren gemeinsamen Reisen half, andere Menschen zu Jesus Christus zu führen.

Fühlen Sie sich manchmal unfähig, anderen zu helfen? Gott selbst wartet darauf, Sie dazu zu ermutigen – und Sie mit Seiner Kraft auszurüsten, um die aufzumuntern, die Sie lieben.

Nur für uns …

- Welche Art von Ermutigung hast du am liebsten?
- Auf welche Weise ermutige ich dich ohne Worte?
- Wie können wir am besten Gottes Kraftquellen erschließen, um uns gegenseitig zu ermutigen?

Allmächtiger Gott, wir danken Dir, dass Du uns die Gaben schenkst, zu ermutigen und zu trösten. Hilf uns, dass wir uns auf Deine Kraft stützen, wenn wir einander neu Mut machen. Amen.

Samstag

Hinter jedem Erfolg …

Ermutigt und ermahnt einander.
Hebräer 10,25

Man sagt, dass hinter jedem erfolgreichen Mann eine großartige Frau steht. Die Frau eines Mannes, der in der Literatur einen großen Namen hat – Nathaniel Hawthorne –, war vermutlich solch eine Frau. Sophia Hawthorne legte heimlich jeden Tag ein paar Dollar auf die Seite, und daraus wurde im Lauf der Jahre so viel, dass sie beide ein Jahr lang davon leben konnten. Wie Sie sehen, glaubte Sophia daran, dass ihr Mann eines Tages ein großer Schriftsteller werden würde. Als Hawthorne nach Hause kam und niedergeschlagen erzählte, dass er seine Arbeitsstelle beim Zolldienst verloren hatte, zeigte ihm Sophia das Geld und sagte: »Jetzt kannst du dein Buch schreiben!« Dank ihrer Zuversicht und ihrer Ermutigung entstand ein Klassiker der amerikanischen Literatur, der Roman *The Scarlet Letter* (»Der scharlachrote Buchstabe«).

Dann war da jener Firmenchef, der, als er mit seiner Frau über das Land fuhr, seinen Wagen zu einer Tankstelle lenkte. Sie entdeckten, dass seine Frau während ihrer Schulzeit mit dem Tankwart befreundet gewesen war. »Mann, hast du ein Glück, dass ich dir über den Weg lief«, brüstete sich der Mann, nachdem sie wieder losgefahren waren. »Wenn du ihn geheiratet hättest, wärst du heute die Frau eines Tankwarts.«

»Mein Lieber«, antwortete die Frau, »wenn ich ihn geheiratet hätte, dann wäre er heute Firmenchef, und du wärst Tankwart.«

Es trifft sicher zu, dass ein Ehepartner enormen Einfluss auf den Erfolg des anderen hat. Jim hat mich in meinem geistlichen Leben gefördert und mich beim Erziehen unserer Kinder sowie auf vielen anderen Gebieten unterstützt. Ich meinerseits habe ihm Rückenschutz geboten, wie ich nur konnte und gesehen, wie Gott sein Werk und seinen Dienst segnete. Und Jim lässt mich wissen, wie er meine Ermutigung schätzt. Mehr als einmal hat er gemeint, dass ich an ihn geglaubt hätte, bevor er selbst an sich geglaubt hat. Wir haben freilich nicht immer diesem hohen Ideal gemäß gelebt – und auch Ihnen wird es so gehen. Doch wenn Sie konsequent danach streben, Ihren Partner beständig zu ermutigen, dann werden Sie in Ihrer Ehe bleibende Früchte ernten.

SMD

Sechzehnte Woche

Streiten oder nicht streiten?

Sonntag

Der Streit

von Gigi Graham Tchividjian

Er ging hinaus und schlug die Tür hinter sich zu. Ich hörte den Wagen wegfahren und lehnte mich mit schwerem, schmerzendem Herzen gegen die Tür. Heiße, wuterfüllte Tränen erfüllten meine Augen, quollen über und liefen über meine Wangen.

Wie war das passiert? Wie hatte sich alles so aufgebauscht? Keiner von uns hatte die Absicht, aus unserer kleinen Debatte eine hitzige Auseinandersetzung werden zu lassen. Doch es war schon spät, und jeder von uns beiden hatte einen harten Tag hinter sich.

Stephan war schon früh aufgestanden und zu seiner Fahrgemeinschaft gefahren. Dann hatte er mehrere Patienten mit schweren, komplizierten Gesundheitsproblemen zu behandeln. In seine Essenszeit war ein Notfall geraten, und er konnte den ganzen Nachmittag über seine Termine nicht mehr einhalten. Als er schließlich nach Hause fuhr, geriet er in einen Stau. Schließlich kam er müde und abgespannt zu Hause an – bei einer Frau mit sieben Kindern, die alle seine Aufmerksamkeit beanspruchten.

Auch ich hatte einen schwierigen Tag, nach einer schlaflosen Nacht mit dem Baby, verbracht. Daneben galt es, den normalen Tagesablauf zu bewältigen, mit allem, was dazugehört. Es regnete, und so verbrachten wir den ganzen Tag im Haus. Es war feucht, und die Kinder waren noch streitsüchtiger als sonst; sie hatten Spaß daran aufeinander herumzuhackten. Während ich versuchte, Streit zu schlichten und verletzte Gefühle zu lindern, gelang es mir irgendwie, ein Essen auf den Tisch zu bekommen. Doch ich hatte keine Zeit, mir die Haare zu kämmen und mein Make-up aufzufrischen. So konnte Stephan mir meine Frustration direkt ansehen, als er nach Hause kam.

Nachdem die Küche sauber war, die Kinder gebadet und zu Bett gebracht waren und sich auch unsere Teenager ausgesprochen hatten, fanden sich Stephan und ich allein im Schlafzimmer ein, um über ein kleineres Problem zu reden. Doch es wuchs schnell zu etwas Größerem heran. Wir ließen Wutgefühle ab und sprachen Worte aus, die wir eigentlich gar nicht so gemeint hatten, und dann – fiel die Tür ins Schloss und der Wagen fuhr weg.

Ich ließ mich auf einen Stuhl fallen und brach in Tränen aus, entmutigt und von mir selbst enttäuscht. Wie lang dauerte es noch, bis ich meine Lektion gelernt hatte? Der späte Abend war – besonders nach einem schweren Tag – nicht die Zeit, um zu streiten, sondern um es sich gemütlich zu machen, sich aufzumuntern und liebevoll zu plaudern. Wie ich da so saß, da fiel mir ein, dass ich den ganzen Tag über so beschäftigt war, meinen Haushalt auf dem Laufenden zu halten, sodass ich keine Zeit für den Herrn gehabt hatte. Ich hatte nicht einmal für Stephan gebetet. Kein Wunder, dass alles falsch gelaufen war!

Ich blickte in den Spiegel und sah rote, angeschwollene Augen, kein Make-up und unordentliche Haare. Ich sah in diesem Gesicht Müdigkeit und Anspannung, wo es doch Zärtlichkeit und Liebe zeigen sollte, und so verstand ich Stephans Wunsch, wegzukommen und wieder ruhig zu werden.

Ich fiel neben dem Stuhl auf meine Knie und bat den Herrn, mir zu vergeben und mich mit Seinem Heiligen Geist zu erfüllen, sodass ich für Stephan die Frau sein konnte, von der er immer geträumt hatte. Ich bat den Herrn um Kraft, um Seine Einfühlsamkeit und Seine Weisheit, sodass ich meinen Tagesplan, die Anforderungen im Haushalt und der Kinder in den Griff bekommen und meinem Mann das geben konnte, was er brauchte, wenn er nach einem arbeitsreichen Tag nach Hause kam. Vorsichtig und ängstlich fügte ich meinem Gebet noch ein P.S. hinzu: Ich bat Ihn, auch Stephans Herz zu verändern.

Ich fühlte Frieden und war erfrischt. Ich stand auf, wusch mein Gesicht, legte ein wenig Farbe auf meine Wangen und meine Lippen, kämmte meine Haare, benutzte mein Parfum und legte mich ins Bett, um zu warten.

Nicht lange danach hörte ich, wie sich die Eingangstür öffnete und wie in der Halle die vertrauten Schritte erklangen. Unsere Schlafzimmertür ging leise auf, und Stephan stand da, sein müdes Gesicht und die freundlichen, liebevollen Augen auf mich gerichtet. Ich flog in seine Arme. Später liebten wir uns und das löschte die letzten Spuren der Frustration und Wut aus. Als wir aneinandergeschmiegt in den dringend benötigten Schlaf fielen, wunderte ich mich, warum wir das nicht gleich getan hatten.

Ein Blick voraus …

Konflikte sind in einer Ehe unvermeidlich. Man kann nicht jeden Tag mit einem anderen Menschen eng zusammenleben, ohne dass es gelegentlich Reibereien gibt. Doch es ist heutzutage in Ehen sehr oft so, dass Konflikte eher die Regel als die Ausnahme sind.

Eine Lehrerin der sechsten Klasse teilte mir das Ergebnis einer schriftlichen Arbeit mit. Sie hatte die Kinder gebeten, eine Reihe von Sätzen zu vervollständigen, die alle mit »Ich wünsche mir …« begannen. Sie war geschockt und betrübt, als sie die Antworten der Kinder las. Bei 20 von 30 Schülern ging es dabei nicht um Spielzeug, Tiere oder Ausflüge zu Erlebnisparks, sondern um den Wunsch, die eigene Familie möge ihre Konflikte bewältigen und nicht daran zerbrechen.

Wir wollen in dieser Woche darüber sprechen, was man tun kann, um Ehekonflikte zu verringern, und was wir dafür tun sollten, dass es um etwas Wichtiges geht, wenn wir schon streiten, um etwas, das den Streit wert ist.

JCD

Montag

Verschiedene Annahmen

Gott, der diese Geduld und Ermutigung schenkt, soll euch helfen, eins zu sein und in Frieden miteinander zu leben. Geht miteinander so um, wie es Christus vorgelebt hat.
Römer 15,5

Wie wir in der Geschichte von gestern Abend – »Der Streit« – gesehen haben, kann ein schwerer Tag dazu führen, dass Eheleute rasch in eine unnötig aufgeheizte Debatte geraten. Müdigkeit, Probleme mit den Kindern oder mit der Arbeit, Krankheit oder finanzielle Schwierigkeiten können jemanden gereizt und anfällig für Auseinandersetzungen machen. Dasselbe kann auch durch ein Phänomen ausgelöst werden, das ich (JCD) als »verschiedene Annahmen« bezeichne.

So kam ich z. B. vor einigen Jahren nach einer ganzen Reihe von strapaziösen Redeauftritten Freitagnacht nach Hause mit dem Gefühl, ich hätte mir einen freien Tag verdient. Ich wollte am nächsten Tag ein Fußballspiel im Fernsehen anschauen. Das schien doch verständlich zu sein für einen Kerl wie mich, der tagaus, tagein unterwegs war, um für seine Familie den Lebensunterhalt zu verdienen. Shirley ihrerseits hatte sechs Wochen lang allein den Haushalt und die Kinder gehabt und war der Meinung, es sei nun an der Zeit, dass ich bei den Hausarbeiten einspringe. Es war aus Shirleys Sicht völlig logisch, zu denken, dass sie eine gewisse Hilfe verdient, nachdem sie sechs Wochen lang den »häuslichen Pflichten« nachgekommen war. Unsere »Annahmen« prallten um 10 Uhr am Samstagvormittag aufeinander. Harte Worte froren unsere Beziehung drei Tage lang ein. Es war ein törichter Streit, aber doch verständlich angesichts der Umstände: Überarbeitung, Müdigkeit, Egoismus und eine sehr unterschiedliche Meinung darüber, was der andere dachte.

Wenn wir unsere eigenen Pläne machen, dürfen wir nicht vergessen, den geistigen und körperlichen Zustand unseres Partners mit einzubeziehen. In einer stressigen Zeit sollten wir uns besonders darum bemühen, unsere Erwartungen im Gespräch schon im voraus auszutauschen.

Nur für uns …

- Haben uns in letzter Zeit »verschiedene Annahmen« aneinander geraten lassen?
- Wie kann ich deine Stimmung besser erkennen?
- Sprechen wir uns schon im Voraus über unsere Erwartungen aus?

Herr, hilf uns durch Deinen Geist, die Bedürfnisse des anderen wahrzunehmen und darüber zu reden. Verknüpfe uns in Deiner Liebe zu einer Einheit. Amen.

Dienstag

Kämpft fair!

Erinnere alle daran … Sie sollen … jedem Streit aus dem Weg gehen. Allen Menschen sollen sie mit Freundlichkeit und Geduld begegnen.
Titus 3,1-2

Da mancher Ehekonflikt unvermeidbar ist, ist es für ein Ehepaar eine der größten Herausforderungen, zu lernen, wie man fair streitet. Es kommt darauf an, den Unterschied zwischen gesundem und ungesundem Streit zu verstehen.

In einer unbeständigen Ehe richten sich feindselige Äußerungen auf den »Bauch« des Partners: »Du machst überhaupt nichts richtig!« »Wie konnte ich dich nur heiraten!« »Du wirst mit jedem Tag deiner Mutter ähnlicher!« Diese anzüglichen Bemerkungen zielen auf das Selbstwertgefühl. Ein gesunder Konflikt hingegen ist auf das Thema gerichtet, das die Meinungsverschiedenheit auslöste: »Es ärgert mich, wenn du mir nicht sagst, dass du erst später zum Essen kommst!« »Ich war beschämt, nachdem du mich auf der Party gestern Abend wie einen Trottel behandelt hast!« Erkennen Sie den Unterschied?

Selbst wenn man bei all diesen Äußerungen keinen Unterschied feststellt, was den Level des Streites betrifft, so attackiert doch die erste Gruppe die Würde des Partners, während die zweite Gruppe auf den Ursprung des Konfliktes gerichtet ist. Ehepaare, die diesen Unterschied erkannt haben, sind wesentlich besser darauf vorbereitet, Differenzen ohne Verletzungen und Beleidigungen anzugehen.

Nur für uns …

- Wenn wir uns streiten, geht das dann mehr gegen die Person und weniger um das Problem oder kämpfen wir um das Problem und schützen die Person?
- Was sagte Jesus dazu, wie man sich anderen gegenüber verhalten soll, wenn man zu Unrecht angegriffen oder kritisiert wird? (Siehe Matthäus 5,38-41; Lukas 6,27-31.)

- Wie würde es unserer Beziehung helfen, wenn wir fair streiten?
- Wie können wir uns gegenseitig darin fördern, das zu lernen?

Vater, wir brauchen Deine Hilfe, uns gegenseitig Liebe und Respekt zu erweisen, wenn wir Differenzen lösen. Wir wollen nicht, dass Disharmonien die Beziehung verletzen, die Du uns gnädig geschenkt hast. Wir wissen, dass Du uns Tag für Tag Deine Kraft und Weisheit schenken willst, und wir bitten Dich demütig darum. Amen.

Mittwoch

Die Grenze des Respekts

Achtet alle Menschen.
1. Petrus 2,17

Konflikte können in einer Ehe oft auch eine positive Bedeutung haben – vor allem dann, wenn sie dazu beitragen, Grenzen des Respekts aufrechtzuerhalten.

Nehmen wir einmal an, ich (JCD) arbeite eines abends in meinem Büro zwei Stunden länger als gewöhnlich. Ich weiß, dass Shirley ein Abendessen mit Kerzen vorbereitet, aber ich rufe sie dennoch nicht an, um ihr zu sagen, dass ich erst später komme. Der Abend wird immer später, und schließlich packt Shirley das kalte Essen in Folie ein und legt es in den Kühlschrank. Wenn ich dann endlich nach Hause komme, entschuldige ich mich nicht. Stattdessen setze ich mich hin, lese die Zeitung und sage dann plötzlich zu Shirley, sie könne das Essen jetzt auftragen. Mit Sicherheit ist an diesem Abend Feuer unter dem Dach der Dobsons! Shirley würde mein gefühlloses Verhalten zu Recht als verletzend empfinden und sich beeilen, die »Grenze des Respekts« zwischen uns wiederherzustellen. Ihr heftigen Gefühle wären völlig berechtigt.

Wir können das auch von der anderen Seite her betrachten. Nehmen wir einmal an, Shirley wisse, dass ich das Auto um 14 Uhr für etwas Wichtiges brauche, doch sie lässt mich wohl bedacht warten.

Vielleicht sitzt sie mit einer Freundin in einem Restaurant, trinkt Kaffee und unterhält sich. Inzwischen gehe ich zu Hause im Flur auf und ab und frage mich, wo sie nur bleibt. Es liegt sehr nahe, dass sie einiges über meine Unzufriedenheit zu hören bekommt, wenn sie zurückkehrt. Obwohl die Angelegenheit eher klein war, wurde doch die Grenze des Respekts überschritten.

Manche Dinge müssen in einer Ehe verteidigt werden. Ganz oben auf dieser Liste steht die »Grenze des Respekts« zwischen Mann und Frau.

Nur für uns ...

- Wann hatten wir zuletzt eine Auseinandersetzung, die unserer Beziehung gut tat?
- Habe ich kürzlich deine Grenze des Respekts überschritten?
- Inwiefern wird es unserer Ehe helfen, wenn wir die Grenze des Respekts aufrecht erhalten?

Lieber Herr, wir wollen einander Respekt erweisen, doch wir bekennen, dass wir sehr oft egoistisch und gefühllos sind. Vergib uns, Herr. Schenk uns Deine Gnade, wenn wir die Rechte verteidigen, die jeder von uns beiden hat und die die Grundlage unserer Zuneigung sind. Amen.

Donnerstag

Nach dem Streit

Lasst die Sonne nicht über eurem Zorn untergehen.
Epheser 4,26

Manchmal ist nicht ein Streit selbst die Katastrophe, sondern das, was danach folgt. Denken Sie kurz über verbale Auseinandersetzungen zwischen Ihnen und Ihrem Ehepartner nach. Ist deren Ergebnis im Normalfall eine heilende Versöhnung oder bleiben Problembereiche für ein »Rückspiel«? Werden Sie sich einig, diesen Streit zu vergessen, nachdem Sie sich darüber ausgesprochen haben oder folgt darauf eine längere Zeit von Distanz und Schweigen?

In instabilen Ehen wird ein Konflikt nie ganz gelöst und geklärt. Verstimmungen und verletzte Gefühle häufen sich mit der Zeit an und vergiften die Seele, und die Beziehung wird von innen her zerfressen. Doch in gesunden Beziehungen finden Konfrontationen ein Ventil, und sie enden in der Vergebung; die Partner rücken sich näher und verstehen sich besser.

Stellen Sie sich selbst nach einem Streit mit Ihrem Partner die folgenden vier wichtigen Fragen: *Habe ich etwas gesagt oder getan, durch das mein Partner gekränkt wurde? Muss ich um Vergebung bitten, weil ich das Selbstwertgefühl meines Partners angegriffen habe? Habe ich mich geweigert, ein problematisches Thema beiseite zu legen, und stattdessen gesagt, das sei erledigt? Gibt es wichtige Dinge, die noch nicht geklärt sind?* Dann beginnen Sie damit, dem Konflikt ein Ende zu bereiten – ehe die Sonne untergeht.

Nur für uns ...

- Haben wir bei unserer letzten Auseinandersetzung das Problem völlig geklärt?
- Enden unsere Konflikte gewöhnlich positiv, oder bleiben verletzte Gefühle und unbeantwortete Fragen?
- Was sollte sich bei uns ändern, damit wir unsere Konflikte lösen, »ehe die Sonne untergeht«?

Herr, schenke uns die Reife und Kraft, unsere Konflikte rasch zu lösen und ohne die Persönlichkeit des anderen zu verletzen. Wir wissen, dass das Dein Wille für uns ist, doch wir brauchen Deine Führung, um so zu leben. Amen.

Freitag

Heilige Motive

Wenn ihr mir gehorcht, bleibt ihr in meiner Liebe, genauso wie ich meinem Vater gehorche und in seiner Liebe bleibe.
Johannes 15,10

Zu Jesu Lebzeiten auf dieser Erde war Er der Inbegriff der Liebe und des Erbarmens – obwohl Er von Konflikten umgeben war. Er zögerte nicht, die Pharisäer zurechtzuweisen, wenn sie gegen Gottes Willen redeten oder handelten. Jesus tadelte sogar Petrus, als Sein Jünger die Prophezeiung, dass der Christus leiden und sterben müsse, zurückwies (Markus 8,31-33). Doch die Motive von Jesus waren rein und vollkommen. Mit Seinen Worten wollte Er nie Seine Zuhörer verletzen; Er sprach vielmehr aus einem Herzen, das voll Liebe gegenüber Seinen Kindern war.

Bitte prüfen Sie Ihre Motive genau, wenn Sie die Versuchung überkommt, mit Ihrem Partner zu streiten. Ist es Ihr Ziel, liebevoll etwas aufzuklären oder wollen Sie beweisen, dass Sie »Recht« haben? Reagieren Sie eventuell auf ein anderes Problem, das mit Ihrem Partner nichts zu tun hat? Geht es um ein wirklich wichtiges Problem, oder lassen Sie nur auf Kosten Ihres Partners Dampf ab?

Solange wir bei unseren Konflikten die Motive von Jesus Christus vor Augen haben und Seinem Vorbild folgen, so lange »bleiben wir in seiner Liebe« und unsere Ehen werden dem rechten Weg folgen.

Nur für uns …

- Hast du bei unserem letzten Streit das Gefühl gehabt, dass es mein Ziel war, den Sachverhalt mit Liebe aufzuklären? Oder hattest du den Eindruck, dass ich als Sieger aus der Schlacht hervorgehen wollte?
- Wie können wir uns bei Konflikten in unserer Ehe jesusähnlicher verhalten?
- Habe ich dich bei Auseinandersetzungen persönlich verletzt? Wenn ja, wirst du mir verzeihen?

Herr Jesus, Dir waren Konflikte keineswegs fremd, und wir danken Dir für Dein Vorbild, das uns Mut macht und anregt. Wir wollen Dir ähnlicher werden und Deinen Willen tun! Zeige uns ganz neu Deine Weisheit, wenn wir auf diesem Gebiet reifer werden wollen. Amen.

Samstag

Wenn das Verdeck davonfliegt

Haltet fest zusammen und habt Frieden untereinander. Dann wird der Gott der Liebe und des Friedens mit euch sein.
2. Korinther 13,11

Ich wundere mich manchmal, dass Leute annehmen, dass die Ehe von Jim und mir irgendwie »anders« sei, weil wir auf diesem Gebiet arbeiten und weil Jim Psychologe ist. Man meint dann leicht, wir lebten in einem traumähnlichen Zustand ehelicher Wonne, wo es keine Konflikte gebe. Glauben Sie mir, dies ist nicht der Fall. Wir haben dieselben Kämpfe durchzustehen wie Sie, sei es nun ausgelöst durch Müdigkeit, Ärger mit den Kindern, nicht genug Aussprache über das, was wir erwarten, oder etwas anderes.

Mir fällt dazu eine Begebenheit, die sich kurz nachdem wir verlobt waren, ereignete. Heute kommt einem das lustig vor, aber damals war es überhaupt nicht zum Lachen. Jim besaß seinerzeit ein Cabrio der Marke Mercury, Baujahr 1949, das wir »Old Red« nannten. Das war eine Katastrophe! Das Verdeck ging weder auf noch zu, die elektrischen Fensterheber funktionierten nicht, die Lichter gingen manchmal plötzlich aus und der Motor hatte die Angewohnheit, regelmäßig zu streiken. Jeden Sonntagnachmittag schoben wir den Wagen an. Das Schlimmste war, dass aus dem Vordersitz Federn herausragten, die sich in meinen Kleidern verhakten, was die Fahrten nicht gerade komfortabel machte. Ich hasste dieses Auto, doch Jim wollte keinen Kredit aufnehmen, um ein neues zu kaufen.

Der Gnadenstoß für dieses Gefährt kam, als Jim mich zu einem Vorstellungsgespräch abholte. Ich trug meine beste Kleidung, einen schwarzen Hosenanzug. Als wir mit etwa 80 km/h eine Straße entlangfuhren, flog das Verdeck plötzlich hoch. Drahtstücke und Segelstofffetzen flogen uns um die Ohren, und alles war voll Staub. Reste des Verdecks hingen noch hinten am Wagen und flatterten in der Luft wie Supermans Umhang.

Jim war dadurch so irritiert, dass er nicht anhalten konnte. Er brauste die Landstraße hinab; das Gestänge des Verdecks glänzte über uns in der Sonne. Um den herumfliegenden Teilen zu entkommen war ich unter das Armaturenbrett gerutscht und schrie Jim etwas zu. Jim, der mein Schreien hörte, während sein Wagen auseinander fiel, wurde immer wütender.

Irgendwie überlebten wir beide diesen Tag. Jim kaufte einige Monate später ein neueres Auto, und – was viel wichtiger war – wir haben unsere Verlobung nicht aufgelöst!

So ist das Leben, wenn man in das wundervolle Gefährt namens »Ehe« einsteigt. Man bleibt eine lange, wunderbare Fahrt über drin. Erwarten Sie, dass Unerwartetes geschieht! Es wird vermutlich an Ihren Nerven rütteln. Erwarten Sie, dass Sie nicht miteinander klarkommen. Hie und da kann sogar das Verdeck davonfliegen. Aber wenn Sie in Liebe und Treue verbunden bleiben, dann *können* Sie all jene unerwarteten und unerwünschten Konflikte überleben. Wie wir auch – schon 40 Jahre.

SMD

Siebzehnte Woche

Vergibst du mir?

Das Angesicht meines Feindes

von Corrie ten Boom

In einer Kirche in München sah ich ihn, den kahlköpfigen schweren Mann im grauen Mantel, einen zerdrückten braunen Filzhut in den unruhigen Händen. Die Leute drängten aus dem Kellerraum, in dem ich gerade gesprochen hatte. Langsam bewegten sie sich an den Stuhlreihen entlang auf die Tür zu.

Gottes Vergebung war die Wahrheit, die die Menschen in diesem ausgebombten Land am dringendsten brauchten. Nun benutze ich in meinen Predigten häufig Bilder, um bestimmte Wahrheiten besser erklären zu können. Und weil die See in der Vorstellungswelt eines Holländers einen ganz beträchtlichen Raum einnimmt, hatte ich den Leuten gesagt, Sündenvergebung bedeute, dass die Sünden ins Meer geworfen würden, und zwar dort, wo es am tiefsten sei. »Wenn wir unsere Sünden bekennen«, sagte ich, »dann wirft sie Gott in die Tiefe des Meeres, und zwar endgültig. Und wenn ich auch in der Bibel keinen Anhaltspunkt dafür finde, glaube ich doch, dass Gott dort eine Boje hinsetzt, auf der steht: Fischen verboten.«

Kein Lächeln antwortete mir. Ich blickte in ernste Gesichter, und ich fragte mich, ob sie den kleinen Scherz überhaupt verstanden hatten. 1947 wurde in Deutschland nach einer Predigt niemals eine Frage gestellt. Still standen die Leute auf, still hüllten sie sich in Mäntel und Tücher und verließen den Raum.

Und da sah ich ihn, wie er sich gegen den Strom der anderen durcharbeitete. Ich sah den Mantel und den braunen Hut, und im nächsten Augenblick eine blaue Uniform und ein Käppi mit dem Totenkopf und den gekreuzten Knochen. Da stand ich wieder in dem großen Raum mit dem schmerzend hellen Licht; dem Haufen von Kleidern und Schuhen in der Mitte des Raumes. Die Scham, nackt an diesem Mann vorbeigehen zu müssen! Ich sah die gebrechliche Gestalt meiner Schwester vor mir; die Rippen zeichneten sich scharf ab; die Haut wie Pergament. Betsie, wie dünn bist du geworden!

Das war in Ravensbrück, und der Mann, der Mühe hatte, bis zu mir durchzudringen, war Wärter gewesen – einer der grausamsten Wärter im Lager.

Nun stand er vor mir mit ausgestreckter Hand. »Eine gute Botschaft, Fräulein!« sagte er. »Wie gut ist es doch, dass, wie Sie sagen, alle unsere Sünden auf dem Grund des Meeres liegen!«

Und ich, die so eindrücklich über Vergebung gesprochen hatte, machte mir an meinen Notizen zu schaffen, um seine Hand nicht nehmen zu müssen. Er würde sich an mich nicht erinnern, natürlich nicht; wie hätte er sich an eine Gefangene unter den Tausenden von Frauen erinnern können?

Aber ich erinnerte mich an ihn und an die Lederpeitsche, die in seinem Gürtel steckte. Ich stand vor meinem Peiniger, vor meinem Sklavenhalter. Mein Blut gefror.

»Sie erwähnten Ravensbrück in Ihrer Predigt«, sagte er. »Ich war Wärter dort.«

Nein, er erkannte mich nicht.

»Aber das ist vorbei« fuhr er fort. »Ich bin Christ geworden. Ich weiß, dass Gott mir alle Grausamkeiten, die ich dort getan habe, vergeben hat. Aber ich möchte es auch noch aus Ihrem Mund hören. Fräulein« – wieder streckte er mir seine Hand entgegen – »können Sie mir vergeben?«

Da stand ich nun – ich, der Sünden wieder und wieder vergeben wurden – und konnte es nicht! Betsie war dort gestorben. Konnte er ihren langsamen, schrecklichen Tod ausradieren – einfach mit dieser Bitte?

Es können nur ein paar Sekunden gewesen sein, dass er dastand mit seiner ausgestreckten Hand, aber für mich waren es Stunden, denn ich musste mit der schwierigsten Sache fertig werden, mit der ich es je zu tun gehabt hatte.

Denn ich musste es tun. Ich wusste das. Die Botschaft von der Vergebung Gottes hat eine entscheidende Voraussetzung: dass wir denen vergeben, die an uns schuldig geworden sind. »Wenn ihr den Menschen ihre Übertretungen nicht vergebt«, sagt Jesus, »wird auch der Vater im Himmel euch eure Übertretungen nicht vergeben.«

Das wusste ich – nicht nur als Gebot Gottes, sondern auch aus täglicher Erfahrung. Seit dem Ende des Krieges unterhielt ich in Bloemendaal das Heim für Opfer des Naziregimes, und gerade dort konnte ich es doch mit Händen greifen: Nur die, die ihren früheren Feinden vergeben konnten, waren in der Lage, zurückzufinden und neu anzufangen, gleich, in welchem körperlichen Zustand sie sich befanden. Wer seine Bitterkeit pflegte, blieb Invalide. Das war ebenso einfach wie schrecklich.

Und ich stand da mit meinem kalten Herzen. Aber Vergebung ist kein Gefühl – das wusste ich auch. Vergebung ist ein Akt des Willens, und der Wille kann ohne Rücksicht auf die Temperatur des Herzens handeln.

»Jesus, hilf mir«, betete ich leise. »Ich kann meine Hand heben. Das wenigstens kann ich tun. Das Gefühl musst du dazu tun.«

Hölzern, mechanisch legte ich meine Hand in die ausgestreckte Hand des Mannes. Als ich es tat, geschah etwas Unglaubliches. Die Bewegung entstand in meiner Schulter, sie strömte in meinen Arm und sprang in die umschlossene Hand. Und dann schien diese heilende Wärme mein ganzes Sein zu durchfluten. Tränen kamen mir in die Augen.

»Ich vergebe dir, Bruder« weinte ich. »Von ganzem Herzen.«

Einen langen Augenblick lang hielten wir uns die Hände, der frühere Wärter und die frühere Gefangene. Ich hatte Gottes Liebe noch nie so intensiv erlebt wie in diesem Augenblick.

Aber mir war auch klar, dass es nicht meine Liebe war. Es war die Kraft des Heiligen Geistes, von dem es in Römer 5, Vers 5 heißt: »... weil die Liebe Gottes ausgegossen ist in unsere Herzen durch den Heiligen Geist, der uns gegeben ist.«

Ein Blick voraus ...

Ich kann mir keine Situation und keine Umstände vorstellen, in denen es schwieriger ist, zu vergeben, als die Lage, in der sich Corrie befand. Sie hatte mit dem routinemäßigen Morden, dem Verlust jeder Würde, mit der Grausamkeit und dem Hungertod leben müssen, die von den Händen des Mannes ausgegangen waren, der ihr nun gegenüberstand. Jeder natürliche Impuls – jede aufwallende Wut, aller Zorn –

würde danach verlangen, dass sie sich an ihrem früheren Peiniger rächte. Sie trug immer noch die Bilder ihres Vaters, ihrer ausgemergelten Schwester und anderer Familienmitglieder mit sich, die durch die Hände der Nazis ums Leben gekommen waren. Ich frage mich, ob ich die moralische Kraft aufgebracht hätte, diesem Wärter zu vergeben und auf Rache und Wiedergutmachung zu verzichten. Doch Corrie ten Boom war in der Lage, genau dies zu tun. So zeigte sie vielen Menschen, was Jesus meinte, wenn er in Seinen Geboten davon sprach, »die andere Wange hinzuhalten«.

Dies ist die Frage, die sich daraus für uns ergibt: Wenn Corrie ten Boom denen vergeben konnte, die sie einst gefangen nahmen – und wenn Jesus den römischen Soldaten und dir und mir vergeben konnte, dass wir ihn am Kreuz getötet haben –, können wir dann nicht in unserem Herzen Wege finden, die Fehler und verletzenden Taten unseres unvollkommenen Ehepartners zu vergeben? Wir sind absolut verpflichtet, es zu tun, denn wir werden sonst zu Mitleid erregenden Krüppeln, die in einem Gefängnis von Bitterkeit und Hass stecken.

JCD

Montag

Kraft zur Vergebung finden

»Wenn ihr betet, so vergebt zuerst allen,
gegen die ihr einen Groll hegt,
damit eure Vater im Himmel euch
eure Sünden auch vergeben kann.«
Markus 11,25

Zu vergeben ist nicht einfach, doch es ist der erste entscheidende Schritt zur Heilung. Eine Frau schrieb einmal, dass ihr Mann, mit dem sie seit zwei Jahren verheiratet war, eine Beziehung zu einer jungen Witwe gehabt hatte, die daraufhin ein Kind von ihm erwartete. Die Frau wollte sterben; sie wollte auch ihren Mann und die Witwe umbringen. Doch sie wusste, dass dies nicht die Lösung war, die sie suchte. Daher betete sie zu Gott und der Herr gab ihr die Kraft, ihrem Mann und der Witwe zu vergeben.

Das Kind kam auf die Welt, und das Ehepaar zog es auf wie ein eigenes. Es sollte ihr einziges Kind bleiben. In 50 Jahren Ehe sprachen die beiden nie mehr über diesen Vorfall. »Doch«, schrieb die Frau, »ich habe die Liebe und Dankbarkeit tausendmal in seinen Augen gesehen.«

Da sie Gott um Seine Hilfe gebeten hatte, fand die Frau Frieden, eine liebevolle Ehe und ein Kind, das sie sonst nicht bekommen hätte. Wenn in Ihnen wieder einmal Ärger und Verdruss hochsteigen, dann fallen Sie auf Ihre Knie und bitten den Herrn, dass Er Ihr Herz so heile, wie Er es möchte. Wir glauben, dass Er dieses Gebet hören und beantworten wird.

Nur für uns …

- Bei wem fiel es dir am schwersten zu vergeben? Warum?
- Gibt es jemanden, dem du nicht vergeben hast?
- Wie hat Gott dich belohnt, wenn du jemandem vergeben hast?
- Steht etwas zwischen uns, das vergeben werden muss? Was ist das?
- Inwiefern wird durch die Vergebung unsere Ehe in Zukunft stärker?

Lieber Herr Jesus, Vergebung kostet manchmal so viel und schmerzt noch mehr! Doch Du vergibst uns – und nun forderst Du uns auf, anderen zu verzeihen. Lehre uns die heilende Macht der Vergebung. Hilf uns, dass wir dieses Geschenk der Liebe immer wieder neu in unsere Ehe einbringen. Amen.

Dienstag

Der Preis der Verbitterung

»Nein!«, antwortete Jesus, »[vergebt] siebzig mal sieben Mal!«
Matthäus 18,22

Genauso, wie wir der Weisung der Bibel zum Vergeben gehorchen sollen, so sollten wir auch in Betracht ziehen, welche enormen Folgen es hat, wenn wir dabei versagen. Wenn man Vergebung zurückhält, so führt das zu Bitterkeit, die, wie Neil T. Anderson es ausdrückt, wie »Batteriesäure in der Seele« ist. Bitterkeit führt zu Verärgerung und Wut, zu Verstimmung, zu Depressionen, Gesundheitsproblemen, zur Isolation, zur Suchtgefährdung usw. Sie folgt jemanden so lange, bis er oder sie sich damit abgefunden hat. Menschen, die in sich die Bitterkeit festhalten, fügen sich selbst mehr seelische Verletzungen bei, als denen, derentwegen sie verbittert sind.

Doch Bitterkeit verlangt noch einen anderen Preis. Jesus erzählte ein Gleichnis von einem uneinsichtigen Schuldner, einem Diener, der, nachdem ihn sein Herr von einer hohen Schuldenlast befreit hatte, eine kleinere Schuld von einem anderen Diener zurückbezahlt haben wollte. Der Herr ließ diesen Diener verhaften und einsperren. »Genauso wird mein Vater im Himmel mit euch verfahren«, sagte Jesus, »wenn ihr euch weigert, euren Brüdern und Schwestern zu vergeben« (Matthäus 18,35).

Für Ehepaare, die in ihrer Ehe Gottes Weg gehen wollen und die das Beste für ihre Beziehung suchen, ist Vergebung nicht nur ein Vorschlag, sondern ein geistliches Gebot!

Nur für uns …

- Warum schadet mangelnde Vergebung mehr uns selbst als demjenigen, der uns Unrecht getan hat?
- Ist einer von uns beiden heute über irgendetwas sauer? Warum?
- Welche Schritte der Vergebung können wir gemeinsam unternehmen?
- Wie können wir in Zukunft Verbitterung vermeiden?

Lieber Herr, Du hast klar und deutlich die Konsequenzen genannt, die es hat, wenn man nicht vergibt. Hilf uns, auf Dich zu hören und Dir zu gehorchen. Wir wollen Dir zur Freude leben und einander dadurch segnen, dass wir uns gegenseitig vergeben, ohne zu zögern. Amen.

Mittwoch

»Ich entscheide mich, zu vergeben«

Vergesst nicht, dass der Herr euch vergeben hat und dass ihr deshalb auch anderen vergeben müsst.
Kolosser 3,13

C. S. Lewis führte einmal aus, dass »zu vergeben nicht heißt, etwas zu entschuldigen ... Wenn dem so wäre, so gäbe es nichts zu vergeben.« Die Leute von Paducah (Kentucky) haben das verstanden. Vor einigen Jahren schoss der 14-jährige Michael Carneal auf eine Gruppe von Oberschülern, die sich zum Gebet zusammengefunden hatten. Nach wenigen Sekunden waren zehn von ihnen verletzt, drei davon schwer. Ein Mädchen starb an den Folgen ihrer Verletzungen. Doch die Schüler und die Bürger des Ortes waren erstaunlicherweise bereit, zu vergeben. An der Oberschule hingen Plakate aus, auf denen stand: »Michael, wir vergeben dir.« Kelly Carneal, Michaels Schwester, wurde nicht nur von ihren Altersgenossinnen in die Arme genommen, sondern sie wurde sogar dazu eingeladen, in dem Chor mitzusingen, der an der Beerdigung des getöteten Mädchens sang. Während des jährlichen Weihnachtsumzugs legten die Menschen einen Moment der Stille ein, um für Michael und seine Familie zu beten. Ein Mädchen drückte es treffend so aus: »Ich kann Michael hassen und die Narben seiner Tat zeitlebens mit mir tragen. Doch ich entscheide mich, ihm zu vergeben und darüber hinwegzukommen.«

Dr. Arch Hart, ein Christ und Psychologe, sagt:« Vergebung heißt, dass ich auf das Recht verzichte, dich zu verletzen, weil du mich verletzt hast.« Zu vergeben heißt, sich zu entscheiden, und daher ist Vergebung kein Gefühl. In unseren Ehen müssen wir uns oft entscheiden, die richtige Einstellung zu haben, ehe unser verletztes Herz Heilung finden kann. Selbst wenn wir es nicht unter Kontrolle haben, wie wir uns fühlen, können wir doch bestimmen, wie wir handeln und was wir mit unserem Kummer machen.

Nur für uns …

- Auf welche Weise gab Jesus uns ein Leitbild für die Vergebung?
- Ist da jemand in unserer Familie, unserem Ort oder unserem Bekanntenkreis, der etwas Unrechtes getan hat, was weithin bekannt wurde? Wie können wir dieser Person Vergebung erweisen?
- Ist es nötig, zu vergessen, wenn man vergibt?

Herr, danke, dass Du uns zeigst, wie man vergibt. Wir wollen uns in unserer Ehe dazu entscheiden, zu vergeben, selbst wenn wir uns nicht danach fühlen. Wir vertrauen Dir darin, dass Du unsere Gefühle und Erinnerungen zu Deiner Zeit heilen wirst. Amen.

Donnerstag

Gib es zu, wenn du im Unrecht bist

Wenn wir ihm unsere Sünden bekennen,
ist er treu und gerecht, dass er uns vergibt
und uns von allem Bösen reinigt.
1. Johannes 1,9

Es fällt Eltern meist sehr schwer, ihre Kinder um Vergebung zu bitten. Sie haben das Gefühl, dass es irgendwie ihrer Autorität schadet, wenn sie zugeben, dass sie falsch gehandelt haben, und versprechen, es in Zukunft besser zu machen. Aber ich (JCD) meine, dass es für eine Mutter und für einen Vater gesund ist, ihrem Kind ein Vorbild darin zu sein, wie man sich entschuldigt, wenn man etwas falsch gemacht hat.

Eines Abends vor ein paar Jahren war ich auf meine zehnjährige Tochter Danae sauer. Ich tadelte sie für etwas, was nicht ihr Fehler war und ärgerte sie unnötigerweise. Nachdem ich zu Bett gegangen war, wurde mir klar, dass ich mich bei ihr entschuldigen musste. Am nächsten Morgen sagte ich: »Danae, ich glaube, du weißt, dass Papas keine vollkommenen Menschen sind. Ich weiß, dass das gestern Abend nicht fair war. Ich war furchtbar sauer, und ich bitte dich, mir zu verzeihen.« Danae umarmte mich und sagte dann etwas, das mich total schockierte: »Ich wusste, dass du dich entschuldigen würdest, Papa, und es ist in Ordnung. Ich vergebe dir.«

Wenn Eltern nie ihre Fehler zugeben, dann erinnern sich ihre Kinder als Erwachsene immer noch an all die Kränkungen, die sie früher erlebt haben. Statt dass die Luft bereinigt und das intakte Verhältnis wiederhergestellt wird, werden die verletzten Gefühle im Gedächtnis gespeichert und nagen dort weiter. Des weiteren sagt ein Elternteil, wenn er oder sie einen Fehler zugibt, dass sich die Dinge in Zukunft ändern werden – dass er oder sie versuchen wird, denselben Fehler in Zukunft nicht mehr zu begehen. Gesunde Familien leben mit diesen Prinzipien der Vergebung – die für *alle* gelten!

Nur für uns …

- Warum übersehen wir so leicht die Notwendigkeit, unsere Kinder um Vergebung zu bitten?
- Was wird erkennbar, wenn wir unsere Kinder um Vergebung bitten?

Himmlischer Vater, es ist nie leicht, einen Fehler zuzugeben – vor allem gegenüber Kindern. Gib uns den Mut, unsere Kinder um Vergebung zu bitten, wenn es berechtigt ist. Möge unsere Familie ohne bleibende Bitterkeit und ohne seelische Wunden gedeihen! Amen.

Freitag

Die Barrikade »Stolz«

Ich hasse Hochmut, Stolz,
ein Leben voller Unrecht und Lüge.
Sprüche 8,13

In der Mitte Ihres Weges zur Vergebung versperrt vielleicht eine riesige Barrikade namens »Stolz« den Weg. Sie wissen in Ihrem Herzen, dass Sie Ihre Frau mit jener Bemerkung über ihr Äußeres, ihre Intelligenz oder ihre Familie beleidigt haben. Sie erkennen, dass Sie Ihren Mann mit jener Äußerung über seinen Egoismus oder seine Geldverschwendung verletzt haben. Doch irgendetwas hält Sie davon ab, den Fehler zuzugeben und Vergebung zu suchen. Obwohl Sie wissen, dass Sie schuldig sind, bringen Sie die Worte einfach nicht über Ihre Lippen. Vielleicht reicht es gerade noch zu einem hervorgequetschten »Sorry!«, aber Sie möchten nicht wissen, ob das Ihr Partner überhaupt gehört hat.

Stolz ist für menschliche Beziehung äußerst schädlich. Vielleicht ist dies die Sünde, die Gott am meisten hasst, denn über 100 Stellen der Bibel beziehen sich darauf. In Sprüche 6,17-19 werden sieben Dinge beschrieben, die Gott verabscheut, und das erste davon ist »ein stolzer Blick«. Falls Sie oder Ihr Ehepartner eine stolze Haltung an den Tag legen, die Sie hindert, Vergebung und Aussöhnung zu suchen, dann *wird* das Ihre Ehe zerstören. Wir raten Ihnen, den Stolz hinunterzuschlucken und miteinander zu reden – wer auch immer der oder die Schuldige ist. Wenn Sie damit erst einmal begonnen haben, warum räumen Sie dann nicht noch eine Barrikade aus dem Weg und suchen beim Herrn Vergebung für Ihr stolzes Herz?

Nur für uns …

- Hat in der Vergangenheit schon einmal mein Stolz unsere Beziehung gestört? Inwiefern?
- Inwiefern war es in der Vergangenheit ein Segen, wenn wir unseren Stolz hinuntergeschluckt haben?

- Wie können wir die Barrikade »Stolz« aus dem Weg räumen und eine festere, engere Beziehung bekommen?

Lieber Herr Jesus, wir danken Dir dafür, dass Du unser Vorbild für Demut und Barmherzigkeit bist. Vergib uns, wo wir einander starrköpfig und voll Stolz begegnet sind. Wir wollen uns ändern. Hilf uns, unseren Stolz abzulegen, Fehler zuzugeben und demütig um Vergebung zu bitten. Amen.

Samstag

Schwarzer Sonntag

»Wenn er dir sieben Mal am Tag Unrecht tut und jedes Mal umkehrt und um Vergebung bittet, vergib ihm.«
Lukas 17,4

Jede Familie kennt einzelne Augenblicke, die sie am liebsten vergessen würde – Momente, die später viel Verständnis und Vergebung brauchen. Als unsere Kinder noch zu Hause waren, war unserer Meinung nach der Sonntag meist der frustrierendste Tag der Woche, vor allem in der Zeit des »Macht euch fertig, wir gehen zum Gottesdienst!« Doch der eine »Schwarze Sonntag« war so chaotisch wie sonst keiner!

Für Jim und mich begann der Tag damit, dass wir erst spät aufstanden. Das bedeutete, dass sich jeder beeilen musste, um rechtzeitig zum Gottesdienst zu kommen. Dann war da die Sache mit der verschütteten Milch und der schwarzen Schuhcreme auf dem Boden. Schließlich gelang es Ryan, der als Erster fertig war, das Haus durch die Hintertüre zu verlassen und von oben bis unten verdreckt zurückzukommen. Während sich diese Ärgernisse immer mehr zuspitzten, wechselten kritische und anschuldigende Worte hin und her. Schließlich wurden ein Mal Prügel verteilt, und weitere drei oder vier Mal wurden sie angedroht.

Nach dem Gottesdienst am Sonntagabend versammelten wir die Familie. Wir erzählten, wie wir den Tag erlebt hatten, und baten jeden, uns das zu vergeben, was wir ihm bzw. ihr angetan hatten. Wir gaben auch jedem Kind die Möglichkeit, seine bzw. ihre Gefühle über diesen Tag auszusprechen. Ryan durfte beginnen, und er zielte direkt auf mich. »Du warst heute eine richtige Nörgeltante, Mama!«, sagte er. »Nichts konnte ich dir recht machen.« Danae ergoss danach ihre Vorwürfe und Frustrationen. Zu guter Letzt hatten Jim und ich die Gelegenheit, zu erklären, was unsere Überreaktion ausgelöst hatte. Dies war eine wertvolle Zeit, um Dampf abzulassen und sich ehrlich auszusprechen, die uns aufs Neue zusammenband. Wir beteten dann als ganze Familie und baten den Herrn, uns zu helfen, in Liebe und Harmonie zusammenzuleben und -zuarbeiten.

So sehr wir es auch versuchen, wir werden immer wieder Zeiten erleben, in denen wir darin versagen, unseren biblischen und christlichen Grundsätzen gemäß zu leben. Wenn diese Zeiten eintreten, dann sind Aussprache und Vergebung die besten Methoden, um verletzte Beziehungen zu heilen. Ich rate Ihnen eindringlich, in solchen Momenten aktiv Vergebung bei den anderen und bei Gott zu erbitten und selbst auch Vergebung anzubieten.

Und wenn Sie schon dabei sind, dann vergeben Sie auch sich selbst. Wenn Gott an das Meer, in das Er unsere Sünden geworfen hat, eine Tafel anbringt: »Fischen verboten!«, dann sollten Sie und ich es genauso machen.

SMD

Achtzehnte Woche

Du bist ein Schatz

Johnny Lingo's Acht-Kühe-Frau

von Patricia McGerr

Als ich zu den Inseln des Südpazifiks reiste, nahm ich ein Notizbuch mit. Zwischen einigen Verpflichtungen in Japan hatte ich eine Pause von drei Wochen und so mietete ich ein Boot und segelte nach Kiniwata. Mein Notizbuch war mir in dieser Zeit sehr nützlich. Doch als ich wieder zurück war, war von all den Notizen dies der einzige Satz, der mich noch interessierte: »Johnny Lingo gab Saritas Vater acht Kühe.«

Johnny Lingo war nicht sein richtiger Name, doch ich schrieb ihn so nieder, denn ich erfuhr von den acht Kühen durch Shenkin, den dicken Manager des Gästehauses auf Kiniwata. Er stammte aus Chicago und hatte die Angewohnheit, die Namen der Inselbewohner zu amerikanisieren. Er war nicht der Einzige, der über Johnny Lingo sprach. Dieser Name fiel in vielen Gesprächen und in vielen Zusammenhängen. Falls ich einige Tage auf der Insel Nurabandi verbringen wolle, dann könne mich Johnny Lingo hinüberbringen, so sagte man mir, denn er besaß ein Haus mit fünf Zimmern – ein unerhörter Luxus! Falls ich fischen wolle, dann könne er mir zeigen, wo das am besten ginge. Falls ich frisches Gemüse wolle, dann sei sein Garten der grünste. Falls ich Perlen suchen wolle, so würde ich durch seinen Geschäftssinn die besten Schnäppchen finden. O, die Menschen von Kiniwata sprachen von Johnny Lingo in den höchsten Tönen. Doch wenn sie von ihm sprachen, lächelten sie dabei, und das sah immer ein wenig spöttisch aus.

»Egal was Sie suchen, bitten Sie Johnny Lingo um seine Hilfe und dann lassen Sie ihn die Sache aushandeln«, riet mir Shenkin, als ich auf der Veranda seines Gästehauses saß und mir überlegte, ob ich Nurabandi besuchen sollte. »Er ist sein Geld wirklich wert. Johnny kennt sich aus und weiß, wie man ein gutes Geschäft macht.«

»Johnny Lingo!« Der pausbäckige Junge auf den Stufen zur Veranda rief diesen Namen aus, fasste mit den Armen um seine Knie und wackelte schrill lachend hin und her.

»Was soll das heißen?«, fragte ich. »Jeder hier sagt mir, ich solle mit Johnny Lingo Kontakt aufnehmen, fängt dann aber an zu lachen. Sagt mir, was daran so witzig ist.«

»Sie lachen gerne«, sagte Shenkin. Er zuckte mit seinen riesigen Schultern. »Und Johnny ist der aufgeweckteste, schnellste und stärkste junge Mann auf all diesen Inseln. Daher lachen sie gerne über ihn.«

»Doch wenn er so ist, wie Sie ihn beschreiben, was gibt es dann zu lachen?«

»Da ist nur eine Sache. Vor fünf Monaten – es war zur Zeit des Herbstfestes –, da kam Johnny nach Kiniwata und fand eine Frau. Er bezahlte ihrem Vater acht Kühe!«

Er sprach die letzten Worte sehr feierlich aus. Ich wusste genug über die Sitten und Bräuche auf diesen Inseln und war sehr beeindruckt. Zwei oder drei Kühe hätten für eine normale Frau ausgereicht, vier oder fünf hätte ein Mann für eine außergewöhnliche Frau bezahlen müssen.

»Acht Kühe!«, rief ich erstaunt aus. »Sie muss eine Schönheit sein, die einem den Atem verschlägt.«

»Wenn man es nett ausdrücken will, muss man Sarita unansehnlich nennen«, war Shenkins Antwort. »Sie war mager. Sie lief mit einem Buckel und herabhängendem Kopf herum. Sie erschrak über ihren eigenen Schatten.«

»Warum dann die acht Kühe?«

»Keine Ahnung«, sagte er. »Und das ist der Grund, warum die Menschen hier lachen, wenn sie von Johnny reden. Sie finden ein besonderes Vergnügen an der Tatsache, dass Johnny, der beste Händler auf diesen Inseln, von Saritas Vater, dem dummen alten Sam Taroo, so übers Ohr gehauen wurde.«

»Acht Kühe!«, sagte ich ungläubig. »Ich möchte diesen Johnny Lingo gern kennen lernen.«

Und so segelte ich am nächsten Tag nachmittags nach Nurabandi und traf Johnny in seinem Haus, wo ich ihn nach seinem Handel mit den acht Kühen fragte. Ich nahm an, dass er dies wegen seiner Eitelkeit und seines Rufes getan hatte – bis Sarita den Raum betrat. Sie war die schönste Frau, die ich je gesehen hatte. Wie sie ihre Schultern hob, wie sie ihr Kinn hielt, wie ihre Augen leuchteten – das alles drückte einen Stolz aus, auf den sie von Natur aus Anspruch zu haben schien.

Ich wandte mich wieder an Johnny, nachdem sie hinausgegangen war.

»Du bewunderst sie?«, fragte er.

»Sie ... sie ist wundervoll«, sagte ich. »Aber sie ist nicht Sarita von Kiniwata.«

»Es gibt nur eine Sarita. Vielleicht sieht sie nicht so aus, wie sie auf Kiniwata ausgesehen hat.«

»In der Tat.« Der Eindruck, den dieses Mädchen auf mich gemacht hatte, ließ mich die normalen Gepflogenheiten vergessen. »Ich hörte, dass sie hausbacken sei. Sie machen sich alle über dich lustig, weil du dich von Sam Karoo hast betrügen lassen.«

»Du meinst, acht Kühe wären zu viel?« Ein Lächeln huschte über seine Lippen.

»Nein. Aber wie kann sie sich so sehr ändern?«

»Haben Sie jemals überlegt«, fragte er, »was es für eine Frau bedeuten muss, zu wissen, dass ihr Mann für sie den niedrigsten Preis bezahlt hat, für den sie zu bekommen war? Wenn sich die Frauen später damit brüsten, was ihre Männer für sie bezahlt haben, dann spricht die eine von vier Kühen, die andere vielleicht von sechs. Wie fühlt sich aber jene Frau, die für eine Kuh oder für zwei Kühe zu bekommen war? Das kann meiner Sarita nicht passieren.«

»Dann hast du das nur getan, um sie glücklich zu machen?«, fragte ich.

»Ich wollte, dass Sarita glücklich ist, ja. Doch ich wollte mehr als das. Sie sagen, sie sei anders. Das ist wahr. Vieles kann eine Frau verändern. Manches davon spielt sich in ihr ab, manches außerhalb von ihr. Doch am meisten wirkt sich das aus, was sie über sich selbst denkt. In Kiniwata dachte Sarita, sie sei nichts wert. Nun weiß sie, dass sie mehr wert ist als irgendeine andere Frau auf den Inseln.«

»Dann wollten Sie ...«

»Ich wollte Sarita heiraten. Ich liebte sie und keine andere Frau.«

»Aber ...«

»Aber«, schloss er sanft, »ich wollte eine Acht-Kühe-Frau.«

Ein Blick voraus …
Jemand sagte einmal: »Wir sind nicht das, was wir meinen, dass wir sind. Wir sind auch nicht das, was andere über uns denken. Wir sind vielmehr das, was wir *meinen*, dass andere es über uns denken.« Mit anderen Worten: Wie wir unseren Wert einschätzen, das ist in hohem Maße davon abhängig, wie Menschen auf uns reagieren und welchen Respekt oder welche Verachtung sie uns gegenüber Tag für Tag zeigen. Durch diese Wechselwirkungen in menschlichen Beziehungen entsteht unser Selbstkonzept, und das geht in Nuancen in unsere Persönlichkeit.

Johnny Lingo war in der Tat ein großartiger Mann. Er war scharfsinnig genug um zu wissen, dass seine Verhandlungen mit Saritas Vater ein für allemal das Selbstkonzept der Frau festlegen würden, die er liebte. Deshalb legte Sarita solche Zuversicht und Schönheit an den Tag. Ich möchte den Ehemännern und -frauen, die dieses Buch lesen, sagen: *Sie* haben die Macht, die Selbstachtung des bzw. der anderen zu verbessern oder zu verschlechtern. Sie sollten jede sich bietende Gelegenheit nutzen, um sie aufzubauen. An den nächsten Abenden werden wir darüber reden, wie man das macht.

JCD

Montag

Werte, die sich verändern

Ich danke dir, dass du mich so
herrlich und ausgezeichnet gemacht hast!
Wunderbar sind deine Werke,
das weiß ich wohl.
Psalm 139,14

Wenn ich (JCD) die Karikatur eines Erwachsenen zeichnen sollte, der sein Leben lang an mangelndem Selbstvertrauen leidet, so würde ich einen gebeugten, müden Wanderer darstellen. Auf seinen Schultern läge das Ende einer kilometerlangen Kette, die an Tonnen von Abfall gebunden wäre. Auf jedem Stück Müll stünde die Bezeichnung einer Demütigung, die seinen Zustand herbeiführte: ein Versagen, eine Zurückweisung, etwas Beschämendes aus seiner Vergangenheit. Der Wanderer könnte die Kette fallen lassen, doch er ist davon überzeugt, dass er diese schwere Last sein Leben lang mit sich tragen muss.

Wenn Sie in diesem Bild Ihr persönliches Selbstkonzept erkennen, dann sollten Sie begreifen, dass Sie sich selbst von der Last Ihrer Kette frei machen können. Sie haben sich selbst abgewertet – auf Grund von Maßstäben, die sich laufend ändern. In den 20er-Jahren des letzten Jahrhunderts war es bei Frauen üblich, sich durch plastische Chirurgie die Größe der Brüste verkleinern zu lassen – heute unterziehen sich viele Frauen eines chirurgischen Eingriffs, um das Gegenteil zu erreichen. Im Hohenlied Salomos bittet die Braut ihren Geliebten, ihre dunkle, wohlgebräunte Haut nicht zu beachten – doch heute wäre sie mit einer solchen Haut der Star am Strand. Rembrandt zeichnete übergewichtige Frauen, doch heute ist schlank sein »in«.

Wenn wir damit zufrieden sein wollen, was wir als Gottes Geschöpfe sind, dann müssen wir unser Selbstkonzept auf Seine Werte gründen, nicht auf die Auffassungen von Menschen, die sich permanent ändern.

Nur für uns …

- Hast du dich jemals wie der müde Wanderer gefühlt, wie er oben beschrieben ist?
- Hast du manchmal sogar das Gefühl, selbst Gott könne dich nicht lieben?
- Welche Gefühle von Minderwertigkeit oder Unzulänglichkeit trägst du mit dir? Was würde Gott zu deinem »Müll« sagen?
- Trage ich dazu bei, dass dein Bild von dir selbst sich bessert, oder bin ich ein Teil deines Problems?

Herr, öffne unsere Augen für die Halbwahrheiten und Lügen über uns selbst, die uns in Ketten gefangen halten. Wir sind nach Deinem Bilde geschaffen. Mögen wir uns tagtäglich diese wunderbare Wahrheit gegenseitig bestätigen! Amen.

Dienstag

Liebe im Spiegel

Nicht sieht der Herr auf das, worauf ein Mensch sieht.
1. Samuel 16,7

Es wirkt sich auf das Selbstbewusstsein vieler Menschen oft negativ aus, dass man in unserer Gesellschaft großen Wert auf äußere Attraktivität legt. Denken wir hier z. B. an die Geschichte von Peter Foster, eines Piloten der Royal Air Force im Zweiten Weltkrieg. Während eines Luftangriffs wurde er das Opfer eines fürchterlichen Feuers. Er überlebte, aber sein Gesicht war durch Brandverletzungen so entstellt, dass er nicht mehr zu erkennen war. Während er im Krankenhaus lag, litt er unter Ängsten, ob seine Familie – und vor allem seine Verlobte – ihn so annehmen würde. Sie taten es. Seine Verlobte sicherte ihm zu, dass sich zwischen ihnen nichts geändert habe, außer einigen Millimetern Haut. Zwei Jahre später heirateten sie.

Foster sagte über seine Frau: »Sie wurde mein Spiegel. Sie gab mir ein neues Bild von mir selbst. Wenn ich sie ansehe, schenkt sie mir ein warmes, liebevolles Lächeln, das mir sagt, dass ich okay bin.«

So sollte eine Ehe wirken: Sie sollte eine Stätte wachsender gegenseitiger Anerkennung sein, wo man Millionen von Fehlern übersieht und die Selbstachtung beider Partner aufbaut. Wir wollen jeweils der Spiegel des anderen werden und bei jeder Gelegenheit, die sich bietet, Liebe und Bewunderung widerspiegeln.

Nur für uns …

- Wann habe ich dir das letzte Mal ein Kompliment über dein Äußeres gemacht?
- Ist unsere Ehe eine »Stätte wachsender gegenseitiger Anerkennung«?
- Würdest du mich immer noch lieben, wenn ich so entstellt wäre wie Peter Foster?
- Was sieht – deiner Meinung nach – der Herr in mir?
- Wie kann ich dir ein besserer »Spiegel« werden?

Herr Jesus, Du kamst, um Deine Gegenwart und Liebe zu allen Menschen zu bringen – unabhängig vom Aussehen oder von ihrem Können, von ihrer Gesundheit oder Verfassung. Hab vielen Dank dafür! Mögen wir doch in unserer Ehe gegenseitig dieselbe begeisterte und bedingungslose Liebe widerspiegeln. Amen.

Mittwoch

Leib und Geist

Habt keine Angst; ihr seid Gott kostbarer als ein ganzer Schwarm Spatzen.
Matthäus 10,31

Neben der heutigen Manie nach körperlicher Schönheit gibt es noch andere Hindernisse für Frauen, die ihr Selbstvertrauen aufrechterhalten wollen. Dazu gehört z. B. mangelnde Anerkennung für Frauen und Mütter, die sich dazu entschieden haben, die traditionelle Tätigkeit einer Hausfrau zu übernehmen. Auch fühlen sich viele Frauen – insbesondere Mütter kleiner Kinder – zu Hause isoliert. Ihre Männer sind körperlich und geistig »woanders« und kümmern sich um ihre Karriere oder pflegen ihre Hobbys (oder beides). Die Folgen davon sind oft verheerend, denn Frauen neigen dazu, ihr Selbstwertgefühl von der emotionalen Nähe abhängig zu machen, die eine Beziehung bietet.

Was ist die Lösung für dieses Problem? Wir raten Ihnen als Ehemann eindringlich, bei Ihrer Frau leiblich und geistig präsent zu sein. Nehmen Sie sich Zeit für sie. Hören Sie ihr zu. Seien Sie zärtlich zu ihr. Zeigen Sie ihr, dass sie immer noch Ihr einziger Schatz ist. Erwarten Sie aber andrerseits nicht, dass Sie alle ihre emotionalen Bedürfnisse befriedigen kann. Ermuntern Sie sie, feste Freundschaften zu anderen Frauen aufzubauen und sich um andere Menschen zu kümmern.

»Habt Freude daran, euch gegenseitig Achtung zu erweisen.« Dieser einfache biblische Satz (Römer 12,10) ist der Schlüssel dazu, den unendlichen Wert Ihrer Ehegattin zu bekräftigen.

Nur für uns …

- (Ehemann) Denkst du manchmal, wenn du mit anderen Menschen zusammen bist: ›Sie würden mich nicht mögen, wenn sie wüssten, wer ich in Wahrheit bin‹?
- (Ehemann) Hast du das Gefühl, dass ich »bei dir« präsent bin, oder scheint es dir, dass ich oft von anderem in Beschlag genommen bin?
- (Ehemann) Was kann ich tun, um in dieser Woche dein Selbstvertrauen zu fördern?
- (Ehemann) Wie kann ich dich unterstützen, wenn du mit anderen Frauen Freundschaften entwickelst und pflegst?

(Gebet für den Ehemann)
Lieber Gott, ich danke Dir für den großen Wert, den Du in meiner Frau siehst. Ich sehe ihn auch, und ich möchte sie jeden Tag noch mehr ehren und schätzen. Hilf mir, sie zu segnen, und mach sie dadurch stark. Amen.

Donnerstag

Das größte Geschenk

Seht die Raben an. Sie brauchen nicht zu säen, zu ernten …, denn Gott ernährt sie. Und ihr seid ihm doch wichtiger als irgendwelche Vögel!
Lukas 12,24

Obwohl meist Frauen damit zu kämpfen haben, ein gesundes Selbstvertrauen zu entwickeln, ringen auch viele Männer mit diesem Problem. Im Unterschied zu einer Frau leitet ein Mann seinen Selbstwert von dem Ansehen ab, das er im Arbeitsleben genießt. Er bezieht seine emotionale Zufriedenheit aus dem, was er im Beruf erreicht, daraus, dass er finanziell unabhängig wird, dass er anerkennenswertes Geschick entwickelt, dass er der »Boss« ist oder dass er von seinen Patienten, Klienten oder Geschäftsfreunden geliebt und geschätzt wird. Doch wenn die Karriere einen Knick bekommt – Vorsicht! Sein

Selbstvertrauen schwankt, und er wird verletzlich. Depression, Wut und der Rückzug ins Private – das sind nur einige wenige mögliche Reaktionen.

Liebe Frau, das sollten Sie nicht vergessen: Ihr Mann braucht mehr als alles andere Ihren *Respekt*. Machen Sie ihm Komplimente über die Fähigkeiten, die Sie an ihm am meisten bewundern. Vermeiden Sie Bemerkungen, die ihn erniedrigen oder beschämen – vor allem in den Augen anderer. Verstehen und unterstützen Sie seine berufliche Laufbahn, so gut Sie können, aber schaffen Sie auch zu Hause eine gute Atmosphäre, in der er gerne seine beruflichen Angelegenheiten im Büro lässt.

Je besser Sie Ihre Unterschiede verstehen, desto mehr werden Sie das Geschenk zu schätzen wissen, das Ihr Ehepartner für Sie ist.

Nur für uns …

- (Ehefrau) Worauf von allem, was du erreicht hast, bist du am stolzesten?
- (Ehefrau) Bist du mit deiner jetzigen Stellung im Beruf zufrieden?
- (Ehefrau) Wie kann ich dir bei deiner Karriere helfen?
- (Ehefrau) Wie kann ich dich und das, was du tust, mehr respektieren?

(Gebet für die Ehefrau)

Vater, ich danke Dir für meinen Mann – für die Energie, die Fähigkeiten und die Ziele, die Du in ihn gelegt hast. Hilf ihm zu wissen, dass Du ihn liebst, ganz gleich, wie es ihm beruflich ergeht, und hilf mir bitte, ihm den Respekt zu erweisen, den ich fühle, und ihn zu ehren. Amen.

Freitag

Göttliche Entscheidung

Gott beweist uns seine große Liebe dadurch,
dass er Christus sandte,
damit dieser für uns sterben sollte,
als wir noch Sünder waren.
Römer 5,8

Wir haben über den großen Einfluss gesprochen, den andere Menschen auf unser Selbstwertgefühl haben. Doch wir sollten nie vergessen, dass uns unser wahrer Wert von dem Einen gegeben wird, der uns erschaffen hat. Es kann kein größeres Selbstwertgefühl geben als zu wissen, dass Er mich persönlich kennt; dass ich Ihm mehr wert bin als alle Besitztümer der ganzen Welt; dass Er meine Ängste und Mutlosigkeit versteht; dass Er Seine Hand nach mir ausstreckt, wenn niemand sonst sich um mich kümmert; dass Er meine Schuld in Gewinn ummünzen und meine Leere in Fülle verwandeln kann und dass Er mir eine Stätte bereitet hat – eine Wohnung, in der alle irdische Not und alles Leiden nur noch eine verschwommene Erinnerung sind. Ja, der Herr des ganzen Universums legt so großen Wert auf uns, dass Er Sein Leben gab, um uns zu retten.

Welch fantastische Botschaft voll Hoffnung und Ermutigung für die, die zerschlagen und entmutigt sind! Dies ist Selbstwert in vollem Umfang – und er hängt nicht von irgendeiner Laune Natur oder der äußerlichen Attraktivität oder vom Urteil anderer Menschen ab, sondern von dem, was unser liebender Herr über uns denkt.

Nur für uns …

- Gründen wir unser Selbstwertgefühl auf Gottes Entscheidung für uns?
- Was gibt dir das Gefühl, dass du wirklich wertvoll bist?
- Lasse ich dich genügend oft wissen, wie viel du mir wert bist?
- Wie kann ich dir besser zeigen, dass ich dich wertschätze?
- Wie können wir es vermeiden, zu vergessen, dass unser Wert als

Menschen nicht davon abhängig ist, was wir leisten oder wie wir aussehen oder was wir besitzen, sondern von der Tatsache, dass wir Gottes Kinder sind?

Herr, wir wollen uns selbst und andere so gerne aus der Perspektive der Ewigkeit sehen. Wir wollen unser Leben auf Deinen großen Plan gründen, nicht auf das, was zeitlich und unbedeutend ist. Hilf uns, jeden Tag in der Wahrheit Deiner göttlichen Entscheidung zu leben. Amen.

Samstag

Ein kleines Mädchen, das sich versteckt

Ihr seid ein auserwähltes Volk. Ihr seid eine königliche Priesterschaft, Gottes heiliges Volk, sein persönliches Eigentum.
1. Petrus 2,9

Ich sehe ein kleines Mädchen, das in der Nachmittagssonne nach Hause läuft. Ihr Kleid ist abgetragen und zwei Nummern zu groß. Ihre Schuhe sind schmutzig und ihre Socken am Rand ausgeleiert. Sie überquert einen öden Hof, um ihr Ziel zu erreichen: ein kleines Haus, das dringend renoviert und neu gestrichen werden müsste.

Die Wände in diesem Haus sind mit braunem Abfallpapier tapeziert und hie und da ausgebessert, um zu übertünchen, dass der Vater des kleinen Mädchens mit seiner Faust Löcher hineingeschlagen hat. Der Vater stolpert gelegentlich mitten in der Nacht nach Hause, riecht nach Alkohol, weckt das kleine Mädchen auf und bedroht ihre Mutter. Manchmal versteckt sich das kleine Mädchen vor ihrem Vater.

Eines Tages wird das kleine Mädchen von der Geburtstagsfeier einer Freundin nach Hause gebracht. Sie bittet, dass man sie draußen vor einem schönen Haus mit einem gemähten Rasen aus dem Auto lässt. Sie geht die Einfahrt hoch und winkt ihren Freunden zum

Abschied zu – doch sobald das Auto um die Ecke ist, kehrt sie um und geht ein paar Blocks weiter zu ihrem eigentlichen Zuhause. Sie hat gelernt, ihre Schmach vor anderen zu verbergen. In ihrem Inneren aber fühlt sie sich beschämt, deprimiert und wertlos.

Gott aber segnet dieses kleine Mädchen. Die Weisheit und Liebe ihrer Mutter stützen sie. Die Mutter besteht darauf, dass sie zu einer Gemeinde geht. Dort hört das Mädchen von Jesus und sie lässt Ihn in ihr Herz und Leben ein. Das Mädchen wird größer und besucht das College. Sie verliebt sich in einen Mann, der ihr verspricht, sein Bestes zu tun, damit sie glücklich wird und sie unter Gottes Leitung zu fördern. Und er tut das.

Diese Geschichte ist mir bestens vertraut, denn *ich* war jenes kleine Mädchen. Kinder, die in Familien aufwachsen, in denen sie geliebt und geschätzt werden, wo Disziplin und Verantwortlichkeit mit Gleichberechtigung und Offenheit in Einklang stehen, entwickeln ein gesundes Selbstwertgefühl, das sie normalerweise ins Erwachsenenleben mitnehmen. Aber diejenigen unter uns, die nicht solch eine Kindheit erlebt haben, brauchen von ihrem Ehepartner meist eine Extraportion Verständnis. Ganz gleich, was der familiäre Hintergrund Ihres Partners ist: Ich bete, dass Sie ihm oder ihr die Unterstützung bieten können, die der »kleine Junge« bzw. das »kleine Mädchen« braucht, mit dem Sie verheiratet sind.

SMD

Neunzehnte Woche

Ein großzügiges Herz

Sonntag

Der zerlumpte Bruder

von Ron Mehl

Roy Angel war ein armer kleiner Prediger, der einen Millionär als Bruder hatte. Roys älterer Bruder hatte in der Zeit des Ölbooms – Ende der 40er-Jahre des 20. Jahrhunderts – das Glück, zur richtigen Zeit das richtige Stück Land in Texas zu besitzen. Als er es verkaufte, wurde er über Nacht zum Multimillionär. Er nutzte das Glück der Stunde und investierte das Geld strategisch klug in Aktien und kassierte ab, als einige Unternehmen aufblühten. Er zog in das Penthouse eines großen Apartmenthauses in New York und managte seine Geldgeschäfte von einem edlen Büro in der Wall Street aus.

Einmal besuchte der reiche Geschäftsmann eine Woche vor Weihnachten seinen Bruder, den Prediger in Chicago, und schenkte ihm ein neues Auto – einen chromglänzenden erstklassigen Packard. Roy ließ sein neues Auto immer in einer Tiefgarage unter der achtsamen Aufsicht eines Wachmanns stehen. Deshalb war er etwas überrascht, dass er eines Morgens, als er zu dem Packard ging, sah, wie ein zerlumpter Ghettojunge sein Gesicht gegen eines der Wagenfenster presste. Der Junge tat sonst nichts Auffälliges; anscheinend starrte er einfach mit großen Augen voll Bewunderung in das Innere des Autos.

»Hallo, Junge«, sagte Roy.

Der Junge drehte sich um und sah ihn an. »Ist das Ihr Wagen, Mister?«

»Ja«, antwortete Roy, »so ist es.«

»Wie viel hat er gekostet?«

»O, das weiß ich wirklich nicht.«

Das Gesicht des Jungen zeigte den Ausdruck der Überraschung. »Sie meinen, Sie besitzen diesen Wagen und wissen nicht, wie viel er kostet?«

»Nein, das weiß ich nicht, denn ich habe ihn von meinem Bruder bekommen. Als Geschenk.«

Da wurden die Augen des Jungen noch größer. Er dachte einen Moment nach und sagte dann wehmütig: »Ich wollte … Ich wollte …«

Roy meinte zu wissen, wie der Junge diesen Satz beenden würde. Er dachte, er würde sagen: »Ich wollte, ich hätte auch so einen Bruder.«

Doch das sagte er nicht. Er blickte zu Roy hoch und sagte: »Ich wollte … Ich wollte, ich könnte auch so ein Bruder sein.«

Das machte den Prediger neugierig, und er bot dem Jungen an: »Nun, mein Junge, würdest du gerne mitfahren?«

Der Junge antwortete sofort: »Und ob!«

Also stiegen sie in das Auto ein, verließen die Tiefgarage und fuhren langsam die Straße hinab. Der Junge strich mit seinen Händen über den weichen Stoffüberzug am Sitz, sog den Geruch nach neuem Auto ein und berührte das glänzende Metall des Armaturenbretts. Dann sah er seinen neuen Freund an und sagte: »Mister, würden Sie – könnten Sie mich zu meinem Haus bringen? Es ist nur einige Blocks weiter.«

Wieder meinte Roy zu wissen, was der Junge vorhatte. Er dachte, der Junge wolle mit dem Auto, in dem er mitfahren durfte, vor einigen Nachbarkindern prahlen. Er dachte: ›Warum eigentlich nicht?‹ Und so fuhr Roy nach den Angaben seines jungen Mitfahrers vor einem alten, heruntergekommenen Mietshaus vor.

»Mister«, sagte der Junge, als sie vor einem Zaun anhielten, »würden Sie hier eine Minute warten? Ich werde gleich zurück sein.«

Roy ließ den Wagen stehen, als der Junge die Treppen hochrannte und verschwand.

Nach ungefähr zehn Minuten frage sich der Prediger, wo der Junge geblieben war. Er stieg aus dem Auto aus und blickte im Treppenhaus nach oben. Als er so dastand, hörte er jemanden langsam herunterkommen. Das Erste, was er im Halbdunkel des düsteren Treppenhauses sah, waren zwei kleine, schlappe Beine. Kurz darauf bemerkte Roy, dass es der Junge war, der einen noch kleineren Jungen trug, der offensichtlich sein jüngerer Bruder war.

Der Junge setzte seinen Bruder sanft an dem Zaun ab. »Siehst du?«, sagte er voll Befriedigung. »Es ist so, wie ich dir gesagt habe. Es ist ein brandneues Auto. Sein Bruder gab es ihm, und eines Tages werde ich dir ein Auto kaufen – genau so eins!«

Ein Blick voraus …
In dieser Geschichte über zwei hilfsbereite Brüder gab der Millionär sicher ein sehr nettes Geschenk – doch an dem kleinen Junge wird besser deutlich, was ein großzügiges Herz ist. Wie viele Kinder träumen davon, ihrem Bruder oder ihrer Schwester ein neues Auto zu schenken? Irgendwie habe ich das Gefühl, dass dieser kleine Kerl ein Vermögen, sollte er es einmal auf seinem Lebensweg besitzen, nicht vergeuden würde.

In der kommenden Woche werden wir über die unglaubliche Macht der Großzügigkeit sprechen – sowohl was Ihre Ehe als auch Ihre Beziehungen zu anderen betrifft. Heute Abend lasse ich Sie beide nur über eine Frage nachdenken: Haben Sie ein großzügiges Herz?

JCD

Montag

Zeit und Weisheit

Wenn ihr wirklich dazu bereit seid, kommt es nicht darauf an, wie viel ihr erübrigen könnt. Gott möchte, dass ihr gebt, was ihr habt, und nicht, was ihr nicht habt.
2. Korinther 8,12

Großzügigkeit, Freigebigkeit gibt es in vielerlei Gestalten. Eine davon sind materielle Gaben. Eine andere ist es, Zeit und Weisheit mit jemandem zu teilen. Ich (JCD) entsinne mich eines Mannes, der zwei Stunden opferte und mein Leben jahrelang beeinflusste.

Zu der Zeit, als ich am College war, hörte meine Tante eine Rede von Dr. Clyde Narramore, eines bekannten christlichen Psychologen »Wir brauchen auf dem Gebiet der Psychologie junge christliche Männer und Frauen«, sagte Dr. Narramore zu seinen Zuhörern. »Falls Sie begabte Studenten kennen, die hierzu Interesse haben, würde ich mich freuen, sie kennen zu lernen.« Meine Tante erzählte mir von dieser Einladung, und ich rief Dr. Narramore an, um mit ihm einen Termin zu vereinbaren. Netterweise wollte er mich treffen, obwohl er sehr beschäftigt war und von mir überhaupt nichts wusste. Als wir in seinem Wohnzimmer miteinander sprachen, breitete er vor mir einen Plan aus, wie ich Psychologe werden könnte. Seit diesem Gespräch sind nun mehr als 40 Jahre vergangen, aber ich erinnere mich immer noch an den Rat, den er mir an jenem Tag gab. Dieses Gespräch prägte die nächsten fünf Jahre meines Lebens und half mir, mich in einen Beruf einzuarbeiten, den ich sehr mag.

Sie verfügen vielleicht nicht über die finanziellen Mittel, um Menschen in Notlagen zu helfen, aber Sie können ihnen Ihre Zeit und Ihre Einsichten schenken. Vielleicht ist es gerade das, was sie brauchen, damit ihr Leben die richtige Richtung bekommt.

Nur für uns …

- Wer hat uns dadurch beeinflusst, dass er bzw. sie uns seine/ihre Zeit und Weisheit schenkte?
- Auf welchen Gebieten haben wir Fachkenntnisse, Einsichten oder Zeit zur Verfügung, um jemandem helfen zu können?
- Wen kennen wir, der von unseren Gaben profitieren könnte?

Himmlischer Vater, heute Abend bitten wir Dich darum, dass wir unser gemeinsames Leben großzügig gestalten können. Führe und stärke unsere Bereitschaft, mit anderen zu teilen. Wir danken Dir, dass Du uns in diese Welt gestellt hast, um etwas Größerem und Wichtigerem zu dienen als unserem Wohlergehen und unserem Glück. Amen.

Dienstag

»Sind Sie Jesus?«

Fordere sie auf, ihr Geld zu nutzen, um Gutes zu tun.
Sie sollen reich an guten Taten sein,
die Bedürftigen großzügig unterstützen
und immer bereit sein, mit anderen zu teilen.
1. Timotheus 6,18

Ihre Sitzung hatte lange gedauert, und so mussten sich die fünf Geschäftsmänner beeilen, um ihren Zug noch zu erreichen. Als sie durch die Bahnhofshalle rannten, stieß einer von ihnen versehentlich mit dem Fuß einen kleinen Tisch um, auf dem ein Korb mit Äpfeln stand. Er gehört einem zehnjährigen blinden Jungen, der Äpfel verkaufte, um seine Schulbücher und Kleidung bezahlen zu können. Die Geschäftsleute stiegen in den Zug, doch einer von ihnen hatte Mitleid mit dem Jungen. Er bat einen seiner Freunde, seine Frau anzurufen und ihr zu sagen, dass er später nach Hause kommen würde. Er verließ den Zug und kehrte dorthin zurück, wo der Junge stand.

Als der Geschäftsmann die Äpfel auflas, die verstreut auf dem Boden lagen, sah er, dass einige Dellen hatten oder aufgeplatzt waren. Er griff in seine Tasche und sagte zu dem Jungen: »Hier sind 20 Dollar für die Äpfel, die wir verdorben haben. Ich hoffe, wir haben dir nicht den Tag verdorben. Gott segne dich.« Als er davonging, rief der Junge ihm nach: »Sind Sie Jesus?«

Wir sind Christus dann am ähnlichsten, wenn wir anderen gegenüber barmherzig und freigebig sind. »Was ihr für einen der Geringsten meiner Brüder und Schwestern getan habt, das habt ihr für mich getan« (Matthäus 25,40). Wir spiegeln die Art Jesu wider, wenn wir jemandem helfen, dem es weniger gut geht – oder wenn wir unserem Ehepartner abends den Rücken massieren.

Nur für uns …

- Spiegelt unser Umgang mit anderen die Art Jesu wider?
- Wann haben wir zuletzt innegehalten, um jemandem zu helfen, der in einer Notlage war?

- Wie fühlst du dich dabei, wenn du mit jemandem Mitleid hast?

Herr, wir bitten Dich: Lass Deine teure Liebe täglich durch uns zu den Menschen kommen, die um uns leben. Zeige uns, wie wir dienen, helfen und weitergeben können ohne zu erwarten, etwas zurückzubekommen. Amen.

Mittwoch

Jemand hört zu

[Die Gerechten] geben großzügig,
und ihre Kinder sind für andere ein Segen.
Psalm 37,26

Seien Sie sehr sorgfältig mit dem, was Sie sagen, wenn Babys anwesend sind. Das rät ein Forscher von der Johns Hopkins University, der erklärt, dass schon Säuglinge im Alter von nur acht Monaten Wörter hören und sich daran erinnern können – an gute und böse.

Bei einer Studie von Dr. Peter Juscyzk wurden vor Babys über einen Zeitraum von zehn Tagen drei Geschichten per Tonaufzeichnung abgespielt. Als man es zwei Wochen später im Labor testete, erkannten sie eindeutig Wörter aus den Geschichten wieder, doch auf Wörter, die in den Geschichten nicht vorkamen, reagierten sie nicht. Für Robin Chapman, einem Sprachspezialisten der Universität von Wisconsin, zeigt diese Studie, dass Kinder schon sehr früh den Klang der Sprache aufnehmen und das heraushören können, was sie schon kennen. Chapman schließt daraus, dass »ein großer Teil des Erlernens der Sprache im ersten Lebensjahr erfolgt«.

Ob wir es mögen oder nicht: Beinahe alles, was wir sagen und tun, wird beobachtet und festgehalten – vom Radargerät der Verkehrspolizei, von der Videoüberwachung im Kaufhaus und sogar von unseren Kleinkindern. Wenn unsere Ehe den Geist der Großzügigkeit atmet und nachahmenswert erscheint, dann wird sie zum Segen für viele.

Nur für uns …

- Welche frühesten Erinnerungen an Worte und Taten deiner Eltern hast du?
- Wären wir erfreut, wenn wir eine Videoaufzeichnung über uns selbst sehen könnten?
- Wen beeinflussen wir – außer uns selbst – mit unseren Worten und Taten? Zeigen wir ihnen ein großzügiges Herz?

Herr, wir wissen, dass all unser Tun sich auf die Menschen um uns her stark auswirkt, und wir wollen reife, verantwortliche und positive Botschafter für Dich sein. Hilf uns, Dich mit unserem Denken, Handeln und Reden zu verherrlichen. Amen.

Donnerstag

Durch Freundlichkeit schockieren

Geht so mit anderen um, wie die anderen mit euch umgehen sollen. In diesem Satz sind das Gesetz und die Propheten zusammengefasst.
Matthäus 7,12

Als ich (JCD) vor ein paar Jahren in einem Lebensmittelgeschäft an der Kasse anstand, bemerkte ich, dass die ältere Frau vor mir mehr Waren im Einkaufswagen hatte, als sie bezahlen konnte. »Ich weiß nicht, wo mein Geld ist«, sagte sie und suchte verzweifelt in ihrer Geldbörse.

Ich flüsterte der Kassiererin zu: »Machen Sie ihre Rechnung fertig und nehmen Sie alles Geld, das sie hat; den Restbetrag setzen Sie auf meine Rechnung.« Ich bezahlte acht Dollar mehr, um die Differenz auszugleichen. Die alte Dame erfuhr nie, dass ich ihr ausgeholfen hatte, doch nachdem sie davongeschlurft war, sah ich, dass die Kassiererin große Tränen in ihren Augen hatte.

»Ich mache dies seit 20 Jahren«, sagte sie, »und ich habe nie zuvor jemanden gesehen, der so etwas tat.«

Das war nichts Großes – der unbedeutende Betrag von acht Dollar –, und doch sind freundliche Gesten heutzutage so selten geworden, dass manche Menschen sie als Schock empfinden. Als Ehemann und Ehefrau mit dem Auftrag, unserer Welt Gottes Barmherzigkeit zu bezeugen und zu demonstrieren, können wir durch schlichte freundliche Handlungen enormen Eindruck machen.

Nur für uns ...

- Welche kleine Freundlichkeit habe ich dir in dieser Woche erwiesen?
- Behandle ich dich und andere Menschen um uns herum so freundlich, wie ich sollte?
- Inwiefern trägt »schockierende Freundlichkeit« zu unserem Zeugnis für Jesus Christus bei?
- Wie können wir noch öfter »schockierend freundlich« sein?

O Herr, Deine Freundlichkeit hat uns für immer verändert. Deine Liebe brach völlig unerwartet in unser Leben ein. Habe vielen Dank dafür! Ermächtige uns dazu, genauso zu lieben. Amen.

Freitag

Der Traum eines Baseballspielers

Dem Großzügigen geht es gut und er ist zufrieden;
wer anderen hilft, dem wird selbst geholfen werden.
Sprüche 11,25

Im Jahre 1985 ging für den Baseballspieler Tim Burke ein Traum in Erfüllung – der Traum fast jedes amerikanischen Jungen –, als er bei dem Team Montreal Expos einen Vertrag als Werfer unterzeichnete. Er bewies bald, welchen Wert er für dieses Team hatte: Er stellte einen Rekord als bester Neueinsteiger auf.

In den darauf folgenden Jahren adoptierten Tim und seine Frau Christine vier Kinder, die mit schweren Krankheiten oder Behinderungen auf die Welt gekommen waren. Weder Tim noch Christine waren auf die gewaltigen Herausforderungen vorbereitet, die eine solche Familie mit sich bringt. Und da er einen strapaziösen Tagesablauf hatte, war Tim selten zu Hause, um mit Hand anzulegen.

Im Jahre 1993, drei Monate, nachdem er einen neuen Vertrag über 600.000 Dollar unterschrieben hatte, beschloss Tim, sich vom Baseball zurückzuziehen. Als er gefragt wurde, warum er diese merkwürdige Entscheidung getroffen habe, gab er zur Antwort: »Dem Baseball geht es auch ohne mich sehr gut. Doch ich bin der einzige Vater, den meine Kinder haben.«

Sie stellen sich als Ehepaar vielleicht die Frage: »Stimmt unser jetziger Lebensstil, stimmen unsere Wünsche und Ziele mit dem Willen Gottes überein, dass wir ein großzügiges Herz haben sollen?« Tim Burkes großzügiges Herz hat ihn veranlasst, nicht nur seine Traumkarriere aufzugeben, sondern auch den Reichtum, den sie ihm eingebracht hätte. Doch am Ende wird sein Handeln dieses Opfer wert sein – seine Ehe und das Wohlergehen der vier Kinder, die Gott seiner Obhut anvertraut hat, wird einmal ewigen Lohn ernten. So verläuft nach Gottes Vorstellung eine glänzende Karriere!

Nur für uns …

- Hast du jemals einen deiner Träume für jemanden aufgeben müssen?
- Wie denkst du jetzt über diese früheren Träume?
- Welche Träume hast du jetzt für dich selbst und für uns als Paar?
- Wie können wir einander helfen, sie wahr zu machen?

Lieber Herr, wir geben miteinander all die selbstsüchtigen Träume, Wünsche und ehrgeizigen Ziele auf, die dabei im Wege stehen, das erfüllte Leben zu führen, das Du für uns geplant hast. Zeige uns Deine besseren Ziele. Wir wollen froh und voller Erwartungen Deinen Willen tun, denn wir vertrauen Dir. Amen.

Unbegrenzte Freigebigkeit

Seht, wie viel Liebe unser himmlischer Vater für uns hat …!
1. Johannes 3,1

Es ist kein Zufall, dass wir das Thema dieser Woche – »Freigebigkeit« – mit der Geschichte über einen kleinen Jungen begonnen haben. Kinder sind oft die besten Lehrer.

Vor vielen Jahren entschloss sich meine Familie in der Woche, in der ich Geburtstag hatte, durch ein Einkaufszentrum zu bummeln. Ryan, der damals acht Jahre alt war, öffnete sein Sparschwein und nahm die fünf Dollar heraus, die er für etwas Besonderes zusammengespart hatte. Als wir so durch die Ladenstraßen bummelten, in die Schaufenster sahen und uns einfach freuten, gemeinsam etwas unternehmen zu können, kündigte Ryan an, dass er allein in ein Spielwarengeschäft und in eine Zoohandlung gehen wolle. Wir vereinbarten die Zeit und die Stelle, wo wir uns wieder treffen wollten und dann zog er los. Nach einer halben Stunde kam er zurück – und grinste über das ganze Gesicht.

Ryan sagte: »Hier, Mama, das ist zu deinem Geburtstag. Du darfst es aber schon jetzt öffnen!« Nach seinem Gesichtsausdruck zu schließen erwartete er voll Ungeduld, dass ich das Geschenk mitten auf der Ladenstraße auspackte. So suchten wir eine Bank. Er verkündete, sein Geschenk habe eine *Menge* Geld gekostet. (Er hatte seine ganzen fünf Dollar dafür ausgegeben.)

Aufgeregt sah er zu, wie ich das Päckchen sorgfältig öffnete. Als ich seinen Inhalt vor mir sah, wurde ich von meinen Gefühlen überwältigt. Dieses Geschenk konnte er nicht in einer Spielwaren- oder Tierhandlung gefunden haben. Das war auch nichts, was man von einem achtjährigen Jungen erwarten konnte. Da lag in meinem Schoß ein wundervolles Schreibtisch-Set. Auf den weißen Füllfederhalter waren Straußenfedern gemalt, wie bei einem altmodischen Federkiel, den Ben Franklin benutzt haben könnte, um die Unabhängigkeitserklärung zu unterzeichnen. Der Ständer dazu war weiß, und um die Ränder waren zart rosa Blumen gezeichnet.

Meine Augen füllten sich mit Tränen, als ich meinen Sohn umarmte und ihm für dieses außergewöhnliche Geschenk dankte. Seitdem sind viele Jahre vergangen, und ich bewahre diesen Füller auf als Erinnerungsstück an Ryans spontane Liebesgabe.

Die meisten von uns neigen dazu, ihre Geldbörsen und Brieftaschen gegenüber den Gelegenheiten zu verschließen, jemandem etwas daraus zu geben. Oder wenn wir geben, dann geben wir, was uns passt oder was für uns interessant ist, aber nicht für den Empfänger.

In unseren Ehen haben wir so viele Gelegenheiten, kindliche, unbegrenzte Freigebigkeit zu praktizieren – ohne höhere Motive, ohne Notwendigkeit und ohne Hintergedanken. Je mehr wir diese Art von Liebe geben und empfangen, desto mehr erfahren wir in unseren Heimen die Liebe Gottes. Ich denke, der Apostel Johannes hatte so etwas wie »unbegrenzte Freigebigkeit« im Sinn, als er schrieb: »Seht, wie viel Liebe unser himmlischer Vater für uns hat, denn er erlaubt, dass wir seine Kinder genannt werden – und das sind wir auch!« (1. Johannes 3,1).

SMD

Zwanzigste Woche

Mit Gottes Augen sehen

Hey, du da!

von Nancy Dahlberg

Einmal verbrachte unsere Familie die Ferien in San Francisco mit meinen Schwiegereltern. Das Weihnachtsfest fiel in jenem Jahr auf einen Sonntag, und wenn wir am Montag zurück zur Arbeit sein wollten, mussten wir am Weihnachtstag 640 Kilometer nach Los Angeles zurückfahren.

Wir machten unterwegs eine Pause, um das Mittagessen einzunehmen, das Restaurant war beinahe ganz leer. Wir waren die einzige Familie darin und unsere Kinder waren die einzigen Kinder. Ich hörte Erik, unseren Einjährigen, fröhlich quieksen: »Hey, du da! Hey, du da!« Er schlug mit seinen dicken Babyhändchen auf die Metallablage seines Kinderstuhles. Sein Gesicht leuchtete vor Aufregung, die Augen weit geöffnet, und er lachte mit weit offenem zahnlosem Mund. Er zappelte, piepste munter und kicherte. Dann sah ich, warum er so lustig war – und ich meinte, meinen Augen kaum trauen zu können.

Es war ein Mann, der einen zerfetzten Lumpen als Mantel – wohl vor unendlich langer Zeit gekauft – und schmutzige, schmierige, abgetragene Hosen anhatte. Seine Zehen standen aus etwas heraus, das einst Schuhe gewesen waren und sein Hemd war kragenlos. Sein Gesicht sah aus wie sonst kein anderes – und sein Mund war zahnlos wie der Mund von Erik.

»Hey, Baby«, sagte der zerzauste Mann. »Hey, du da, großer Junge! Ich seh dich, Freundchen.«

Mein Mann und ich sahen uns an, ein Blick zwischen »Was machen wir bloß?« und »Armer Kerl!«.

Unser Essen wurde gebracht, und die merkwürdige Atmosphäre blieb. Nun rief der alte Penner quer durch den Raum: »Kennst du Pastetchen-Kuchen? Na, Junge, kennst du guck-guck-da? Hey, schau mal – er kennt guck-guck-da!«

Erik lachte immer noch und gab seine Antwort: »Hey, du da!« Auf jeden Ruf folgte ein Echo. Niemand fand das niedlich. Dieser Mann war ein Trunkenbold und Ruhestörer. Ich genierte mich. Dennis, meinem Mann, war das Ganze peinlich. Sogar unser Sechsjähriger meinte: »Warum spricht der alte Mann so laut?«

Als Dennis die Rechnung bezahlen ging, flüsterte er mir leise zu, mit Erik schon mal zum Parkplatz vorauszugehen. ›Herr, bitte lass mich hier heraus, bevor er mich oder Erik anspricht!‹, bat ich, als ich auf die Tür zuging.

Es war aber schnell abzusehen, dass sowohl der Herr wie auch Erik etwas anderes vorhatten. Als ich dem Mann näher kam, drehte ich ihm meinen Rücken zu, um schnell an ihm vorbeizukommen – und seine Ausdünstung nicht riechen zu müssen. Während ich dies tat, hafteten Eriks Augen an seinem neuen Freund und er lehnte sich weit aus meinem Arm, beide Hände ausgestreckt, als wollte er sagen: ›Nimm mich auf den Arm!‹

Im Bruchteil einer Sekunde, als ich das Gewicht meines Babys ausbalancierte und mich ein wenig drehte, sah ich dem Mann in die Augen. Erik wollte sich auf ihn stürzen, die Arme weit geöffnet.

Die Augen des Penners flehten mich an: ›Lassen Sie mich bitte Ihr Baby halten!‹

Ich musste nicht antworten, denn Erik wickelte sich aus meinen Armen und ließ sich von dem Mann in die Arme nehmen. Mit einem Mal umklammerten sich ein sehr alter Mann und ein sehr junges Baby in liebevoller Umarmung. Erik legte sein Köpfchen auf die zerlumpte Schulter des Mannes. Die Augen des Mannes waren jetzt geschlossen und ich sah an seinen Wimpern Tränen hängen. Seine alten Hände – rau geworden durch harte Arbeit, Schmutz und Not – wiegten mein Baby sanft, sehr sanft und streichelten seinen Rücken.

Ich stand tief beeindruckt da. Der alte Mann schaukelte und wiegte Erik in seinen Armen einen Moment lang hin und her, dann öffneten sich seine Augen und blickten direkt in meine. Er sagte mit fester, bestimmender Stimme: »Kümmern Sie sich gut um das Baby!«

Irgendwie schaffte ich es, aus meiner zugeschnürten Kehle die Worte »Ja, das werde ich« hervorzubringen.

Er schob Erik weg von seiner Brust – äußerst ungern, sehnsuchtsvoll, als spüre er großen Schmerz.

Ich öffnete meine Arme, um mein Baby entgegenzunehmen und wieder sprach der Mann mit mir.

»Gott segne Sie, meine Dame. Sie haben mir ein Weihnachtsgeschenk gemacht.«

Ich konnte nur »Danke!« stammeln.

Mit Erik in den Armen eilte ich zu unserem Auto. Dennis wunderte sich, warum ich weinte und Erik an mich presste und sagte: »Mein Gott, mein Gott, vergib mir!«

Ein Blick voraus ...

Versuchen Sie, einen Moment die Welt mit den Augen eines Babys zu sehen. Alles würde Sie faszinieren: die hellen Farben, die fremdartigen Geräusche und – sicher am stärksten – die Menschen. Sie würden alles berühren, riechen und erkundigen wollen. Würden Sie Ihre Augen von einem netten Penner abwenden? Natürlich nicht – selbst wenn er zahnlos wäre. Neugierig und voll Vertrauen würden Sie zu dem alten Penner zurücklächeln und dann Ihre Hände ausstrecken, um ihn zu umarmen.

Babys sehen die Welt in einem anderen Licht, nicht wahr? Sie kümmern sich nicht darum, was andere Leute denken und sie beurteilen andere nicht nach ihrem äußerlichen Erscheinungsbild. Unglücklicherweise neigen wir Erwachsene dazu, »blind« zu sein – gegenüber anderen und gegenüber den Menschen um uns herum – im Blick auf das, was Gott in unserer Welt tut. In dieser Woche werden wir darüber reden, wie wir lernen können, auf neue, frische Weise zu sehen – durch Gottes liebende Augen.

JCD

Montag

Denken Sie das Beste

Fällt einer von ihnen,
so hilft ihm sein Gesell auf.
Prediger 4,10

Auf dem Boden im Haus von Art und Naomi Hunt lagen Schraubenschlüssel, Schraubenzieher und eine Unmenge von seltsam zugeschnittenen Teilen aus Holz und Metall. Was war los? Ein neuer Gasgrill wurde eingebaut. Art wusste, dass Naomi handwerklich begabter war als er, doch er war entschlossen, dieses neueste Stück ihrer modernen Küchenausstattung selbst zusammenzubauen. Seine Frau sah zu, wie Art sich damit abmühte. Schließlich, als gar nichts mehr ging, bat Art widerwillig seine Frau um Rat. Doch anstatt ihre Meinung zu sagen, nahm Naomi Art den Schraubenschlüssel aus der Hand und erledigte die Arbeit selbst.

Es war keineswegs überraschend, dass Art sich unbegabt, unkompetent und dumm vorkam. Er hatte nun die Wahl. Er konnte über das Vorgehen Naomis entweder das Beste oder das Schlechteste denken. Dächte er das Schlechteste, so würde er denken: ›Mann, sie übernimmt die Führung. Sie hat keinerlei Vertrauen in meine Fähigkeiten.‹ Dächte er das Beste, dann würde er zu sich selbst sagen: ›Sie macht mehr, als ich sie gebeten habe, aber sie möchte mir nur helfen. Das ist okay.‹ Art wählte Letzteres.

In einer Beziehung, die lebenslang währt, geraten wir immer wieder an solch einen emotionalen Scheideweg. Wir können uns dann entscheiden: im Zweifelsfall das Beste von unserem Partner zu denken oder darauf zu bestehen, gekränkt zu sein. Wenn wir es wählen, die gute Absicht unseres Partners zu sehen und unsere Reaktion darauf zu gründen, so führt unser Weg hin zu größerer Nähe und Intimität und weg von unnötigen Konflikten. So hat auch Art Hunt verstanden, dass es in erster Linie nicht darum ging, ein neues Gerät zusammenzubauen, sondern seine Beziehung zu Naomi zu vertiefen.

Nur für uns …

- Wie reagieren wir normalerweise, wenn einer von uns eingreift, um dem anderen zu helfen?
- Sehen wir in den Motiven des anderen immer das Beste? Wenn nicht, warum?
- Gibt einer von uns dem anderen Anlass, unsere Motive anzuzweifeln?

Lieber Gott, mein Ehepartner ist Dein Geschenk an mich, und ich bin dankbar dafür. Hilf mir, immer das Beste zu denken, zu sehen und zu tun. Gib mir Deine Gnade, um auf diesem Gebiet reifer zu werden. Amen.

Dienstag

Geteilte Sichtweise

Aus einem weisen Verstand kommen kluge Worte.
Sprüche 16,23

Ist es nicht merkwürdig, dass wir mitten in einem widerlichen Streit in der Familie plötzlich unsere schlechte Laune abstreifen können, wenn das Telefon läutet oder ein Nachbar vor der Tür steht? Hat Sie jemals ein leise innere Stimme gefragt, warum Sie nach einem längeren Wutausbruch plötzlich so tun können als sei nichts gewesen? Manchmal behandeln wir die, die wir lieben, am schlechtesten, und Kinder erkennen rasch diese Heuchelei.

Mark Hatfield, der viele Jahre in Oregon Senator war und vier Kinder hat, erzählte, wie ihn seine Frau einmal mit den Worten traf: »Ich wünschte nur, du wärst mit deinen Kindern genauso geduldig wie mit deinen Wählern.« Und da ist er nicht der Einzige. Wir alle machen uns ab und zu einer »geteilten Sichtweise« schuldig: Bei Bekannten haben wir viel Geduld, während wir bei denen, mit denen wir unter einem Dach leben, schnell die Geduld verlieren oder sie gar mit Verachtung strafen. Wir nehmen das Schlechteste an. Wir stürzen uns auf jeden Fehler, jedes Versagen. Wir lassen keine Möglichkeit zu einer Strafpredigt ungenutzt verstreichen. Dabei verletzen wir die Menschen, die uns das Meiste bedeuten.

Es ist an der Zeit, dass wir zu Hause ein wenig locker miteinander umgehen. Wenn wir behaupten, unser Ehepartner, unsere Kinder und unsere Eltern seien die wichtigsten Menschen in unserem Leben, dann können wir das zeigen, indem wir ihnen gegenüber dieselbe Freundlichkeit zum Ausdruck bringen wie gegenüber Gästen, die wir außerordentlich schätzen.

Nur für uns …

- Sind wir zu Hause miteinander so geduldig wie mit Gästen und Fremden?
- Warum gehen wir deiner Meinung nach so unfreundlich miteinander um?
- Wie können wir uns gegenseitig helfen, diese »geteilte Sichtweise« zu vermeiden?

Vater, öffne unsere Augen, dass wir den anderen so sehen, wie Du ihn siehst. Vergib uns die Trägheit und den Egoismus, die so schnell die Beziehungen in unserer Familie verdrießlich machen. Hilf uns, sorgfältiger mit unseren Worten und unseren Taten umzugehen, sodass wir leben, um Dir zu gefallen. Amen.

Mittwoch

Umherziehende Schafe

Wenn ein Hirte hundert Schafe hat, und eines läuft weg und verirrt sich, was wird er wohl tun? Wird er nicht die neunundneunzig anderen stehen lassen …, um das verirrte Schaf zu suchen?
Matthäus 18,12

Wenn Sie als Eltern kleine Kinder haben, dann wissen Sie genau, was die Hirten, die in der Bibel erwähnt werden, empfanden, als sie über ihre Herden wachten. Selbst für eine Mutter, die »hinten am Kopf

Augen hat«, kann es eine so große Aufgabe sein, ein aktives Kind vom Weglaufen abzuhalten, wie für einen Hirten, der hundert Schafe hütet.

Jesus wird auch als Hirte bezeichnet, aber Seine Herde besteht aus Menschen, und Er wacht Tag und Nacht über uns. Darum bezeichnete Er sich als den »guten Hirten«. Er kam auf die Erde, um zu sterben, sodass kein Mensch verloren gehen muss. Als Er auf Erden wirkte, hat Er sich immer um verlorene Menschen gekümmert. Er blieb nachts lange auf, um mit Nikodemus zu reden (Johannes 3,2). Er ließ Zachäus nicht unbeachtet auf dem Baum sitzen (Lukas 19,5). Und als die Pharisäer eine ertappte Ehebrecherin steinigen wollten, trat Jesus mit der Botschaft von der Vergebung und einer Anweisung dazwischen: »Geh und sündige nicht mehr« (Johannes 8,11).

Jeden Tag gibt uns Gott Gelegenheiten, andere in Seine Herde zu führen – nicht nur unsere Familie, unsere Freunde, Nachbarn und Kollegen, sondern auch Menschen, denen wir nie zuvor begegnet sind und die wir nie wieder sehen werden. Dabei stehen uns Gottes Weisheit und Kraft zur Verfügung. Wir müssen nur unsere Augen offen halten.

Nur für uns …

- Siehst du in Jesus deinen guten Hirten? Warum bzw. warum nicht?
- Halten wir als Ehepaar nach »verlorenen Schafen« Ausschau?
- Wie können wir noch sorgfältiger nach Möglichkeiten Ausschau halten, ungläubige Menschen zu erreichen?
- Gibt es da jemanden, mit dem wir in dieser Woche sprechen können?

Herr Jesus, zeige uns, wie wir den Menschen um uns herum Deine große Liebe und Dein Erbarmen erweisen können. Wir selbst wollen auch Hirten für verlorene Menschen sein. Amen.

Donnerstag

Kein Müll!

Ein Mensch sieht, was vor Augen ist;
der Herr aber sieht das Herz an.
1. Samuel 16,7

Der siebenjährige Chris Krebs kam mit zerebraler Kinderlähmung auf die Welt und war geistig stark zurückgeblieben. Eines Tages saßen er und sein Vater Greg im Aufenthaltsraum eines Krankenhauses, um auf Frau Krebs zu warten, die dort arbeitete. Noch ein anderer Mann wartete dort; er war schäbig gekleidet und roch merkwürdig. Er sah aus wie ein Penner oder ein Obdachloser. Greg ging zum Schwesternzimmer und fragte, wie lange seine Frau noch brauchen würde. Als er zurückkam, saß Chris bei dem Mann. Der Mann schluchzte, und Greg wunderte sich, was Chris nur getan hatte, um ihn zu beunruhigen.

»Es tut mir Leid, wenn mein Sohn Sie gekränkt hat«, sagte Greg.

Der Mann antwortete: »Mich gekränkt? Ihr Sohn ist der einzige Mensch in den letzten zwanzig Jahren, der mich umarmt hat!« Greg erzählte später: »Da merkte ich, dass Chris zu diesem Mann eine jesusähnlichere Liebe hatte als ich.«

Obwohl es in unserer Gesellschaft üblich ist, sich gegenüber arbeitsunfähigen und wohnungslosen Menschen respektlos zu verhalten, gibt es in Gottes Wertesystem keinen »Müll«. Er liebt jeden von uns gleich. Er sieht das Potenzial, das in uns steckt, und Er setzt jeden dazu ein, zu seinem Teil Seine Pläne auszuführen. Als Seine Kinder sind wir dazu berufen, jeden durch die Brille Seiner vollkommenen Liebe zu sehen.

Wenn wir den Menschen, die uns Tag für Tag begegnen, Erbarmen und Respekt erweisen, dann sollten wir auch unseren Ehepartner so behandeln. Das beginnt mit einem Herzen voll Liebe und Freundlichkeit.

Nur für uns …

- Hat dir jemals jemand unerwartet die Liebe von Jesus Christus gezeigt?
- Wie können wir uns gegenseitig ermutigen, in jedem Menschen, dem wir begegnen, den Wert und das Potenzial zu sehen, das Gott in ihn gelegt hat?

O Vater, dass wir doch immer sensibel sind für die Bedürfnisse und den Wert anderer Menschen! Hilf uns, ihnen Deine Liebe weiterzugeben, ganz gleich, wer sie sind. Amen.

Freitag

Wenn doch nur …

Wir haben wirklich Vernichtendes erlebt, sodass wir schon glaubten, nicht mit dem Leben davonzukommen … Doch auf diese Weise haben wir gelernt, nicht auf uns selbst zu vertrauen, sondern auf Gott.

2. Korinther 1,8-9

In meinem (JCDs) Buch »Wenn Du Gott nicht mehr verstehst« schrieb ich über beschwerliche Lebenslagen, die wir nicht verstehen können. Manche davon sind voll Schmerzen oder lebensbedrohlich, andere sind schlicht unangenehm oder unbequem. Wir wissen, dass Gott diese Probleme im Nu beseitigen könnte, doch stattdessen lässt Er uns weiterkämpfen.

Warum? Einer Seiner großen Pläne ist es, uns Seine Kraft zu offenbaren. Wir wissen das von dem Apostel Paulus, der schrieb: »Doch diesen kostbaren Schatz tragen wir in zerbrechlichen Gefäßen … So kann jeder sehen, dass die Kraft von Gott kommt, nicht von uns« (2. Korinther 4,7).

Statt diese Unannehmlichkeiten des Lebens zu akzeptieren, ringen viele Menschen mit dem, was ich die *Wenn-doch-nurs* nenne. »*Wenn* ich *doch nur* nicht Diabetes hätte/taub wäre/Stirnhöhlenvereiterung hätte ...« »*Wenn* ich *doch nur* nicht unfruchtbar wäre ...« »*Wenn* ich *doch nur* nicht in diese schlechte Geschäftsbeziehung/diesen Prozess/diese lieblose Ehe hineingeraten wäre ...« »*Wenn* wir *doch nur* nicht solch ein krankes Kind hätten ...« »*Wenn* wir *doch nur* nicht finanziell so gebunden wären ...«

Kämpfen Sie auch gerade mit solchen *Wenn-doch-nurs*? Wenn ja, dann raten wir Ihnen, sie Gott zu übergeben. Er hat einen vollkommenen, liebevollen Plan für Ihr ganzes Leben – selbst dann, wenn das Leben keineswegs glatt verläuft. Wir können vielleicht nicht erkennen, warum Gott Not, Leid und Entbehrung zulässt, aber wir können gewiss sein, dass dies zu Seinem ewigen Plan gehört, der zu unserem Besten dient. Er bittet uns, Seine Liebe anzunehmen und in Demut von Ihm abhängig zu bleiben, von Ihm, der uns genug gibt.

Nur für uns ...

- Sind wir auch durch *Wenn-doch-nurs* in unserem Leben entmutigt?
- Können wir es lernen, dabei vom Herrn abhängig zu bleiben?
- Hat Gott schon unsere *Wenn-doch-nurs* für Seine Pläne benutzt?

Herr, hilf uns, Deiner großen Liebe zu uns zu vertrauen, selbst wenn wir von Enttäuschungen niedergedrückt werden. Tröste und stärke uns in unserer Not. Amen.

Samstag

Nach einer allein erziehenden Mutter Ausschau halten

Vor vielen Jahren war ich gerade bei der Hausarbeit, als es an der Tür klopfte. Ich öffnete und vor mir stand Sally, eine junge Frau, von 18 oder 19 Jahren. »Ich verkaufe Bürsten«, sagte sie. »Vielleicht brauchen Sie eine.« Ich erklärte ihr höflich, dass ich kein Interesse hätte, an diesem Tag irgendetwas zu kaufen, und Sally sagte: »Weiß schon. Niemand will das.« Und sie begann zu weinen.

Ich lud Sally ein, zu einer Tasse Kaffee hereinzukommen und bat sie, mir ihre Geschichte zu erzählen. Es stellte sich heraus, dass sie eine allein stehende Mutter war, die mächtig darum kämpfte, ihren zweijährigen Sohn ernähren zu können. An jenem Abend gingen wir zu ihrer kleinen schäbigen Wohnung, die über einer Garage war, um zu sehen, wie wir ihr und ihrem Kleinen helfen konnten. Als wir die Schränke öffneten, gab es darin *nichts* zu essen – und wenn ich »nichts« sage, dann meine ich das auch so. An jenem Abend aßen die beiden Spagetti aus der Dose. Wir gingen mit Sally zu einem Geschäft und taten, was wir konnten, damit sie wieder auf die Beine kam.

Es gibt da draußen eine Unzahl von allein stehenden Müttern, die verzweifelt versuchen, in einer feindseligen Umgebung zu überleben. Jede von ihnen könnte ein wenig Freundlichkeit brauchen – man kann mit Babysitten helfen, ein Essen zubereiten, die Waschmaschine reparieren oder sich einfach ein wenig Zeit für ein nachdenkliches Gespräch nehmen. Haben Sie in der letzten Zeit schon Ihre Augen dafür geöffnet?

Kinder zu erziehen ist der härteste Job der Welt. Schauen Sie sich mit »Gottes Augen« in Ihrer Nachbarschaft um. Lebt da eine allein erziehende Frau, die zum dritten Mal Mutter wird? Wie wäre es, ihr helfend unter die Arme zu greifen? Das wird nicht nur sie ermutigen, sondern auch ihre Kinder werden Ihnen dankbar sein.

SMD

Einundzwanzigste Woche

»Und dann bekamen wir Kinder ...«

Überraschung! Überraschung! Überraschung!

von Philip Gulley

Meine Frau und ich warteten acht Jahre auf Kinder. Ich war auf dem College, dann auf der Hochschule, und ich meinte, ich sei zu beschäftigt. Meine Mutter hatte fünf Kinder in sieben Jahren bekommen, war Schulleiterin und besuchte zugleich das College. Und das alles tat sie gut, was ich ihr jedes Mal ausführlich erkläre, wenn ich sie samstags im Heim für geistig verwirrte Menschen besuche.

Trotz dessen, dass wir kinderlos waren, waren meine Frau und ich bereit, ja sogar versessen darauf, unsere Sicht von Kindererziehung jedem, der uns zuhörte, mitzuteilen. Jetzt, da wir selbst Kinder haben, erteilen wir kaum Ratschläge. In dem Moment, in dem Sie anderen Eltern sagen, wie sie ihre Kinder erziehen sollen, steigen die Chancen, dass Ihr eigenes Kind ein Schwerverbrecher wird.

Und so erteilen wir keine Erziehungsratschläge mehr, denn uns ist klar geworden, dass wir über Kinder nichts wissen. Ehe wir Kinder hatten, wussten wir alles. Jetzt haben wir Kinder, und das einzige Elternteil, dem wir uns überlegen fühlen, ist Ma Barker.

Es war schwer für mich, meine Ahnungslosigkeit im Blick auf Kindererziehung einzugestehen. Es ist einfach, wenn man von einer anderen Familie nach Hause fährt, süffisant zu sagen: »Wenn ich Kinder habe, dann werden sie nie so wie deren Kinder!« Wenn uns jetzt kinderlose Freunde besuchen, sage ich ihnen beim Abschied: »Redet nicht über uns auf dem Nachhauseweg!« Die wissen dann, was ich meine.

Die meisten Erfahrungen entwickeln sich anders als geplant. Das Eltern-Sein ist eine davon.

Da denke ich nur an das zweite Weihnachtsfest unseres Sohnes Spencer. Jemand in der Gemeinde schenkte ihm eine Krippe mit den Figuren der Weihnachtsgeschichte. Besonders angetan hatte es ihm einer der drei Weisen, den er beim Essen benutzte. Er tauchte Balthasar bis zu den Ohren ins Ketchup und leckte ihn dann sauber. Meine Frau sagte: »Schatz, tunk doch den Weisen nicht ins Ketchup!«

Es gab vieles, das wir unseren Kindern sagen wollten, als wir noch keine hatten – wie z. B.: »Das ist so, weil ich das sage!«, und: »Das tust du nicht in diesem Haus!«, und sogar: »Tu das nicht in die Toilette!« Wir hätten aber nie gedacht, dass wir sagen würden: »Tunk doch den Weisen nicht ins Ketchup.«

Das gibt dem Leben den bestimmten Kick. Wir meinen, wir wüssten, wo es lang geht, doch dann stürzen wir uns hinein und entdecken etwas ganz anderes. So, wie es einmal Gomer Pyle ausdrückte: »Überraschung! Überraschung! Überraschung!«

Alles in allem ist das eine gute Sache. Denn wenn unsere Zukunft sicher und gewiss ist, wenn alles wasserdicht ist, dann braucht man keinen Glauben.

Schauen Sie sich König David an. Er wuchs als Hirtenjunge auf, was wenig Aufsehen erregend war. Wenn ein Hund Ihren Job erledigen kann, dann sollten Sie sich Gedanken machen. David wuchs also als Hirtenjunge auf, doch er starb als König. Das zeigt uns, dass wir nie wissen, welche Richtung das Leben nehmen wird.

Dies trifft insbesondere bei Eltern zu. Wir wissen niemals alles, was man dafür wissen müsste. Die beste Lösung ist, das Beste zu tun und den Rest Gott anzuvertrauen. Das war schon das, was mir meine Mutter einst gesagt hat, als ich jünger war und alles besser wusste.

Ein Blick voraus ...

Gibt es etwas, auf das Ehemänner und Ehefrauen weniger vorbereitet sind als auf das Eltern-Sein? Die Aufgabe, ein Kind großzuziehen, ist entmutigend, Nerven aufreibend, frustrierend, demütigend – und damit es interessant bleibt, erwartet einen hinter jeder Ecke eine unerwartete Wendung. Doch unter der Leitung Gottes und mit Gebet wird das Eltern-Sein zur erfüllendsten und wundervollsten Erfahrung im Leben. Und es muss nicht unbedingt so chaotisch sein, wie es Philip Gulley augenzwinkernd beschreibt.

Diejenigen unter Ihnen, die Eltern sind, werden schon gemerkt haben, dass man dabei Fehler macht und dass man nie alles weiß.

Doch nichts im Leben, das sich tatsächlich lohnt, fällt einem leicht, und es ist genau die große Herausforderung, ein Kind zu erziehen, die jeden Erfolg dabei befriedigender macht. In dieser Woche werden wir darüber sprechen, wie man das Beste aus dieser Erfahrung macht.

JCD

Montag

Ich hab nur auf dich gewartet, Papa

Unsere Vorfahren haben dir vertraut,
und da hast du sie befreit.
Psalm 22,5

Ein Ehepaar, das seinen Urlaub an einem See verbrachte, bemerkte nicht, dass sein dreijähriger Sohn Billy zum Dock lief, um ein Boot zu untersuchen. Mit seinen kurzen Beinchen versuchte er, vom Dock auf das Boot zu gelangen, aber er schaffte es nicht – und fiel in das Wasser, das an dieser Stelle fast zwei Meter tief war. Sein Vater hörte das Platschen und das brachte ihn auf die Beine. Er tauchte in das dunkle Wasser und tastete mit seinen Armen und Beinen darin herum, um Billy zu finden. Als seine Lunge fast zu zerplatzen schien, tauchte er wieder auf – und berührte dabei Billy, dessen Arme einen Pfahl umfassten, ca. 1,20 Meter unter der Wasseroberfläche. Sein Vater löste die Umklammerung und sie kamen miteinander hoch, nach Luft keuchend.

Als sie sich ein wenig erholt hatten, frage der Vater den kleinen Billy, was er getan habe, als er sich an dem Pfahl festhielt. Billys Antwort: »Ich hab nur auf dich gewartet, Papa.«

Als sein Leben bedroht war, da wusste Billy, dass sein Vater zu ihm kommen würde.

Ja, Väter haben in der Tat die große Verantwortung, für ihre Kinder zu sorgen und sie zu beschützen. Wir Eltern haben einen anstrengenden Auftrag. Die schwierigste, wichtigste und wundervollste Aufgabe dabei ist es, unseren Kindern beizubringen, dass sie sich weit mehr auf ihren himmlischen Vater verlassen sollen als auf ihren Papa.

Nur für uns …

- Hattest du als Kind auch ein solches Vertrauen wie Billy? War dein Vater für dich da?
- Lehren wir unsere Kinder, sich auf den Herrn zu verlassen?
- Wie können wir es lernen, uns so auf Gott zu verlassen wie sich Billy auf seinen Vater verließ?

Vater, wir preisen Dich, dass Du zu jeder Zeit stark und zuverlässig bist. Wir sagen mit dem Psalmisten: »Der Herr beschützt mich vor Gefahr – vor wem sollte ich erschrecken?« Schenke uns, dass unsere Worte, unsere Einstellung und unser Verhalten zu Hause, mustergültig völliges Vertrauen in Dich als Lebensweise zeigen! Amen.

Dienstag

Luftballons und Kinder

»Meine Zeit ist noch nicht gekommen.«
Johannes 2,4

Ich (JCD) nahm einmal an einer Hochzeit teil, die in einem wunderschönen Garten stattfand. Nachdem der Prediger den Bräutigam aufgefordert hatte, der Braut einen Kuss zu geben, stiegen 150 Ballons, die mit Helium gefüllt waren, in den blauen Himmel empor. Rasch trieben die Ballons auseinander, manche stiegen etwa hundert Meter hoch, einige flogen Richtung Horizont. Einige wenige Ballons kämpften noch mit den oberen Ästen der Bäume, während andere nur noch als Farbtupfer weit oben am Himmel zu sehen waren.

Wie die Ballons, so scheinen manche Jungen und Mädchen mit mehr Helium als andere auf die Welt zu kommen. Sie fliegen mühelos weit nach oben, während sich andere gefährlich nah an den Ästen entlanghangeln. Ihre Betreuer rennen unten aufgeregt mit; sie schnaufen und keuchen, um sie in der Luft zu halten.

Sind Sie Eltern eines »tief fliegenden« Kindes? Im Laufe vieler Jahre habe ich mit Hunderten von Familien gearbeitet, deren Kinder sich fortwährend auf die eine oder andere Weise abmühen mussten. Von meiner Erfahrung aus möchte ich besorgten Eltern ein Mut machendes Wort weitergeben: *Manchmal erreicht das Kind die größte Höhe, das die größten Probleme damit hatte, vom Boden hochzukommen.*

Nur für uns ...

- Welcher Art Ballon gleichen unsere Kinder am ehesten?
- Neigen wir dazu, in Panik zu geraten, wenn sich unsere »Tiefflieger« in die falsche Richtung bewegen?
- Lieben wir sie weniger als die Kinder, die sich zu größerer Höhe aufschwingen?
- Wie können wir es verhindern, verfrüht zu beurteilen, wie sich ein Kind entwickeln wird?
- Wie können wir mehr »Helium« in unsere Beziehung zu unserem »Tiefflieger« pumpen?

Himmlischer Vater, heute Abend bitten wir Dich um Weisheit und Geduld bei der Erziehung unserer Kinder. Wir wollen das, was wir von ihrem Leben erwarten und verlangen, loslassen. Wir vertrauen Deiner Fürsorge und Gnade. Hilf uns täglich, Dir bei dieser großen Aufgabe der Elternschaft zu gehorchen. Amen.

Mittwoch

Die Geschichte von den zwei Elternhäusern

»Ein Haus, das in sich selbst zerstritten ist, wird untergehen.«
Markus 3,25

Nehmen wir einmal an, Sie wären sieben Jahre alt. Sie kommen aus der Schule nach Hause, und Ihre Mutter begrüßt Sie mit einem freundlichen Lächeln und einem Imbiss. Später kommt Ihr Vater nach Hause. Mama und Papa begrüßen sich mit einem Kuss und mit liebevollen Worten. Papa umarmt Sie zärtlich. Nachdem Sie Ihre Hausaufgaben gemacht haben, genießen Sie diesen Abend und machen Spiele. Schließlich sprechen Sie Ihr Abendgebet und schlafen ein.

Nun versetzen Sie sich an die Stelle eines anderen siebenjährigen Kindes. Sie kommen aus der Schule nach Hause und treffen eine Mutter an, die – wenn sie überhaupt zu Hause ist – telefoniert oder vor dem Fernsehgerät sitzt. Sie essen alleine ein paar Süßigkeiten. Später kommt Ihr Vater heim. Ihre Mutter beklagt sich darüber, dass die Garage immer noch nicht fertig ist. Papa antwortet wütend und geht an Ihnen vorbei in die Küche. Sie sehen den ganzen Abend fern, dann kriechen Sie in Ihr Bett und schlafen ein, wobei Sie Ihre Eltern streiten hören.

Das eine Zuhause ist sicher und behaglich, das andere unbehaglich und voll Streit. Kinder wachsen viel zu oft in Elternhäusern wie dem letztgenannten auf – oder in noch schlechteren. Darum fragen Sie sich selbst: Welches Szenario trifft am ehesten auf unsere Familie zu? Wie würden wir die Atmosphäre in unserem Haushalt beschreiben? Lebt jeder für sich, oder leben wir in Gemeinschaft? Ist die Stimmung eher liebenswürdig oder eher streitsüchtig? Herrscht Sarkasmus oder gegenseitige Unterstützung und Förderung? Die Geschichte Ihrer Familie prägt sich mit jedem Tag in den Geist und die Erinnerung Ihrer Kinder ein.

Nur für uns ...

- Inwiefern beeinflusst unsere eigene Erziehung die Atmosphäre in unserer Familie heute?
- Wie würden deiner Meinung nach unsere Kinder unser Familienleben beschreiben?
- Was können wir tun, damit unser Zuhause eine Stätte positiven Zusammenlebens ist und bleibt?

Du liebender Herr, wir wissen, dass unsere Beziehung die Atmosphäre prägt, in der unsere Kinder aufwachsen. Hilf uns, mit unserer Ehe unseren Kindern den Ausgangpunkt für ein gutes Zuhause und eine glückliche Kindheit zu geben, die Dir Ehre macht. Amen.

Donnerstag

Der Grundstock

Lehre dein Kind, den richtigen Weg zu wählen,
und wenn es älter ist, wird es auf diesem Weg bleiben.
Sprüche 22,6

Die widersprüchlichen Tipps, die man heute allgemein für die Kindererziehung gibt, reichen aus, um ein gewissenhaftes Ehepaar zur Verzweiflung zu bringen. In früheren Tagen lernten die Mamas und Papas von ihren Eltern, wie man Kinder erzieht, und diese wiederum lernten es von ihren Eltern. Ob zu Recht oder zu Unrecht – sie waren sich sicher in dem, was sie taten. Darum lässt sich der traditionelle Ansatz zur Erziehung auf einige wenige Grundideen zurückführen. Ein paar davon lauten:

- Wenn Ihre Kinder fragen: »Wer hat schuld?«, dann sagen Sie es ihnen.
- Wenn sie murren: »Wer liebt mich?«, dann nehmen Sie sie in die Arme und schenken ihnen Ihre Zuwendung.
- Wenn sie Sie trotzig herausfordern, zeigen Sie sich entschieden als Sieger. Sprechen Sie mit ihnen. Ziehen Sie klare Grenzen, und setzen Sie dann die Regeln fest und gerecht durch.

- Zeigen Sie ihren Kindern interessante Dinge. Helfen Sie ihnen, ihre Zeit weise zu gebrauchen.
- Erziehen Sie sie in einer stabilen Familie mit zwei Elternteilen, die einander lieben und eine gute Ehe genießen.
- Lehren Sie sie, den Herrn zu lieben und Sein Wort zu verstehen.
- Behandeln Sie sie mit Respekt und Würde und erwarten Sie von ihnen dasselbe.
- Nehmen Sie sich Zeit, um zwischen den Generationen Freundschaft und Liebe aufzubauen.

Und dann genießen Sie die Freude sachkundiger Elternschaft und eine wundervolle Familie!

Nur für uns …

- Welche dieser Grundlagen der Erziehung befolgen wir?
- Wo sehen wir Fortschritte? Worauf müssen wir unsere besondere Aufmerksamkeit richten?

Vater, wir danken Dir für die unvergängliche Weisheit, auf die wir uns verlassen und der wir folgen können, um unsere Kinder richtig zu erziehen. Mögen wir als Eltern weise und liebevoll sein und auf Deinen Segen vertrauen. Amen.

Freitag

Den Kurs halten

»Lasst die Kinder zu mir kommen. Hindert sie nicht daran! Denn das Reich Gottes gehört Menschen wie ihnen.«
Markus 10,14

Wie würden wir unsere Aufgabe als Eltern angehen, wenn wir glauben, dass das ewige Leben unserer Kinder auf dem Spiel steht? Wenn wir mit eigenen Augen diese Ehrfurcht gebietende Aufgabe wahrnehmen, wie könnten wir dann eine so große Chance ignorieren und verpassen? Die gute Nachricht der Bibel bietet die einzig befriedigende Antwort auf die Frage, warum wir hier leben und wohin wir gehen. Wenn wir unsere geistliche Verantwortung als Eltern wahrnehmen, wird wohl unsere ganze Familie unserem Beispiel in die Ewigkeit nachfolgen: »Glaube an Jesus, den Herrn, dann wirst du gerettet, zusammen mit allen in deinem Haus« (Apostelgeschichte 16,31). Sind Sie Eltern kleiner Kinder oder von Teenagern? Wir wissen, wie schwierig es für Sie ist, diese Perspektive der Ewigkeit im Blick zu behalten, wenn Sie Ihren Alltag bewältigen. Doch wir wollen Ihnen raten, sich nicht von Ihrer Verantwortung als Eltern entmutigen zu lassen. Ja, es ist unglaublich schwierig, und manchmal werden Sie das Handtuch werfen wollen. Doch wir bitten Sie, den Kurs zu halten! Gehen Sie vor dem Herrn auf die Knie und bitten Sie Ihn um Kraft und Weisheit. Vollenden Sie die Arbeit, zu der Er Sie berufen hat! Es gibt nichts Wichtigeres in Ihrem Leben.

Nur für uns …

- Können wir noch mehr dafür tun, dass unsere Kinder Jesus Christus kennen lernen?
- Wie kann es gelingen, dass wir die Perspektive der Ewigkeit im Blick behalten?
- Gibt es ein dringliches Anliegen, für das wir heute Abend gemeinsam beten sollten?

Herr, nichts wird in der Ewigkeit mehr zählen als dass wir treue Eltern waren, die ihren Kindern den Weg in Deine Gegenwart gewiesen haben. Gib uns Kraft und Weisheit für diese Aufgabe. Ziehe unsere Kinder durch Deinen Geist zu Dir. Amen.

Samstag

Loslassen

Erzieht [eure Kinder] mit Disziplin und zeigt ihnen den richtigen Weg, so wie es Christus entspricht.
Epheser 6,4

Ich gebe zu, dass es mir schwer fiel, meine beiden Kinder Danae und Ryan heranwachsen zu sehen. Ich wusste, dass sie nicht immer Kinder bleiben würden und ich wollte auch keineswegs ihre Entwicklung stoppen. Doch ich genoss jeden Augenblick ihrer Kindheit, und ich bewahre jede Erinnerung daran.

Vor allem in den letzten drei Jahren, die Danae bei uns zu Hause war, arbeitete ich hart daran, sie »loszulassen«. Eine der schwierigsten Phasen war, als sie fünfzehn Jahre alt war. Eine Zeit lang hatte sie Probleme, sich morgens rechtzeitig für die Schule fertig zu machen und ich musste sie wiederholt in letzter Minute zur Schule fahren. Schließlich stimmte ich mit Jim darin überein, dass es an der Zeit war, dass Danae die Verantwortung selbst übernimmt, wenn sie zu spät dran war.

Eines Morgens verpasste Danae ihre Mitfahrgruppe, und sie erschien an meiner Tür, als ich mich gerade für einen Termin fertig machte. Ich überhörte ihren Wunsch, dass ich sie fahren möge, und wir wohnten zu weit von der Schule entfernt, als dass sie hätte zu Fuß hingehen können. Als sie merkte, dass ich ihr nicht helfen würde, rief sie ein Taxi. Sie packte ihre Bücher ein und setzte sich mit gesenktem Kopf auf die Schranke vor unserem Haus, auf das Taxi wartend.

Widerstrebend fügte ich mich in eine der schwersten Aufgaben, die ich je hatte. Ich lenkte mein Auto aus der Auffahrt und fuhr davon – und ließ meine geliebte Tochter entmutigt und allein zurück. In meinem Kopf schwirrten fürchterliche Gedanken umher, was einem jungen Mädchen alles passieren konnte, das allein gelassen war. Ich bat Gott, Danae zu beschützen und aus dieser Erfahrung zu lernen.

Der Herr erhörte mein Gebet. Danae kam nach der Schule ins Haus gesprungen, warf ihre Bücher auf den Tisch und rief: »O Mama! Wie schrecklich! Weißt du, was das für ein Taxi war? Es war ein riesiges, altes Ungetüm. Der Fahrer setzte mich direkt vor der Schule ab, und alle meine Freundinnen haben mich gesehen. O, das werde ich nie wieder tun!« Am nächsten Morgen stand Danae noch in der Morgendämmerung auf.

Es fällt liebevollen, fürsorglichen Eltern extrem schwer, ihre Kinder schutzlos ihren eigenen Verlegenheiten oder Fehlern zu überlassen. Impulsiv wollen wir sie vor ihrem verantwortungslosen Verhalten bewahren. Doch wenn wir unseren Zielen trauen – und unseren Kindern –, dann bleiben wir unserem Kurs treu und werden miteinander etwas reifer.

SMD

Zweiundzwanzigste Woche

Scheidung als »Lösung«?

Lieber Papa

von Gary Smalley und John Trent

Weithin unbeachtet in Ehen, Familien, Freundschafts- und Geschäftsbeziehungen ist ein »Handwerkszeug«, das wir als »Wortbild-Methode für Gefühle« bezeichnen. Es kann die Kommunikation sehr verbessern und Leben verändern. Diese Methode ist so alt wie die antiken Herrscher und doch so zeitlos, dass sie zu jeder Zeit in jeder Gesellschaft angewendet wurde. Dieses Vorgehen ist in der Lage, die Aufmerksamkeit der Menschen auf sich zu ziehen und zugleich ihre Gedanken und Gefühle zu gewinnen. Es kann nicht nur zu vertiefter Intimität und Nähe führen, sondern es hat auch die Fähigkeit, einen bleibenden Eindruck zu hinterlassen.

Als sie sich mit dem Auseinanderbrechen der Ehe ihrer Eltern konfrontiert sah, hat Kimberley, ein Mädchen im Teenageralter, in einem Brief an ihren Vater das folgende Wortbild benutzt:

Lieber Papa,
es ist spätabends, und ich sitze auf meinem Bett, um dir zu schreiben. Ich wollte in den letzten Wochen so oft mit dir reden, aber es gab anscheinend nie Zeit für uns alleine.

Papa, ich merke, dass du dich mit einer anderen triffst. Und ich weiß, dass du und Mama nie wieder zusammenkommen werden. Das zu akzeptieren ist brutal hart für mich – vor allem, da ich weiß, dass du nie wieder nach Hause kommen und für Brian und mich ein ganz »normaler« Papa sein wirst. Aber ich möchte zumindest, dass du weißt, was in unserem Leben vor sich geht.

Denke nicht, Mama hätte mich gebeten, dies zu schreiben. Das tat sie nicht. Sie weiß nicht, dass ich schreibe, und auch Brian weiß es nicht. Ich möchte dir nur mitteilen, was ich denke.

Papa, mir ist, als wäre unsere Familie lange Zeit in einem netten Auto gereist. Weißt du, in solch einem Auto, wie du es dir immer als Geschäftswagen gewünscht hast. Innen hat es alle Extras, die man sich vorstellen kann und außen ist es ohne Kratzer.

Doch im Laufe der Jahre hat das Auto einige Probleme bekommen. Sein Auspuff qualmt sehr, die Räder wackeln, und die Sitzüberzüge haben Risse. Weil der Wagen so hin- und herschaukelte und quietschte, war das Fahren mit ihm kein Vergnügen. Doch es ist immer noch ein tolles Auto – zumindest könnte es das sein. Mit ein wenig Arbeitseinsatz könnte es meiner Meinung nach noch viele Jahre laufen.

Seit wir diesen Wagen haben, saßen Brian und ich immer auf den Rücksitzen, während du mit Mama vorne warst. Wir fühlten uns sicher mit dir am Steuer und Mama neben dir. Doch im letzten Monat war Mama am Steuer.

Es war nachts, und wir sind zu Hause losgefahren und um die nächste Straßenecke gebogen. Plötzlich sahen wir auf und bemerkten ein anderes Auto, das – außer Kontrolle geraten – auf uns zuraste. Mama versuchte, auszuweichen, doch das andere Auto krachte in uns hinein. Durch den Aufprall wurden wir von der Straße gestoßen und krachten in einen Laternenmast. Die Sache, Papa, ist die, dass wir vor dem Aufprall sehen konnten, dass du das andere Auto lenktest. Und wir sahen noch etwas: Neben dir saß eine andere Frau.

Es war solch ein furchtbarer Unfall, dass wir alle ins Krankenhaus mussten. Aber als wir fragten, wo du seist, wusste keiner etwas. Wir sind uns immer noch nicht im Klaren, wo du bist, ob du verletzt bist oder ob du Hilfe brauchst.

Mama war sehr verletzt. Sie war auf das Lenkrad geprallt und hatte mehrere Rippen gebrochen. Eine davon stach in ihre Lunge und hätte fast das Herz getroffen.

Als das Auto kaputtging, wurde Brian von der Hintertür getroffen. Er hatte überall Schnitte von dem zerbrochenen Glas und er brach sich einen Arm, an dem er jetzt einen Gipsverband trägt.

Doch das ist nicht das Schlimmste. Er spürt noch immer solch einen Schmerz und Schock, dass er mit niemandem sprechen oder spielen will.

Was mich betrifft, ich wurde aus dem Auto geschleudert. Ich lag längere Zeit in der Kälte und mein rechtes Bein war gebrochen. Als ich da so lag, konnte ich mich nicht bewegen, und ich wusste nicht, wie es Mama und Brian ging. Ich war so verletzt, dass ich ihnen nicht helfen konnte.

Seit jener Nacht gab es Zeiten, in denen ich mich fragte, ob wir es überhaupt schaffen würden. Obwohl es uns jetzt ein wenig besser geht, sind wir alle immer noch im Krankenhaus. Die Ärzte meinen, die Behandlung für mein Bein würde sehr lange dauern, und ich weiß, dass sie mir helfen können, doch ich wollte, dass du es wärst, der mir an ihrer Stelle hilft.

Der Schmerz ist sehr groß, doch was noch viel schlimmer ist, ist die Tatsache, dass du uns allen so sehr fehlst. Jeden Tag halten wir Ausschau, ob du uns nicht im Krankenhaus besuchen kommst, doch du kommst nicht. Ich weiß, es ist vorbei. Doch mein Herz würde vor Freude zerspringen, wenn ich aufschauen würde und sähe dich hereinkommen.

Nachts, wenn es im Krankenhaus ganz ruhig ist, bringen sie Brian und mich in Mamas Zimmer und wir sprechen über dich. Wir reden davon, wie schön es war, mit dir im Auto zu fahren, und wie sehr wir es uns wünschen, dass du hier bei uns wärst.

Geht es dir gut? Bist du verletzt vom Unfall? Brauchst du uns so, wie wir dich brauchen? Falls du mich brauchst – hier bin ich, und ich liebe dich.

Deine Tochter Kimberley

Ein Blick voraus …

Mehr als zwei Monate, ehe sie diesen Brief schrieb, hatte Kimberley mit angesehen, wie ihr Vater Steve sein bisheriges Familienleben hinter sich gelassen und im Sinne hatte, sich von seiner Frau scheiden zu lassen und eine Beziehung zu einer anderen Frau zu unterhalten. Der Schmerz, den Kimberley, ihre Mutter und ihr Bruder dabei spürten, war unbeschreiblich. Doch die Pein ging auch auf Steve über. Nur wenige Wochen, nachdem er seine Familie verlassen hatte, sah er seine Entscheidung mit kritischen Augen.

So wirkt sich eine Scheidung aus. Zunächst scheint sie eine Lösung für Probleme zu sein, doch eigentlich bringt sie nur Kummer und neue Probleme mit sich.

Wenige Tage, nachdem er Kimberleys Brief erhalten hatte, erschien Steve an der Türschwelle seiner Familie und fragte, ob er zurückkehren dürfe. Er hatte erkannt, dass eine Scheidung nicht die Antwort auf die Probleme seiner Familie war. Würden Sie in einer Scheidung die Antwort für Ihre Probleme sehen? War Ihre Ehe je am Rande des Zerbrechens? In dieser Woche werden wir uns ehrlich mit der Scheidung als »Lösung« befassen.

JCD

Montag

Der Sprung in die Tiefe

Eine Frau soll sich nicht von ihrem Ehemann scheiden lassen. Wenn sie sich aber doch von ihm trennt, soll sie allein bleiben oder zu ihm zurückkehren.
1. Korinther 7,10-11

Scheidung scheint oft, als wäre sie eine »schnelle Lösung« für eine unangenehme Situation, doch sie ist zu allermeist weitaus schmerzvoller als es zuvor aussieht. Wenn ich an diejenigen denke, die dabei sind, diesen drastischen Schritt zu tun, dann fällt mir ein Dokumentarfilm aus der Anfangszeit des Filmens ein. Er zeigt einen selbst ernannten Erfinder, der fast an der Spitze des Eiffelturms steht, mit einem Paar selbst gebastelter Flügel an seinen Armen. Er schreitet zurück und wieder nach vorne und versucht, sich zu dem Sprung Mut zu machen. Wenn die Flügel ihn tragen, wird er berühmt. Wenn sie versagen, stürzt er in den Tod. Schließlich klettert der »Flieger« auf das Geländer, schwankt einen Moment, springt – und fällt wie ein Stein.

Bedrückte und seelisch verletzte Ehepartner, die ernsthaft an Scheidung denken, ähneln dem unglücklichen Mann auf dem Eiffelturm. Sie haben das Gefühl, sie könnten nicht zurück und werden von dem Köder »Freiheit« vorwärts gelockt – man kann sich erheben, den Schmerz und die Enttäuschung hinter sich lassen usw. Und so springen sie ... nur kopfüber in Vormundschaftsstreitigkeiten, Einsamkeit, Bitterkeit und sogar in Armut. Die langfristigen Kosten ihrer Entscheidung werden ihnen mit der Zeit klar. Manche erkennen auch die guten Seiten ihres Partners wieder, doch dann ist es zu spät. Sie sind bereits gesprungen.

Nur für uns ...

- Wann bist du in eine Situation geraten, die du später bereut hast?
- Hat dir die Bibel schon einmal geholfen, solch einen Fehler zu vermeiden? Wann?
- Was ist das Attraktive – und das Gefährliche – an »schnellen Lösungen« für Eheprobleme?
- Warum gebietet uns Gott deiner Meinung nach, eine Scheidung zu vermeiden?

O Herr, Du hast uns als liebende Ehepartner miteinander verbunden. Gib uns Mut durchzuhalten, wenn es einfacher scheint, unser Bündnis aufzugeben anstatt zu bleiben. Hilf uns zu erkennen, dass die Scheidung als »schnelle Lösung« trügerisch ist. Schütze unsere Ehe vor jedem Schaden, auch vor unserer eigenen Kurzsichtigkeit. Amen.

Dienstag

Scheidung und Kinder

Und ebenso soll ein Mann seine Frau nicht wegschicken.
1. Korinther 7,11

Die Tochter in der Geschichte »Lieber Papa« vom Sonntag beschrieb das Trauma, das ihr Vater auslöste, als er seine Familie verließ, mit dem Bild von einem zerstörten Auto. Das ist der Eindruck, den eine Scheidung typischerweise auf Kinder macht. Es ist verheerend!

Mehr als 25 Jahre lang hat die kalifornische Psychologin Judith Wallerstein das Leben Hunderter von Kindern aus Scheidungsehen von der Kindheit bis ins Erwachsenenalter verfolgt. Sie fand heraus, dass die Qual, die die Kinder nach einer Scheidung durchmachen, sie das ganze Leben hindurch begleitet und es ihnen schwerer macht, die Herausforderungen des Lebens zu meistern. »Im Unterschied zu dem, was ein Erwachsener erlebt«, sagt Frau Wallerstein, »hat das Leid eines Kindes seinen Höhepunkt nicht beim Zerbrechen der elterlichen Ehe und senkt sich danach ab. Die Kinder machen die Auswirkungen der Scheidung der Eltern in ihren ersten 30 Lebensjahren immer wieder durch.« Der Psychiater Armand Nicholi von der Harvard-Universität sagt, der Schmerz der Scheidung sei für die Kinder fünf Jahre später stärker als zu dem Zeitpunkt, da die Familie zerfällt. Er sieht auch einen unmittelbaren Zusammenhang zwischen dem Abbrechen des Eltern-Kind-Verhältnisses und dem Anwachsen psychischer Erkrankungen bei Kindern.

Wenn Ihnen der Gedanke an Scheidung wieder einmal kommt, dann blicken Sie auf die Folgen, die eine solche Trennung für die schwächsten, verletzbarsten Glieder Ihrer Familie hat. Die Forschung zeigt uns, dass die Zeit hier keine Wunden heilt.

Nur für uns ...

- Stimmst du diesen Erkenntnissen von Fachleuten zu?
- Falls sich deine Eltern scheiden ließen, welche Erfahrungen hast du dabei und danach gemacht?
- Was würde mit unseren (zukünftigen) Kindern geschehen, wenn wir uns scheiden ließen?

Vater, wir danken Dir für die zarten Menschenleben, die Du in unsere Obhut gegeben hast. Wir beschließen, ihnen nie durch eine Scheidung Schaden zuzufügen. Gib zu diesem Vorhaben jeden Tag aufs Neue Deine Kraft und Deinen Segen. Amen.

Mittwoch

Gesundheitsgefährdend

Darum so seht euch vor in eurem Geist, und werde keiner treulos dem Weib seiner Jugend.
Maleachi 2,15

Der Autor Pat Conroy erzählt, dass er, nachdem er seinen drei Töchtern gesagt habe, dass er und seine Frau sich scheiden ließen, sich gefühlt habe, als hätte er seine »ganze Familie mit Benzin übergossen und ein Streichholz angezündet«. Die schmerzlichen Auswirkungen solchen Stresses und solcher Schuld sind nicht von vorübergehender Natur. Dr. David Larson, Psychologe und Wissenschaftler in Washington, hat beobachtet, dass alle Arten der Krebserkrankung bei Geschiedenen häufiger vorkommen als bei Verheirateten. Er hat auch gesagt, dass die Rate von vorzeitigen Todesfällen bei geschiedenen Menschen wesentlich höher liegt und dass es nur wenig gesundheitsfördernder ist, wenn man geschieden ist und nicht raucht als wenn man verheiratet bleibt und ein oder zwei Schachteln Zigaretten pro Tag raucht.

In den 60er-Jahren des letzten Jahrhunderts erklärte das amerikanische Gesundheitsministerium, Zigaretten seien für Raucher ein Gesundheitsrisiko. Vor nicht allzu langer Zeit warnten uns Wissenschaftler vor Lebensmitteln, die viel Fett und Cholesterin enthalten. Vielleicht ist es an der Zeit, einmal eine Warnung vor den Gesundheitsrisiken von Ehekonflikten verlauten zu lassen. »Ein Fleisch« auseinander zu reißen ist eine der verheerendsten Erfahrungen, die man im Leben machen kann. Da *muss* es doch eine bessere Lösung für solche Konflikte geben!

Nur für uns …

- Schadet der Zustand unserer Ehe unserer Gesundheit?
- Wie gefährdend ist eine Scheidung für das geistliche Leben eines Menschen? (Siehe Maleachi 2,13-16.)
- Was können wir in dieser Woche tun, um unsere körperliche und seelische Gesundheit zu fördern?

Lieber Gott, wir wurden daran erinnert, dass sich der Schaden, den eine zerbrochene Ehe verursacht, auf Leib, Seele und Geist auswirkt. Wir bitten Dich demütig darum, dass Scheidung nie zu einer Möglichkeit für unsere Ehe wird, Probleme zu lösen. Amen.

Donnerstag

Keine Schuld?

Ein Mann, der sich von seiner Frau scheiden lässt und eine andere heiratet, begeht Ehebruch.
Matthäus 19,9

Ein Grund für die Zunahme der Ehescheidungen in unserer Zeit ist die Abkehr vom so genannten Verschuldensprinzip, die als Erstes im Jahre 1969 in Kalifornien eingeführt wurde. In den darauf folgenden 15 Jahren führte jeder Bundesstaat der USA dieses neue Scheidungsrecht in irgendeiner Form ein. (Anm.: 1977 wurde es als neues Familienrecht in der Bundesrepublik Deutschland eingeführt.) Mit welchem Ergebnis? Nach einer Statistik nahm seitdem die Zahl der Ehescheidungen in den USA um 279 Prozent zu.

Im Wesentlichen hat das neue Scheidungsrecht die Heiligkeit und Unantastbarkeit der Ehe aufgehoben und aus der Ehe einen undurchführbaren Vertrag gemacht. Ein Mann und eine Frau können ihre Familie viel einfacher preisgeben als sie fast jeden anderen Vertrag auflösen können, den sie unterzeichnet haben. Vor dem Gesetz zählt nicht, dass sie vor Gott, vor ihren Verwandten, ihren Freunden, vor einem Geistlichen und einem Standesbeamten ein einzigartiges Gelöbnis abgelegt haben.

Ganz gleich aber, wie leicht die Gesetze es machen, sich scheiden zu lassen: Es wird immer unendlich schwierig sein, den Schaden zu beheben, den eine Scheidung verursacht.

Nur für uns ...

- Was würdest du einem Ehepaar sagen, das der Auffassung ist: »Unsere Ehe geht niemanden etwas an. Wir kommen nicht miteinander klar, also gehen wir getrennte Wege«?
- Kennen wir jemanden, der sich scheiden ließ und das jetzt bereut?
- Sind wir entschlossen, zusammenzubleiben, auch in schweren Zeiten?

Herr, die Gesetze haben es sehr erleichtert, das auseinander zu reißen, was Du zusammengebunden hast. Vergib uns, vergib unserem Land und führe uns zur Buße. Hilf uns, Deine Gebote zu halten – Deine Gebote, die für unsere Ehe und Familie die Gesetzesgrundlage sind. Amen.

Freitag

Der zweite Versuch

Ich will ihnen ihre Missetat vergeben und ihrer Sünde nimmermehr gedenken.
Jeremia 31,34

Viele von Ihnen, die Sie diese Diskussionen über die Folgen einer Scheidung lesen, sind diesen fatalen Schritt bereits gegangen – bereitwillig oder nicht – und haben dann wieder geheiratet. Vielleicht sehen Sie sich auch der einzigartigen Herausforderung gegenüber, Kinder zu erziehen, die aus zwei früheren Ehen stammen. Sie können sicher sein, dass wir keineswegs beabsichtigen, Sie mit zusätzlicher Schuld zu überhäufen. Wir haben einen liebenden Gott, der denen Seine Vergebung anbietet, die ernsthaft nach Seinem Willen fragen. Nur Er weiß, wie es in Ihrem geistlichen »Herzen« aussieht, und nur Er kennt die Umstände, die zum Ende Ihrer ersten Ehe(n) führten. Wenn Sie diese Sache noch nicht vor Gott gebracht haben, so raten wir Ihnen eindringlich, dies jetzt, heute Abend, zu tun.

Wir hoffen, dass Sie die Heiligkeit Ihrer jetzigen Ehe anerkennen und mit Herz und Seele darum kämpfen, diese Ehe am Leben zu erhalten. Mit der Hilfe des Herrn können Sie immer noch eine Ehe schmieden, die ein Leben lang hält. Wir wollen Ihnen Mut machen, aus den Fehlern Ihrer früheren Beziehungen zu lernen, dass Sie sich mit ganzem Herzen auf Gottes Prinzipien für die Ehe verlassen und sich fest dazu entschließen, sich durch *nichts* von Ihrem Partner trennen zu lassen.

Und vergessen Sie nicht, dass es in Gottes Familie keine Mitglieder zweiten Grades gibt. Gott möchte Ihnen immer noch Sein Bestes geben. Und wenn Sie miteinander nach Ihm fragen und Ihn suchen, so wird Er das tun.

Nur für uns ...

- Was würde an einer zweiten Ehe das Schwierigste sein?
- Ist Gott bereit, denen zu vergeben, die sich aus falschen Gründen scheiden ließen?
- Was ist deiner Meinung nach bei einer Scheidung das Schmerzlichste? Wie können wir das Wissen darüber anwenden, um unsere Ehe zu stärken?

Vater, vergib uns unsere Sünden und egoistischen Fehler. Wir werfen all unsere Hoffnung auf Deine Wahrheiten, und wir wollen gemeinsam von ganzem Herzen danach trachten, Deinem Willen zu gehorchen. Hab Dank für Deine Gnade, die jeden Morgen neu ist. Amen.

Samstag

Viele Probleme

»Ich hasse die Ehescheidung«, sprich der Herr, der Gott Israels.
Maleachi 2,16 (Schlachter)

Wer dürfte besser wissen, dass das tagtägliche Zusammenleben mit einem anderen Menschen nicht immer einfach ist, als der, der die Ehe erfunden hat? Gott versteht, was wir durchmachen, selbst in den schlimmsten Umständen. Als Paulus von »zusätzlichen Belastungen«

schrieb, »die mit einer Ehe verbunden sind« (1. Korinther 7,28), meinte er das ernst!

Glücklicherweise hat uns Gott mit der Bibel einen Plan in die Hand gegeben, wie wir unsere eheliche Beziehung erfolgreich und erfüllt gestalten können. Der Herr schuf die Ehe zu unserem Wohl, und Er weiß, dass es auf vielfache Weise schadet, diese Partnerschaft zu zerstören.

Kein Wunder, dass Gott die Scheidung hasst. Er hat klar zum Ausdruck gebracht, dass eine dauerhafte Trennung von einem Ehepartner nicht nur untragbar, sondern abscheulich ist. Die einzige Ausnahme, die Er uns zulässt, ist Ehebruch; doch ist selbst in einer solchen Situation Raum für Vergebung und Aussöhnung, wenn wir dem barmherzigen Beispiel von Jesus Christus folgen.

Wir wollen Ihnen als Ehemann und Ehefrau, die Gott gehorchen wollen, einen sehr persönlichen, Mut machenden Rat geben. Jim und ich haben herausgefunden, dass dann, wenn wir dem Wort Gottes folgen, *unsere Ehe all die Stabilität und Erfüllung bekommt, die Er uns verheißen hat!* Und das werden auch Sie erfahren. Die Ehe ist schließlich Gottes Idee, und Seine Grundlinien und Werte führen auf natürliche Weise zur Harmonie zwischen Menschen. Sündiges Verhalten aber tötet eine Beziehung ab.

Wenn Sie eine Zeit mit »viel Problemen« trifft, wird Satan zur Stelle sein und Ihnen eine Scheidung als »Lösung« nahe legen. Vielleicht haben Sie solch eine Situation schon einmal erlebt. Sicher kennen und mögen Sie Paare, die auch in diese Situation gekommen sind und die sich entschieden haben, Satans Lüge zu glauben.

Ich bete dafür, dass Sie stattdessen Gott glauben.

SMD

Dreiundzwanzigste Woche

Eine Zeit des Lachens

Was ist mit Bob?

von Phil Callaway

Das Wochenende des Erntedankfestes begann so, wie Bob und Audrey Meisner es geplant hatten. Sie füllten ihren Familienvan mit Matratzen, Schlafsäcken und Kindern und fuhren 1.600 Kilometer durch das Flachland von Manitoba zu den Schwiegereltern in Michigan. Es war eine wunderschöne Reise. Sie kamen durch bunte Prärielandschaften mit Seen, die sich bis zum Horizont erstreckten. Äste von Pappeln ragten kahl empor, in Erwartung des kommenden Winters. Die Kinder zählten die Scharen kanadischer Wildgänse, die ihre Heimat verließen und nach Florida zogen. Weder Bob noch Audrey ahnten, dass die Schönheit dieser Reise in scharfem Kontrast zu ihrer Heimreise stehen sollte.

Das Wochenende war gefüllt mit Verwandtenbesuchen, Truthahnessen und Gelächter. Sonntagnacht verabschiedeten sich die Meisners und machten sich auf den Rückweg. Sie starteten um 23.00 Uhr, fuhren die Nacht hindurch und kamen am nächsten Morgen um 8.30 Uhr in Minneapolis an. Obwohl Mama und Papa müde waren, winkte ein Besuch im »Mall of America«, und viele Stunden vergingen, ehe sie die Twin Cities im Rückspiegel verschwinden sahen und der untergehenden Sonne entgegenfuhren.

Als Audrey anbot, zu fahren, kletterte Bob nach hinten, wo er hinter ein paar Schlafsäcken verschwand und einschlief.

Eineinhalb Stunden später lenkte Audrey den Van so leise wie möglich vor eine Raststätte, in der Hoffnung, die Familie würde weiterschlafen. Als der Motor im Leerlauf lief, kam es ihr vor, als würde ein Zylinder nicht laufen und sie dachte an Bobs Schnarchen, das von hinten zu hören war.

Nachdem sie sich in der Raststätte erholt hatte, stieg Audrey wieder in das Auto, rührte im Kaffee, trank einen großen Schluck und fuhr wieder auf den Highway. Zwei Stunden vergingen recht schnell, während sie Gospelsongs und Talkshows aus dem Autoradio anhörte. Als sie in Fargo ankamen, wachten die Kinder auf. Doch nicht Bob. ›Mensch, ist der müde!‹, dachte Audrey. Ihr Siebenjähriger erschien im Rückspiegel, er rieb sich die Augen. »Schlaf doch wieder, Schatz«, sagte seine Mama.

Plötzlich war es mit der friedlichen Morgenstimmung vorbei. »Wo ist Papa?«, fragte eins der Kinder.

»Sehr witzig«, sagte Audrey und rückte den Spiegel zurecht. »Da hinten schläft er – oder nicht?«

Die Kinder begannen, Matratzen und Schlafsäcke auf die Seite zu rücken, um ihren Papa zu finden. »Nein«, sagte ihr siebenjähriger Sohn, »da ist er nicht.«

»Meinst du, er ist entrückt worden?«, fragte ein anderes Kind. »Du weißt doch, Mama, wie du es uns erzählt hast, wenn Jesus kommt, um uns zu holen.«

Audrey war nicht nach Lachen zu Mute. Panik überfiel sie, als sie nach der nächsten Ausfahrt Ausschau hielt. Sollte sie wenden und zurückfahren? Sie hatte keine Idee, wo die Raststätte gewesen war. War das zwei Stunden her? Oder drei?

›Beruhige dich, Audrey‹, sagte sie zu sich selbst. Dann betete sie: *›Lieber Herr, hilf mir, Bob zu finden. Und bitte bewahre ihn, wo immer er auch ist.‹*

Sie lenkte den Van zu einem Fernfahrerlokal, ging zum Telefon und rief die Polizei an. »Äh … ich … äh … habe meinen Mann in Minnesota zurückgelassen«, sagte sie zu dem Beamten. »Bei … nun … bei einer Raststätte.«

Es herrschte Stille. »Entschuldigung, könnten Sie das wiederholen?«

Nachdem sie das einige Minuten voll Verzweiflung wiederholte, konnte sie den Mann am anderen Ende der Leitung davon überzeugen, dass das kein Witz war – dass sie ihren Mann zurückgelassen hatte, aber unabsichtlich, obwohl er wohl das Gegenteil dachte.

»Wir machen es so«, sagte der Beamte, »Sie bleiben am Apparat und ich suche Ihnen die Telefonnummern aller Raststätten in jener Gegend heraus. Sie fahren jetzt nicht einfach drauflos, klar?«

Audrey fuhr nicht einfach drauflos.

Nachdem sie sich bei dem Beamten für seine Hilfe bedankt hatte, ging sie die Liste durch, Nummer für Nummer. Bei jedem Anruf die gleiche Überraschung, doch alles ohne Erfolg. Sie hatte innerlich schon aufgegeben, wählte aber doch noch die letzte Nummer der Liste. »Ist bei Ihnen ein Mann, der …?«

»Ja, der ist hier«, sagte eine Stimme mit norwegischem Akzent.

Einige Augenblicke später war Bob am Apparat. »Liebling, es tut mir so Leid«, sagte Audrey. »Ich hab's nicht so gemeint …« Audrey fing an zu weinen. Und Bob begann zu lachen.

Zwei Stunden zuvor war er aus dem Auto gestiegen, um sich in den Ruheraum zu begeben. Doch als er zurückkehrte, war das Auto nicht mehr da.

»Ha«, hatte Bob gesagt, »sehr lustig!«

Er war dreimal das Gelände der Raststätte abgelaufen, in der Meinung, seine Familie sitze grinsend irgendwo ums Eck.

»Sie würde mich nicht so sitzen lassen«, sagte Bob. »Oder doch?«

Um die Zeit sinnvoll zu nutzen, reinigte Bob die Windschutzscheiben der Autos und betete, Gott möge laut zu seiner Frau reden und ihr zeigen, dass Bob im Van fehlte. Er stieg sogar zu einem Lastwagenfahrer ein zu einem seelsorgerlichen Gespräch. »Wissen Sie«, meinte der Lastwagenfahrer zu Bob, »dieses Zusammentreffen mit Ihnen war ein Termin, den Gott setzte. Ich hatte das wirklich nötig.«

»Lieber Gott«, betete Bob, »bitte keine Termine mehr heute Nacht!«

Früh am nächsten Morgen sah Bob die Scheinwerfer eines Wagens, der ihm bekannt vorkam, in den Rasthof einfahren. Er hörte auf, die Windschutzscheiben zu reinigen, und stieß einen Seufzer der Erleichterung aus. Für Audrey war es eine erneute Ankunft. Doch diesmal hupte sie laut, ganz gleich, wer davon geweckt würde.

»Das ist das erste Mal, dass ich ihn verlassen habe«, sagte sie und lachte jetzt. »Glaube mir, das wird auch das letzte Mal sein.«

»Zuerst fragte ich mich, ob die Entrückung schon stattgefunden hat«, sagte Bob. »Dann kam es mir vor wie eine Szene aus einem Horrorfilm. Doch ich dachte: Nun, machen wir das Beste draus!«

Audrey lernte auch etwas aus diesem Erlebnis. »In jener Nacht merkte ich, wie wichtig es ist, alle meine Sorgen auf Gott zu werfen. Sie gehören Ihm, und Er ist absolut vertrauenswürdig … Und ich lernte, dass es immer gut ist, die Anwesenden durchzuzählen, ehe ich wieder auf die Autobahn fahre.«

Ein Blick voraus …
Das kann jedem von uns passieren. Gerade, wenn das Leben so schön glatt zu laufen scheint, verwandelt sich so etwas wie eine einfache Pause an der Raststätte in eine kleine Überraschung, die so manches nach sich zieht.

Es gibt wahrscheinlich keine Mittel, solche unerwarteten Wendungen des Schicksals zu vermeiden – doch wir können uns entscheiden, wie wir darauf reagieren. Ich habe entdeckt, dass man mit Missgeschicken im Eheleben leichter umgehen kann, wenn man darüber schmunzelt, als dass man die Stirn runzelt. Wenn dich also dein Partner das nächste Mal versehentlich auf dem Trockenen sitzen lässt, dann denke an Bob Meisner. Du kannst stundenlang auf dem Bordstein sitzen und vor Wut schmoren, oder du kannst aufstehen und einige Windschutzscheiben putzen.

JCD

Montag

Zweihundert Mal lachen

Ein fröhliches Herz ist die beste Medizin, ein verzweifelter Geist aber schwächt die Kraft eines Menschen.
Sprüche 17,22

Man hat gesagt, dass ein durchschnittliches Kind zweihundert Mal am Tag lacht, während ein typischer Erwachsener nur viermal in 24 Stunden lacht. Was ist also mit uns Erwachsenen passiert? Vielleicht hat das mit der zermürbenden Arbeit im Büro zu tun, mit dem Schlangestehen an der Kasse im Supermarkt oder den Bergen von Rechnungen auf dem Küchentisch.

Natürlich kann das Leben sehr problematisch sein, und manche Menschen haben mit großen Schwierigkeiten, mit Not und Missgeschick zu kämpfen. Aber viele von uns klagen schon bei relativ kleinen Unannehmlichkeiten. Ich (JCD) kannte eine Frau, die sich selbst und ihrem Mann fortwährend Kummer machte, weil sie ein Kind mehr hatte als Kinderzimmer zur Verfügung standen. Zu viel Ärger rührt davon, dass wir unfähig sind, den Humor und die Segenszeichen zu beachten, die um uns herum da sind. Wenn Ihr Mann vergisst, die Kinder zum richtigen Termin zum Zahnarzt zu bringen oder wenn Ihre Frau versehentlich Ihr Lieblingssweatshirt verschenkt oder Ihr Kleiner seine Version von da Vincis Mona Lisa an die Wohnzimmerwand pinselt – wäre es dann nicht leichter, diese Situation von ihrer amüsanten Seite her zu nehmen?

Kevin Jones, der an der Lou-Gehrig-Krankheit litt und dessen Lähmung ständig zunahm, wurde einmal gebeten, zu sagen, was an seiner Situation das Schlimmste sei. Er antwortete: »Meine Frau muss fahren! Sie muss mich überall hinbringen!«

Ganz gleich, was sich in deinen Weg stellt: Ein Lächeln kann die Situation nur verbessern.

Nur für uns …

- Wie oft lachst du am Tag?
- Denken wir an unsere Zukunft im Himmel, wenn wir in Not sind?
- Wie können wir das Ganze mit Humor nehmen, wenn wir wieder in eine schwierige Situation geraten?

Lieber Gott, wenn Probleme drohen, unseren Umgang miteinander zu verschlechtern, dann hilf uns, sie aus der Perspektive Deiner unfehlbaren Güte zu sehen. Amen.

Dienstag

Familiengeflüster

Seid immer fröhlich.
1. Thessalonicher 5,16

Humor und Unbeschwertheit sind der Kitt, der eine Familie zusammenhält. Familien, die gerne über amüsante Geschichten des Erwachsenwerdens lachen, knüpfen ein starkes Band für raue Zeiten.

Wir hörten von einer Mutter, die mit ihrem unruhig auf dem Schoß hin- und herrutschenden Kleinkind einen Kinderfilm im Kino ansah. Mitten im Film konnte sie die große Limonadenflasche und das Popcorn nicht mehr festhalten und beides ergoss sich als klebrige Mischung über das Kind und in ihren Schoß. Da der Film wohl nicht mehr allzu lange dauern würde, wollte sie das Ende abwarten. Sie merkte nicht, dass sie und ihr Sohn allmählich aneinander klebten. Als der Film aus war, standen sie auf – und der Wickelrock der Mutter, festgeklebt am Hintern des Kleinen, löste sich. Der Kleine zog ihn hinter sich her, als er den Gang hinablief ... Sie stand da und hielt ihren Unterrock – und dankte dem Herrn, dass sie sich die Zeit genommen hatte, ihn anzuziehen!

Eine andere Mutter schrieb uns und berichtete von einem kommunikativen Missverständnis mit ihrem Kleinkind: »Vielleicht sollte man ein allgemein gültiges Wort dafür schaffen, dass ein kleines Kind aufs Töpfchen geht. Mein Dreijähriger hat gelernt, dies als ›flüstern‹ zu bezeichnen. Nun, einmal kam sein Großvater zu Besuch, und mitten in der Nacht trat mein Sohn an sein Bett und sagte: ›Opa, ich muss flüstern.‹ Da der Opa die Oma nicht wecken wollte, sagte er zu ihm: ›Okay, flüstre in mein Ohr.‹« Was der Kleine dann auch tat.

Das Erzählen und Wiedererzählen von solchen Geschichten kann Familien über Generationen hinweg verbinden. Gott erschuf uns aus gutem Grund mit einem Sinn für Humor. Wir meinen, dass Er möchte, dass wir ihn gebrauchen.

Nur für uns ...

- Warum hat uns Gott deiner Meinung nach mit der Begabung zum Lachen geschaffen?
- Erinnerst du dich an irgendwelche amüsanten Familiengeschichten aus deiner Kindheit?
- Wie können wir unser Familienerbe durch Geschichten weitergeben?

Herr, wir danken Dir, dass wir mit unseren Kindern auch heitere Zeiten haben. Hilf uns, diese zu einem Teil unserer gemeinsamen Geschichte zu machen, die uns über viele Jahre verbindet. Amen.

Mittwoch

Lachmuskel-Training

Für ein fröhliches Herz ist jeder Tag ein Fest.
Sprüche 15,15

Für jene trostlosen Tage, an denen ihr dringend lachen solltet, solltet ihr einen Humor-Ordner voll Sprüchen und Witzen haben, die euch todsicher zum Lachen bringen. Hier sind einige, die alle aus öffentlichen Bekanntmachungen von Gemeinden und Kirchen stammen:

- Thema der Predigt heute Abend: »Was ist die Hölle?« Kommen Sie früh und hören Sie unserem Chor beim Üben zu.
- Im Preis für die Teilnahme an der Gebetsfasten-Konferenz ist eine Mahlzeit mit inbegriffen.
- Nicht vergessen, die Damen: Flohmarkt am Samstag! Das ist eine gute Gelegenheit, Dinge loszuwerden, die man nicht mehr braucht. Bringen Sie Ihre Männer mit!
- Thema der Predigt heute Morgen: »Jesus geht auf dem Wasser.« Thema der Predigt heute Abend: »Suche Jesus!«

Nur für uns …

- Was ist dein Lieblingswitz oder die lustigste Geschichte aus unserer Familie?
- Halten uns diejenigen aus unserem Bekanntenkreis, die wie wir an Jesus Christus glauben, für humorvoll oder für mürrisch und traurig? Wie würden uns unsere Kinder beschreiben?
- Wird in unserer Familie viel gelacht?

Himmlischer Vater, wir wissen, dass ein fröhliches Herz ein Segen für uns selbst und für andere ist sowie eine Antwort echten Glaubens an Dich. Wir bitten Dich: Lass Deine Freude in unserem täglichen Leben sichtbar werden! Amen.

Donnerstag

Gesunder Humor

»Ich will darauf achten, dass ich nicht sündige, wenn ich rede. Ich will meine Zunge fest im Zaum halten.«
Psalm 39,2

Lachen ist für Familien gesund. Wir sollten miteinander lachen können, ohne befürchten zu müssen, eine ängstliche Überreaktion auszulösen. Doch mancher Humor kann auch zersetzend sein. Wenn Ihr Partner auf manchen Gebieten empfindlich ist – etwa bei Fragen des Körpergewichts, der äußeren Erscheinung, der Intelligenz, einer bestimmten Tätigkeit –, dann vermeiden Sie es am besten, über solche Themen Witze zu machen. Falls Ihr Kind eine unschöne Eigenart hat – dass es zum Beispiel ins Bett macht, am Daumen lutscht oder stottert –, so gehen Sie damit nett und sanft um, nie spöttisch.

Wir sollten auch wissen, dass Humor eine typische Reaktion auf Minderwertigkeitsgefühle ist. Viele erfolgreiche Schauspieler und Kabarettisten hatten die beste Ausbildung in diesem Fach, als sie aufwuchsen und ihren Humor gegen seelische Verletzungen ihrer Kindheit einsetzten. Wenn Sie mit jemandem verheiratet sind, der alles tut, um lachen zu können, so werden Sie möglicherweise feststellen, dass er oder sie unter dieser Oberfläche von schmerzlichen Erinnerungen oder von Selbstzweifeln geplagt wird.

Es ist großartig, zu lachen – doch es ist auch weise und liebevoll, sich gelegentlich zu fragen, was Ihren Humor eigentlich anregt, worauf er zielt und wie er von anderen wahrgenommen wird. Wenn die Person, mit der Sie Witze machen, das gar nicht lustig findet, dann ist es für alle Beteiligten auch nicht wirklich lustig.

Nur für uns …

- Habe ich dich jemals auf verletzende Weise geneckt? Müssen wir uns für irgendwelche Bemerkungen entschuldigen, die wir irgendwann in der Vergangenheit übereinander gemacht haben?

- Benutzt einer von uns den Humor, um zu verdecken, dass er sich minderwertig fühlt?
- Meinst du, der Herr würde unsere Art und Weise von Humor gutheißen? Wenn nicht, wie können wir dann sorgfältiger damit umgehen?

Herr Jesus, Du bist ein »Mann der Schmerzen«, doch Du hast auch anderen Freude gemacht. Wir wollen immer hilfsbereit sein und nie andere verletzen, wenn wir uns in unserer Familie humorvoll ausdrücken. Hilf uns, dass wir unsere Herzen rein halten, unsere Zunge im Zaum haben und dass unsere Motive lauter sind.

Freitag

Ein unbeschwertes Herz

Deshalb bete ich, dass Gott, der euch Hoffnung gibt, euch in eurem Glauben mit Freude und Frieden erfüllt, so dass eure Hoffnung immer größer wird durch die Kraft des Heiligen Geistes.
Römer 15,13

Als Christen, die Freude in ihre Ehen und Familien bringen wollen, tun wir gut daran, die Worte des großen Baseballspielers Yogi Berra zu beherzigen: »Neunzig Prozent des Spieles ist mental bedingt, der Rest ist physischer Natur.« Ähnlich kann man über das Leben sagen: Alles hängt davon ab, unter welchem Blickwinkel wir unsere Lebensumstände sehen.

Für Christen geht es aber nicht nur darum, wie sie die Dinge sehen, sondern darum, auf *wen* sie sehen. »Freut euch im Herrn und seid froh«, schrieb David (Psalm 32,11). Paulus gab den Philippern denselben Rat. Und der Verfasser des Hebräerbriefes schrieb: »Wir wollen unsere Augen auf Jesus gerichtet halten, von dem unser Glaube vom Anfang bis zum Ende abhängt. Er war bereit, den Tod der Schande am Kreuz zu sterben, weil er wusste, welche Freude ihn danach erwartete« (Hebräer 12,2). Ehepaare, in deren Heim Jesus Christus der Herr ist, scheinen mehr zu lachen und eine Atmosphäre der Hoffnung in ihren Ehen zu hegen. Warum? Wenn Jesus die Last Ihrer Sorgen, Ihrer Bedürfnisse und Ihrer Zukunft trägt, so ist ein unbeschwertes Leben die natürliche Folge davon.

Gott gab uns den Sinn für Humor für die »neunzig Prozent mental« in unserer Ehe, und Er möchte gewiss, dass wir von dem Humor Gebrauch machen und ihn genießen!

Nur für uns ...

- Meinst du, Jesus hat oft gelacht?
- Meinst du, wir würden öfters lachen, wenn wir Gott mehr zutrauen würden?
- Was können wir tun, um Unbeschwertheit in unser Heim zu bringen?
- Wie können wir mit unserer Einstellung zu den kleinen Mühen des Lebens Gott dienen?

Unser wunderbarer Gott, danke, dass Du Humor in unserer Welt möglich gemacht hast. Vergib uns, wenn uns vor Egoismus, Angst oder Unglaube das Lachen vergeht. Amen.

Samstag

Eine Schlacht mit Tomatensaft

Wir waren voller Lachen und jubelten vor Freude.
Psalm 126,2

Eines der Dinge, die mich sofort an Jim faszinierten, war sein wundervoller Sinn für Humor. Schon bei unseren ersten Rendezvous damals im Jahr 1957 brachte er mich öfter zum Lachen als jeder andere junge Mann, den ich kannte. Das mochte ich besonders an ihm. Er sah die Welt um sich herum auf eine clevere Weise. Wir mögen es nach all den Jahre auch heute noch, miteinander zu lachen.

Als wir einmal von einer Konferenz nach Hause flogen, stellte einer der Flugbegleiter ein Glas Tomatensaft auf die Armlehne zwischen uns. Wir beide vergaßen, dass es dort stand, und Jim stieß es versehentlich zu mir herüber. Ungefähr die Hälfte des Inhalts landete auf meinem Schoß.

Aus irgendeinem Grund fand Jim das witziger als ich. Während er vor Lachen die Augen zusammenkniff, goss ich ihm die andere Hälfte des Inhalts in den Schoß. Er kicherte immer noch, als ihm der kalte Saft durch die Hose auf die Haut sickerte. Als er es merkte, traf ihn der Schlag – und wir beide lachten, bis wir Tränen in den Augen hatten. Wir konnten unseren Freunden, die uns am Flughafen abholten, kaum erklären, was passiert war. Wir sahen aus, als hätten wir uns gegenseitig mit Kettensägen attackiert!

So wilde Dinge tun wir freilich nicht jeden Tag, doch wir versuchen, jede Gelegenheit, das Leben zu genießen, beim Schopf zu pakken. Ich weiß, dass uns das oft geholfen hat, dem Druck standzuhalten, der uns auf unserem Lebensweg begleitete. Es wird auch Ihnen und Ihrer Ehe helfen.

SMD

Vierundzwanzigste Woche

Die Hoffnung aufrecht halten

Das Mädchen mit dem Apfel

von Herman und Roma Rosenblat

Es ist bitterkalt an diesem dunklen Wintertag im Jahre 1944. Doch es ist ein Tag wie jeder andere in diesem Konzentrationslager der Nazis. Ich gehe hin und her, um meinen abgemagerten Körper warm zu halten. Ich bin nur ein Junge, und ich bin hungrig. Ich bin schon so lange hungrig, dass ich das am liebsten vergessen würde. Genießbare Nahrung scheint wie ein Traum zu sein. Je mehr von uns Tag für Tag verschwinden, desto mehr wird auch die Vergangenheit zum Traum und ich werde immer verzweifelter.

Plötzlich sehe ich eine Bewegung draußen auf dem Feld vor den zwei Stacheldrahtzäunen, die ums Lager gezogen sind. Auf dem Feld arbeiten Familien und ein junges Mädchen steht nahe beim äußeren Zaun. Ich eile zum inneren Zaun, immer die Wachen im Blick behaltend.

Das Mädchen unterbricht seine Arbeit und sieht mich mit traurigen Augen an – Augen, die zu sagen scheinen, dass sie versteht. Ich frage sie – im Abstand von sechs Metern und zwei Zäunen –, ob sie etwas zu essen hat. Sie greift in ihre Tasche und holt einen roten Apfel heraus. Einen wunderschönen, rot leuchtenden Apfel. Sie schaut nach links und nach rechts und wirft dann mit einem triumphierenden Blick den Apfel über die Zäune. Ich hebe ihn auf, halte ihn zwischen meinen zitternden, vor Kälte starren Fingern und renne weg so schnell ich nur kann. Wenn die Wachen uns sehen, werden wir beide erschossen.

Am nächsten Tag kann ich nicht anders als noch einmal zur selben Stelle am Zaun zu gehen. Bin ich verrückt, weil ich hoffe, dass sie noch einmal kommt? Natürlich. Doch trotzdem klammere ich mich an diesen winzigen Funken Hoffnung.

Sie kommt. Und wieder bringt sie einen Apfel mit, den sie mit demselben süßen Lächeln über die Zäune schleudert. Diesmal fange ich ihn und zeige ihn ihr. Ihre Augen leuchten. Und zum ersten Mal seit langer Zeit regen sich in meinem Herzen Gefühle.

Sieben Monate lang treffen wir uns auf diese Weise. Manchmal wechseln wir ein paar Worte. Manchmal kommt nur der Apfel herüber. Doch sie, dieser Engel vom Himmel, ernährt nicht nur meinen Bauch. Sie nährt meine Seele. Und irgendwie weiß ich, dass ich auch ihre Seele nähre.

Eines Tages höre ich schlimme Neuigkeiten: Wir werden in ein anderes Lager verlegt. Als ich sie am nächsten Tag begrüße, bricht mir das Herz. Ich kann kaum reden. »Bring mir morgen keinen Apfel«, sage ich. »Ich werde in ein anderes Lager gebracht. Wir werden uns nicht wiedersehen.« Ehe ich nicht mehr an mich halten kann, renne ich weg. Ich kann nicht zurückschauen. Täte ich es, dann würde sie sehen, dass mir Tränen über das Gesicht laufen.

Monate vergehen und der Alptraum geht weiter. Nur die Erinnerung an jenes Mädchen hält mich am Leben. Und dann ist eines Tages mit einem Mal der ganze Spuk vorbei. Der Krieg ist aus. Diejenigen von uns, die noch am Leben sind, werden befreit. Ich habe alles verloren was mir lieb und teuer war, auch meine Familie. Aber ich habe noch die Erinnerung an dieses Mädchen, eine Erinnerung, die ich in meinem Herzen mitnehme, als ich nach Amerika auswandere, um ein neues Leben zu beginnen.

Die Jahre vergehen. Wir schreiben das Jahre 1957. Ich lebe in New York City. Ein Freund überredet mich zu einem Rendezvous mit einer Dame, die mit ihm befreundet ist. Und sie ist nett, diese Dame namens Roma. Und sie zählt wie ich zu den Einwanderern. Zumindest haben wir das gemeinsam.

»Wo warst du während des Krieges?«, fragt mich Roma sanft, in dieser behutsamen Art, in der sich Einwanderer solche Fragen stellen.

»Ich war in einem Konzentrationslager in Deutschland«, gebe ich zur Antwort.

Romas Augen scheinen in weite Fernen zu blicken.

»Was ist?«, frage ich.

»Ich denke nur an jemanden aus der Vergangenheit, Herman«, erklärt Roma und spricht plötzlich ganz weich. Weißt du, als ich ein junges Mädchen war, lebte ich in der Nähe eines Konzentrationslagers. Darin war ein Junge, ein Häftling, und ich habe ihn längere

Zeit jeden Tag besucht. Ich brachte ihm immer einen Apfel. Ich warf die Äpfel über den Zaun. Er war dann immer so glücklich!«

Roma seufzt tief und fährt fort. »Man kann kaum beschreiben, welche Gefühle wir füreinander hatten – doch schließlich waren wir noch sehr jung und konnten nur selten einige Worte wechseln. Aber ich kann dir sagen: Da war viel Liebe im Spiel. Ich vermute, dass er ums Leben kam, wie so viele andere. Doch den Gedanken daran kann ich nicht ertragen und so versuche ich, ihn so in meiner Erinnerung zu haben, wie er in jenen Monaten war, die uns zusammen gegeben waren.«

Mein Herz schlug so stark, dass ich dachte, es würde zerspringen. Ich sah Roma unmittelbar an und fragte sie: »Und sagte dieser Junge eines Tages zu dir: ›Bring mir morgen keinen Apfel. Ich werde in ein anderes Lager gebracht‹?«

»Aber ja«, antwortete Roma mit einem Zittern in ihrer Stimme. »Doch Herman, wie in aller Welt konntest du davon erfahren?«

Ich nahm ihre Hände in meine und antwortete: »Weil ich der Junge war, Roma.«

Wir konnten einige Minuten lang nur schweigen. Wir konnten die Augen voneinander nicht lassen, als wir die Seele hinter den Augen des anderen entdeckten, den geliebten Menschen, mit dem wir einst in großer Zuneigung zugetan waren und den wir nie zu lieben aufgehört hatten.

Schließlich sagte ich: »Roma, ich wurde einmal von dir getrennt, aber ich möchte nie wieder von dir getrennt werden. Jetzt bin ich frei, und ich möchte für immer mit dir zusammenbleiben. Meine Liebe, möchtest du mich heiraten?«

Ich sehe heute noch, wie ihre Augen leuchteten, als Roma sagte: »Ja, ich will dich heiraten.« Wir umarmten uns – so, wie wir es viele Monate hindurch gerne getan hätten, wäre da nicht der Stacheldraht zwischen uns gewesen. Nun wird nie wieder etwas zwischen uns stehen.

Ein Blick voraus …

Die Geschichte, die Sie soeben gelesen haben, scheint zu schön um wahr zu sein, scheint ein zu großer Zufall zu sein, als dass das je passieren könnte. Doch wir haben diese Geschichte überprüft und es hat sich herausgestellt, dass sie wahr ist. Herman und Roma sind nach all den Jahren immer noch zusammen und glücklich miteinander verheiratet. Durch die Veröffentlichung dieser Geschichte und gelegentliche Auftritte im Fernsehen hat diese Begebenheit die Herzen vieler Menschen berührt – eine Geschichte der Hoffnung inmitten des Terrors.

Kann jemand von uns ohne Hoffnung leben? Ich denke nicht. Ohne Hoffnung gibt es für uns keinen Grund, morgens aus dem Bett zu steigen, keine Motivation, unsere tagtäglichen Aufgaben in der Arbeit, zu Hause und in der Gemeinde zu erledigen, keine Lust, sich mit den manchmal verwirrenden Problemen unserer Welt zu beschäftigen. Ein Leben ohne Hoffnung ist ein sinnloses Leben.

Doch als Christen haben wir immer Hoffnung. In Jesus Christus haben wir einen heiligen Beschützer, Freund, Vertrauten und Führer. Für uns ist im Himmel ein Platz reserviert und das verheißt uns unvorstellbare Freude. Das ist es, was uns die Ausdauer, die Geduld und die Motivation gibt, in diesem unvollkommenen Leben unseren Schöpfer zu verherrlichen. In den Tagen, die in dieser Woche vor uns liegen, werden wir noch mehr über diese Hoffnung sprechen, die unsere Ehe stärken kann.

Johannes sagt uns: »Alle, die an den Sohn Gottes glauben, haben das ewige Leben« (Johannes 3,36). Können Sie sich eine größere Quelle für die Hoffnung vorstellen?

JCD

Montag

Das gegensätzlichste Paar der Welt

»Man muss Gott mehr gehorchen als den Menschen.«
Apostelgeschichte 5,29

Das Ehepaar Chuck und Barb Snyder – beide arbeiten als Autoren und Berater – bezeichnet sich selbst als das »gegensätzlichste Ehepaar der Welt« – und das dürfte zutreffen. Chuck meint, das einzige, was sie beide gemeinsam hätten, seien der Hochzeitstag und die Kinder. Er ist voll Dynamik – sie ist gelassen und ruhig. Sie hört gerne Klassik – er bevorzugt Country-Musik bei höchster Lautstärke. Sie ist Linkshänderin, er Rechtshänder.

Und so geht das weiter. Vielleicht liegt es an diesen großen Unterschieden, dass die Snyders so gut wie alle nur denkbaren Ehekonflikte durchgemacht haben – im Blick auf die Planung des Tagesablaufs, die Kommunikation, das häusliche Leben, die Finanzen, die Erziehung der Kinder usw. In über 40 Ehejahren haben es die Snyders aber auch gelernt, ihre Unterschiede zu akzeptieren. Sie waren häufiger als die meisten anderen Ehepaare Stürmen und Unwettern ausgesetzt und haben sie alle überstanden. Der Schlüssel dazu, dass ihre Ehe trotzdem gelang, ist, wie Chuck sagt, nichts Übermenschliches – einfach der Gehorsam gegenüber dem Herrn.

Wenn es also solche Hoffnung für das »gegensätzlichste Paar der Welt« gibt, dann gibt es auch Hoffnung für die übrigen Ehen.

Nur für uns ...

- Haben dich meine »gegensätzlichen« Charakterzüge angezogen, als wir uns kennen lernten?
- Gelingt unsere Ehe trotz unserer Unterschiede – oder wegen ihnen?
- Akzeptieren wir, wie einzigartig Gott den anderen geschaffen hat, oder mühen wir uns ab, uns gegenseitig nach unserer Vorstellung umzuerziehen?
- Welche meiner Charakterzüge, die du nicht besitzt, magst du am meisten?

Himmlischer Herr, danke für die Unterschiede, die Du bei uns zusammenwebst, um unsere Ehe stark zu machen. Hilf uns, dass wir von Tag zu Tag diese einzigartigen Eigenschaften mehr respektieren, schätzen und bejahen können. Amen.

Dienstag

Ruhe

»Ihr müsst in Frieden miteinander leben.«
Markus 9,50

Wenn ihr euch nicht selbst gegen Stress von außen schützt, kann das Eheleben eher einem Marathonlauf gleichen als einem Bummel durch den Park. Unter pausenlosem Druck, einem anstrengenden Tagesablauf mit Fahrgemeinschaften und Sport, mit all den Pflichten zu Hause und in der Gemeinde können Mama und Papa schon den Mut verlieren. Dann kommt es zu Müdigkeit und Gereiztheit, man sagt wütende Worte, und schon gehen sich die Familienmitglieder gegenseitig an den Kragen.

Jeder von uns braucht – vor allem am Ende arbeitsreicher Tage – einen Ort, an den er oder sie sich zurückziehen und Ruhe finden kann. Wenn Sie als arbeitender Ehemann oder als berufstätige Ehefrau nach Hause kommen, brauchen Sie zuerst eine Gelegenheit, eine Zeit lang abzuschalten. Kinder, die zur Schule gehen, aber auch Teenager brauchen regelmäßig ungeteilte Aufmerksamkeit. Niemand kann über längere Zeit hinweg einen hektischen Tagesablauf ertragen, ohne dass sein oder ihr Seelenleben leidet.

Jesus wies seine Nachfolger an, »in Frieden miteinander (zu) leben«. Wenn Sie merken, dass Ihre Ehe zu kurz kommt, dann ist es vielleicht an der Zeit, aus der Tretmühle des andauernden Stresses auszusteigen. Wenn Sie nur von Erwartungen anderer auf Trab gehalten werden, dann sollten Sie öfter »nein« sagen. Nehmen Sie sich einen Nachmittag frei. Engagieren Sie einen Babysitter, damit Sie eine gewisse Zeit für sich haben. Richten Sie sich regelmäßige Ruhezeiten ein – und achten Sie darauf, dass Sie sie einhalten. Nehmen Sie sich Zeit für gemeinsame Mahlzeiten. Gestalten Sie alles einfacher.

Wenn Sie der Ruhe zu Hause einen hohen Rang einräumen, dann werden Sie feststellen: Sie fühlen sich wesentlich besser und die Hoffnung kehrt zurück.

Nur für uns …

- Wenn du dich von den Anforderungen überschwemmt fühlst, verlierst du dann die Hoffnung?
- Wie können wir die »Auszeiten« besser gewährleisten?
- Wie kann Ruhe in unserer Familie zu einem besseren geistlichen Leben führen?

Lieber Gott, vergib uns, wenn wir es zulassen, dass Anforderungen und Ansprüche, die von außen an uns gerichtet werden, die Qualität unseres Familienlebens bestimmen. Schenk uns den Weitblick und die Disziplin, einen Freiraum des Friedens und der Erholung zu schaffen. Amen.

Mittwoch

Gesunde Hoffnung

Der Glaube ist das Vertrauen darauf,
dass das, was wir hoffen, sich erfüllen wird.
Hebräer 11,1

Hoffnung, die auf der realistischen Erwartung gründet, dass sich etwas ändern kann oder wird, ist eine mächtige, positive, vorwärts treibende Kraft. Sie motiviert uns dazu, unser Bestes zu leisten und sie hilft uns, etwas zu erreichen, das anderen unerreichbar zu sein scheint. Aber naive Hoffnung, die auf Wunschdenken basiert, kann zutiefst enttäuschend, ja zerstörerisch sein.

Ich (JCD) kenne eine Frau – ich nenne sie Martha –, die sich oft verletzt und zurückgesetzt fühlte, weil ihr Vater keinerlei Interesse daran hatte, wie es ihr ging. Solange Martha hoffte, ihr Vater würde sich ändern, erlitt sie jedes Mal eine neue Verwundung, wenn er bei einem wichtigen Familienfest nicht erschien oder auf ihre Gefühle keine Rücksicht nahm. Ich versuchte Martha davon zu überzeugen, dass ihr Vater emotional blind war – er war unfähig, ihre Gefühle wahrzunehmen. Als sie begann, sein »Handikap« zu akzeptieren, ließ ihr Schmerz merklich nach.

Vielleicht hindern das Temperament oder die Erfahrungen Ihres Partners ihn daran, Ihre Gefühle und Enttäuschungen in vollem Umfang zu verstehen. Mein Rat dazu ist, dass Sie ändern, was sich ändern lässt, erklären, was sich verstehen lässt, lernen, was man lernen kann, überprüfen, was sich nicht bessern lässt, und mit sich selbst aushandeln, wo Sie Kompromisse schließen können. Dann beschließen Sie, das Übrige zu akzeptieren. Wenn Sie diese paar »Unlösbarkeiten« in Ihrer Beziehung überblicken, werden Sie eine Perspektive entwickeln, die eine realistische Hoffnung auf eine ehrliche und befriedigende Ehe mit sich bringt.

Nur für uns …

- Welche Änderungen wünschen wir uns jeweils beim anderen zu erleben? Sind unsere Erwartungen realistisch?
- Würde es unserer Beziehung helfen, unsere »Unlösbarkeiten« anzunehmen?
- Was an unserer Ehe gibt dir das größte Gefühl von Hoffnung?

Vater, hab dank, dass Du »der Gott aller Hoffnung« bist. Heute Abend richten wir unsere Blicke auf Dich, auf Deine Möglichkeit, ehrliche, heilvolle Hoffnung in unsere Ehe zu bringen. Zeige uns, was wir ändern können, zeige uns, was wir akzeptieren können, und segne uns mit deiner Hoffnung. Amen.

Donnerstag

Ein Anker für die Seele

Von Herzen freuen wir uns über ihn,
und wir vertrauen auf seinen heiligen Namen.
Psalm 33,21

Wenn ein Schiff, das verankert ist, von einem starken Sturm getroffen wird, so wird der Schiffskörper und die Schiffsmannschaft nur durch den Anker davor bewahrt, hilflos weggetrieben zu werden. Offensichtlich ist es von großer Bedeutung, wo man in stürmischen Zeiten seinen Anker ausgeworfen hat. Wenn wir unter Druck, im Stress leben, muss unsere Hoffnung fest verankert sein – nicht in irgendwelchen Wünschen oder Gefühlen, sondern in Gottes Verheißung. So sagt der Verfasser des Hebräerbriefes: »Diese Zuversicht (Hoffnung) ist wie ein starker und vertrauenswürdiger Anker für unsere Seele« (Hebräer 6,19).

Ist es nicht beruhigend zu wissen, dass wir in unseren Ehen einen festen, sicheren Anker haben? Wenn uns ein Sturm bedroht, wird es Jesus Christus nicht zulassen, dass wir ertrinken. Wir können damit rechnen, dass Er tut, was Er verheißen hat. Wir wissen nicht, wie die Zukunft unserer Familie, unserer Karriere, unserer Finanzen, unserer Wünsche und Vorstellungen aussehen wird – doch wir können Ruhe finden in dem Wissen, dass unser Leben in den Händen unseres allmächtigen Gottes sicher und geborgen ist.

Nur für uns …

- Kannst du dich an eine Zeit erinnern, als du dachtest, die Stürme des Lebens würden dich untergehen lassen? Was brachte dich dazu, weiterzuschwimmen?
- Wer oder was außer Gott bietet deinem Leben Sicherheit und Stabilität?
- Fühlst du dich ab und zu geistlich hilflos dahintreibend? Wenn ja, wie kann ich dir helfen?
- Haben wir unsere Hoffnungen und Träume fest in Gottes Hände gelegt? Wenn nicht, könnten wir das nicht jetzt gemeinsam tun?

Herr, Du kennst die Wünsche unseres Herzens, und Du kennst auch unsere geheimen Ängste. Doch wir glauben an Deine zuverlässigen Verheißungen und an Deine unerschütterliche Liebe. Wir danken Dir, dass Du unser Fels bist. Heute Abend werfen wir unsere Hoffnungen und Träume auf Dich. Bei Dir sind sie gut aufgehoben. Wir vertrauen Dir. Amen.

Freitag

Das Leben nach dem Tod

Wir sehen voller Freude der Herrlichkeit Gottes entgegen.
Römer 5,2

Was wir im Blick auf das Leben nach dem Tod hoffen können, das hat mir (JCD) einst mein Vater gesagt. Wir gingen miteinander eine Landstraße entlang und sprachen über das Leben und seinen Sinn, als er etwas erzählte, das ich nie vergessen werde. Er sagte, dass er als junger Mann nicht groß über die Möglichkeit eines zukünftigen Lebens im Himmel nachdachte; der Gedanke daran bedeutete ihm so gut wie nichts. Er hatte seine Jugend genossen, und der Gedanke an ein Leben jenseits des Grabes war für ihn wie eine Perle, die von Gestein und Schmutz überzogen war. Vermutlich war die Perle sehr schön, doch das konnte man nicht erkennen. Doch als er älter wurde und die Probleme der Erfahrung des Alterns erlebte – insbesondere einen Herzinfarkt und andere Schmerzen und Nöte –, da begann die Schönheit der Perle des ewigen Lebens zu leuchten. Sie leuchtete immer mehr, bis sie das Kostbarste von all seinen Besitztümern wurde.

Mein Vater starb kurze Zeit nach jenem Gespräch. Er hat schließlich die »Perle« des ewigen Lebens ergriffen. Wie gut, dass alle Kinder Gottes diese Hoffnung ergreifen können – auch Sie und ich. Und das ist eine Hoffnung, die jedem Wort und jeder Tat in Ihrer Ehe Gnade und Sinn geben kann.

Nur für uns …

- Wie stellst du dir den Himmel vor?
- Wenn jetzt die Jahre so vergehen, denkst du dann mehr über die Ewigkeit nach oder weniger?
- Was ist deine größte Hoffnung im Blick auf die Zukunft?
- Haben wir verstanden, dass wir in den Himmel nichts mitnehmen können außer anderen Menschen und das Wort Gottes? Leben wir so, wie wir das glauben?

Vater, wir sind so dankbar dafür, dass Du uns einen Platz in Deinem Reich vorbereitet hast. Hilf uns, das Meiste aus unserer Zeit in diesem Leben zu machen. Hilf uns, alles zu tun, was in unserer Macht steht, um die gute Botschaft dieser ewigen Hoffnung denen weiterzusagen, die Dich nicht kennen. Amen.

Samstag

Worte voller Hoffnung

Ich vertraue auf sein Wort.
Psalm 130,5

Ich habe – wie jeder andere auch – ab und zu einen Tag, an dem ich völlig entmutigt bin. In solch einer Situation versuche ich mich daran zu erinnern, dass mir der Herr eine immerwährende Quelle der Inspiration und Hoffnung geschenkt hat. Um zu dieser Quelle zu gelangen, muss ich nur die Seiten meiner Bibel aufschlagen. Sie ist Gottes Brief voller Hoffnung an mich.

Ich erinnere mich an die Geschichte einer älteren Frau, die ihren Mann – George – vor einigen Jahren durch einen Autounfall verloren hatte. Ihre Ehe war lang und glücklich gewesen und er fehlte ihr schrecklich. Als sie einmal ihr Bein brach, fühlte sie sich eingeengter und einsamer denn je. An einem der Tage, an dem sie so deprimiert war, sehnte sie sich wieder einmal danach, dass ihr Mann da wäre. Sie saß in ihrem Wohnzimmer und begann zu weinen. »Lieber Gott«, betete sie, »bitte gib mir die Kraft, diese Stunde durchzustehen.«

Nimm deine Bibel, hörte sie eine leise Stimme in ihrem Inneren sprechen. Doch ihre Bibel war in ihrem Schlafzimmer und mit ihrem Gipsbein, war es ihr kaum möglich, sie zu holen. Da fiel ihr ein, dass sie noch eine kleine Reisebibel im Regal neben sich stehen hatte. Sie griff danach und blätterte darin, um ihre Lieblingsstelle zu finden.

Da fiel aus der Bibel ein Brief in ihren Schoß. Sorgfältig entfaltete sie die vergilbten Seiten. Es war ein Liebesbrief von George. Er sprach darin von seiner tiefen Liebe zu ihr. Seine Worte gingen ihr ins Herz.

Auf den Notizseiten im Anhang der Bibel fand sie Notizen von George. Er hatte sie gemacht, als er im Krankenhaus auf eine Operation wartete und befürchtete, nicht mehr nach Hause zu kommen. Nachdem er genesen war, waren diese Notizen in Vergessenheit geraten.

Die Frau verbrachte den Rest des Nachmittags damit, Kraft zu schöpfen – durch die Briefe ihres Mannes und die Gewissheit, dass der Herr für sie sorgt.

Wenn Sie in Ihrer Ehe die Hoffnung zu verlieren drohen, so fragen Sie sich selbst, ob Sie sich in letzter Zeit genug Zeit zum Lesen Ihres »Briefes« von Gott genommen haben. Jeremia schrieb: »Dein Wort ward meine Speise, sooft ich's empfing, und dein Wort ist meines Herzens Freude und Trost« (Jeremia 15,16). Wir können dieselbe Freude erfahren – wenn wir uns nur ein paar Minuten Zeit nehmen, um die Bibel zu lesen und zu warten, wie Sein Wort unserer Not Abhilfe schafft.

Gott liebt Sie mit unendlichem Erbarmen und grenzenloser Güte. Er weiß, was Sie brauchen und wann Sie es brauchen. Auf den Seiten der Heiligen Schrift finden Sie lauter Beispiele für Seine Weisheit, Seinen Trost und Seine Liebe – und das ist alles für Sie gedacht. Das ist die Art von »Brief«, die Ihnen wirklich hilft!

SMD

Fünfundzwanzigste Woche

Wachstum wagen

Sonntag

Coole Blades

von Pam Gross

Es war ein fast vertrautes Gefühl – ein Gefühl von Freiheit, das ich vor unendlich langer Zeit schon einmal erlebt habe. Bewegung. Geschwindigkeit. Wind. Erregung. Ein bisschen gefährlich. O ja, jene Heiterkeit, die mit wachsendem Können entsteht. Ich tat es wirklich!

Ich fuhr an einem Sommernachmittag auf Rollerblades die Strandpromenade von Seaside (Oregon) entlang. Drei Kilometer schöne, ebene Promenade, Sonne, Meeresluft ... Ich musste lächeln. Mein Körper bewegte sich leicht und gefällig. Stoßen, gleiten, stoßen, gleiten. Den Fuß nicht zu hoch heben. Mit den Hüften schwingen. Stößt man sich zu sehr ab, dann gleitet man zu lange. Ein bisschen kontrollierter! Runter und hoch! Runter und hoch! Kilometer um Kilometer – und immer wieder den Duft einer Zigarre einatmend. So flitzte ich hinter meinem Mann her. Als ich ein wenig ermüdete, bat ich meinen Mann, eine kleine Pause einzulegen.

»Okay«, sagte er. »Ich bin bereit.«

Doch diese Fahrt zu stoppen war eine Herausforderung, der ich mich bis dahin nicht hatte stellen müssen. Als ich mich meinem Mann näherte, gelang es mir, die Geschwindigkeit ein wenig zu drosseln. Er drehte sich um, breitete die Arme aus und fing mich auf.

»Ich bin dein Zielpfosten«, flüsterte er.

Ich dachte: Ja, das ist eine wundervolle Metapher. Du bist mein sicherer Zielpfosten.

Ich setzte mich eine Weile auf eine Bank und genoss den Augenblick. Einige Teenager bummelten vorüber und unterhielten sich leise. Der letzte von ihnen, ein Jugendlicher von vielleicht 13 Jahren, schaute bewundernd auf meine Rollerblades, bückte sich nieder und murmelte, sodass gerade wir es hören konnten: »Coole Blades!« Dann machte er sich auf und eilte seinen Freunden nach. Mein Mann und ich sagten gleichzeitig: »Coole Blades?« Und wir lachten amüsiert.

Dann strömten die herzu, die den Sonnenuntergang genießen

wollten. Ich zog mich von der Bank hoch, um möglichst viel vom Sonnenuntergang mitzubekommen. Und los ging es: Runter und hoch, stoßen und gleiten ... Ich ließ mich treiben von dem schönen Rhythmus in der würzigen Luft. Aus dem Augenwinkel sah ich, wie vier Frauen auf einem kutschenähnlichen Tandem an der Seite der Promenade fuhren. Sie fuhren bequem, mit jener Art von freundlicher Stille, wie sie den Frauen eigen ist. Ich dachte, sie stünden völlig unter dem Eindruck des allmählichen Schwindens des Tageslichts, doch als ich mich umdrehte, hörte ich – schon fast außer Hörweite – sie auffordernd rufen: »Weiter so, Mädchen!« Ich drehte meine Hand nach außen, den Daumen nach oben und fuhr weiter.

Jedes Mal, wenn ich jetzt die Rollerblades anziehe, höre ich die junge Stimme sagen: »Coole Blades!«, und ich muss lächeln. Wenn ich an meinen Mann als sicheren Zielpfosten denke, muss ich lächeln. Wenn mir einfällt, wie mich die Frauen motivierten, dann muss ich auch darüber lächeln. Ich bin froh, dass ich nicht auf jene Stimmen gehört habe, die meinten: »Rollerblades? Du bist fast sechzig! Du bringst dich um!«

Ich mich umbringen? Ich kann nur sagen, dass ich an jenem Tag auf der Promenade völlig *lebendig* war.

Ein Blick voraus ...

Zu der Routine dessen, was wir als sicheres überschaubares Leben bezeichnen, gehört auch, dass sie auf Ehefrauen und Ehemänner sehr zermürbend wirkt. All die Jahre im selben Büro, immer denselben Rasen mit dem verfilzten Gras mähen, immer wieder das Ketchup vom Geschirr kratzen und den anscheinend undankbaren Kindern das Essen kochen – das kann Langeweile und Unruhe in Ehen bringen.

Ein Weg, dem zu entgehen, ist es, sich den Möglichkeiten zu öffnen, die um Sie herum existieren. Lernen Sie etwas Neues ... Studieren Sie etwas Neues ... Fangen Sie ein neues Hobby an ... Verfolgen Sie ein neues Abenteuer ... Überlegen Sie sich beide, was Sie schon immer gerne tun wollten, und tun Sie es dann. Vielleicht finden Sie sich mit Rollerblades auf einer Uferpromenade wieder – und Sie genießen es.

JCD

Montag

Chancen ergreifen

Der gottesfürchtige Mensch ist furchtlos wie ein Löwe.
Sprüche 28,1

Manche erinnern sich vielleicht an Evel Knievel, den Draufgänger, der sein Leben riskierte, indem er mit seinem Motorrad über Autos, Lastwagen und andere große Gegenstände sprang. Evel war vielleicht ein wenig zu ehrgeizig bei dem, was er tat – er brach sich dabei im Lauf der Jahre etliche Knochen –, doch er kann uns einiges über Risiken lehren.

Wenn wir uns aus dem Bereich wagen, in dem wir es uns bequem gemacht haben, dann erleben wir den Nervenkitzel und die Selbstsicherheit, die man bekommt, wenn man sich einer neuen Herausforderung stellt. Für den gelangweilten Ehemann bzw. die gelangweilte Ehefrau könnte das heißen, einen Bibelkreis, einen Hauskreis zu leiten, eine Reise nur mit dem Rucksack zu machen, einen Volkshochschulkurs zu belegen usw. Dazu könnte auch gehören, dass Sie öfters mit Ihrem Ehepartner ausgehen oder die Botschaft von Jesus einer Gruppe von Nichtchristen vermitteln. Für mich (JCD) hat das bedeutet, die Stelle eines Professors für Kinderheilkunde aufzugeben – mit einem gesicherten Einkommen und all den Einrichtungen einer großen Universität. Ich tauschte das für ein kleines Büro mit zwei Räumen ein und nannte meine Arbeit »Focus on the Family«, ein Werk zur Beratung von Familien. Nur Gott wusste, wohin diese radikale Entscheidung führen würde, doch es wirkte sich gewaltig aus, denn meine Worte werden tagtäglich weltweit von etwa 200 Millionen Menschen gehört. Ich würde sagen, das war das Risiko wert.

Selbst wenn es sich bei Ihnen nicht so positiv entwickelt, wie Sie gehofft haben, werden Sie dabei eine gewisse Erfüllung erfahren – Sie haben einen Traum verwirklicht. Nur brechen Sie sich dabei bitte keine Knochen!

Nur für uns ...

- Welche positiven Wagnisse haben wir in unserer Ehe schon auf uns genommen?
- Gegen welche Risiken dürfte Gott etwas einzuwenden haben?
- Was wolltest du schon immer tun, hast es aber nicht zu tun gewagt?
- Auf welche Weise(n) können wir etwas für Jesus Christus wagen?

Himmlischer Vater, wir wollen in unserer Ehe nie ängstlich oder selbstzufrieden sein. Durch die Kraft Deines Geistes wollen wir uns im Glauben neuen Herausforderungen stellen, solange wir leben. Amen.

Dienstag

Mit Niederlagen rechnen

Lehre den Weisen, und er wird noch weiser.
Sprüche 9,9

Vielleicht haben Sie schon einmal von jenem bemerkenswerten Mann gehört, der unzählige Enttäuschungen erlebte und es doch nicht scheute, neue Risiken – und erneutes Scheitern! – zu wagen. Zwischen 1831 und 1858 gingen zwei seiner Geschäfte zugrunde, seine Verlobte starb und er erlitt einen psychischen Zusammenbruch. Dieser Mann strebte ohne jeden Erfolg nach vielen öffentlichen Ämtern. Er wollte Landtagsabgeordneter, Sprecher eines Landtagsabgeordneten, Wahlmann für den Präsidenten, Kongressabgeordneter, US-Senator (zweimal) und Vizepräsident der USA werden – ohne Erfolg.

War dieser Mann ein hoffnungsloser Verlierer? Die Geschichte lehrt uns etwas anderes. Im Jahre 1860 wurde Abraham Lincoln zum Präsidenten der Vereinigten Staaten gewählt. Er führte die Nation durch die schwere Zeit des Bürgerkrieges, erreichte die Einigung der Nord- mit den Südstaaten und erließ die *Emancipation Proclamation* (das Selbstbestimmungsrecht für die Sklaven). Viele Historiker sehen in ihm den bedeutendsten US-Präsidenten aller Zeiten.

Erfolgreiche Menschen wie Abraham Lincoln erfahren im Normalfall einige Niederlagen auf ihrem Weg, doch sie lassen es nicht, Risiken auf sich zu nehmen – und sie lernen aus ihren Niederlagen. Sind Sie bereit, Niederlagen zu erleben, um dadurch zu lernen und zu reifen?

Nur für uns …

- David war ein großer König, aber dennoch fiel er in Sünde. Was lernte er aus seiner Sünde? (Siehe Psalm 51)
- Was hast du aus Fehlern der Vergangenheit gelernt?
- Halte ich es dir vor, wenn du versagst, oder helfe ich dir, es noch einmal zu versuchen?
- Wie sollen wir nach Gottes Willen auf Niederlagen reagieren?

Herr, wir bitten Dich heute Abend, dass Du Dein Werk in unserem Leben bestätigst und dass Du Deine segnende und bewahrende Hand auf alle unsere Bemühungen legst. Wenn wir etwas versuchen und damit scheitern, so hilf uns, wieder aufzustehen und es noch einmal zu versuchen. Amen.

Mittwoch

Im Visier

Macht euch ein neues Herz und einen neuen Geist.
Hesekiel 18,31

Vielleicht haben Sie schon die Geschichte von jenem Tag gehört, an dem Lisa schließlich genug hatte. Ihr Mann Greg liebte das Schießen. Als Scharfschützenexperte reiste er viel umher, um sich mit anderen Schießbegeisterten zu messen und gelegentlich brachte er einen Siegespreis mit nach Hause. Aber Lisa interessierte sich nicht für Treffsicherheit. Ja, sie mochte Schießeisen überhaupt nicht. Und was noch viel schlimmer war: Ihr Mann fehlte ihr sehr, wenn er seinem Hobby nachging. Eines Tages wurde ihr klar, dass die Beziehung zwischen ihrem Mann und ihr im Argen lag. Das war jener Tag, an dem Lisa schließlich genug hatte.

Lisa bat Greg, ihr zu zeigen, wie man mit einem Gewehr schießt, und dann begleitete sie ihn auf seinen Reisen. Bald entschloss sie sich, an Schießwettbewerben teilzunehmen.

Zu ihrer eigenen Überraschung gefiel es ihr, ein Gewehr abzufeuern. Und zur Überraschung ihres Mannes war Lisa eine sehr gute Schützin. Sie brachte sogar bald schon mehr Trophäen nach Hause als er. Doch von all den Preisen, die sie mit nach Hause brachten, stand einer weit über den anderen: Ihre Ehe schien wie neugeboren. Die Zeit, die sie durch ihr gemeinsames Interesse miteinander verbrachten, half ihnen, eine Nähe zueinander zu entwickeln, die vorher schlichtweg nicht da war.

Lisas Geschichte erinnert uns daran, dass sich aus etwas, das wie ein Riesenhindernis aussieht, eine Riesenchance entwickeln kann. Kreative, treue Ehepaare entdecken dieses Geheimnis jeden Tag. Fragen Sie nur mal einen Ehemann, der inzwischen gerne tanzt, oder eine Ehefrau, die mittlerweile das Fliegenfischen liebt. Das ist der Grund dafür, warum die besten Momente in einer Ehe nur im Doppelpack zu haben sind.

Nur für uns …

- Wann war es das letzte Mal, dass wir gemeinsam etwas Neues versucht haben?
- Hast du das genossen? Warum bzw. warum nicht?
- Gibt es Betätigungsfelder, die uns trennen, auf denen wir aber gemeinsam aktiv werden könnten?

Lieber Gott, wir bitten Dich um neue Entschlossenheit, neue Interessen und Aktivitäten gemeinsam zu entdecken. Wo unsere Ehe durch gemeinsame Interessen gestärkt werden kann, da hilf uns, alte Gewohnheiten und Annahmen loszulassen, weil sie uns voneinander trennen. Amen.

Donnerstag

Ausbrechen

Gott hat uns nicht einen Geist der Furcht gegeben, sondern einen Geist der Kraft, der Liebe und der Besonnenheit.
2. Timotheus 1,7

Aus Gewohnheiten und Routinen auszubrechen kann für uns sehr hilfreich sein, doch das fällt nicht immer so leicht, wie es klingt. Mein (JCDs) Vater z. B. hasste Automatikgetriebe bei Autos, da er es gelernt hatte, einen Schalthebel zu benutzen. Mir ging es ähnlich. Bis 1992 schrieb ich meine Bücher mit einem Bleistift auf Schreibblocks. Viele Jahre lang arbeitete ich so, obwohl es längst Computer mit guten Textverarbeitungsprogrammen gab. Das 20. Jahrhundert war schon fast vorbei, bis ich mich entschied, daran teilzuhaben.

Sturheit und die Macht der Gewohnheit können uns veranlassen, sinnlose Dinge zu tun. Wenn wir aufhören, zu lernen und zu wachsen, dann schöpfen wir nicht das ganze Potenzial aus, das in uns steckt. Wir wollen das noch von einer anderen Seite her betrachten. Welche Wirtschaftsunternehmen sind Ihrer Meinung nach auf dem heutigen Weltmarkt erfolgreicher: diejenigen mit dem Motto »Wir haben es schon immer so gemacht« oder diejenigen, die ihre Methoden immer neu überprüfen und anpassen, die sich verbessern wollen?

Manches, was der Wirtschaft nützt, macht auch für die Ehe Sinn. Sie können sich selbst die Frage stellen, ob irgendwelche überholten Gewohnheiten und sinnlose – oder sogar teure – Verhaltensweisen Sie auf der Stelle treten lassen.

Nur für uns …

- Halte ich an irgendwelchen Gewohnheiten fest, die inzwischen keinen Sinn mehr haben?
- Wieso gleichen Menschen, die sich nicht ändern wollen, den Pharisäern in der Bibel? (Siehe Lukas 11,37-44.)
- Genießt du es zu lernen?

- Wie kann ich dich ermutigen, alte, eingefahrene Wege zu verlassen oder veraltete Gewohnheiten loszulassen?

Herr, wir können es uns in unseren alten Gewohnheiten so gemütlich machen, doch diese Gewohnheiten können zu Stagnation und Rückzug führen. Leite uns durch Deinen Geist »der Kraft, der Liebe und der Besonnenheit«, uns nach dem Besten auszustrecken, das Du schaffst. Danke für Dein Geschenk des neuen Lebens, das wir jeden Tag neu genießen dürfen. Amen.

Freitag

Mit Gott wachsen

So wie ein Säugling nach Milch schreit,
sollt ihr nach der reinen Milch – dem Wort Gottes –
verlangen, die ihr benötigt,
um im Glauben zu wachsen.
1. Petrus 2,2

In unserer Kultur bewertet man die persönliche Entwicklung des Einzelnen höher als die Bindung, die Paare in einer Ehe eingehen. Menschen sind dazu geschaffen, ein Leben lang zu wachsen, und der beste Platz dafür ist in einer treuen, von Gott gesegneten Ehe. Wenn der Herr Jesus bei uns »der Dritte im Bunde« ist, können wir an geistlicher Intimität und geistlichem Wachstum zunehmen, wie es anderen Menschen nicht möglich ist. Mir (JCD) fällt da ein Brief ein, den ich einmal von einer Frau bekam:

Lieber Herr Dobson,
mein Mann hat mich vor kurzem nach 15 Jahren Ehe verlassen. Wir hatten eine großartige Beziehung, doch es fehlte etwas – wir hatten kein geistliches Band zwischen uns. Bitte sagen Sie jungen Paaren, dass in ihrem Zusammenleben immer etwas fehlen wird, wenn Jesus Christus nicht dabei ist. Eine gute Ehe muss in Ihm gegründet sein,

um dauerhafte Liebe, Frieden und Freude zu erfahren. Ich wachse nun stets auf meinem Weg mit dem Herrn, doch ich bin einsam.

Vergessen Sie nicht, gemeinsam mit Gott zu wachsen. Die »reine Milch«, von der Petrus schreibt, ist das Wort Gottes. Die Bibel stillt – neben der Gemeinschaft von Christen und dem Gebet – den größten Hunger unseres Herzens. Und Sie entdecken den Partner Ihrer Träume – unmittelbar neben sich!

Nur für uns …

- Helfen die Erfahrungen, die wir in unserer Gemeinde machen, unserem geistlichen Leben?
- Haben wir Freunde, die unser geistliches Wachstums fördern?
- Wie können wir im Wort Gottes noch mehr zusammenwachsen?

Herr, gib uns einen Hunger nach Deinem Wort. Wir wollen das geistliche Wachstum erreichen, das Du verheißt und die emotionale und körperliche Nähe, die dabei entstehen kann. Amen.

Samstag

Wunderbare Musik

Verlass dich nicht auf deinen Verstand.
Sprüche 3,5

Ich kann Ihnen nicht sagen, wie oft es mir völlig unerreichbar schien, eine Ehefrau und Mutter nach Gottes Willen zu sein. Das war vor allem in unseren ersten Ehejahren so. Vielleicht geht es Ihnen ähnlich. Sie wollen wachsen, reifen, besser werden, doch Sie sind sich nicht sicher, ob das tatsächlich gelingen wird. Wenn Sie sich in dieser Situation wiederfinden, so will ich Ihnen eine meiner Lieblingsgeschichten weitergeben. Sie erinnert mich immer wieder daran, dass der Herr aus unseren kleinen, ernsthaften Bemühungen ein wahres Meisterwerk machen kann …

Eine Mutter, die ihren Sohn, der das Klavierspielen lernte, ermutigen wollte, nahm ihn mit zu einem Konzert des Klaviervirtuosen Ignacy Paderewski. Nachdem sie ihre Plätze eingenommen hatten, entdeckte die Mutter im Publikum eine Bekannte. Sie ging zu ihr, um sie zu begrüßen. Der kleine Junge nutzte die Gelegenheit, um die Konzerthalle zu erforschen. Nachdem er eine Weile umherspaziert war, trat er schließlich durch eine Tür, auf der stand: »Zutritt verboten!«.

Die Saalbeleuchtung wurde immer dämmeriger. Die Mutter kehrte zu ihrem Platz zurück, da das Konzert nun beginnen sollte, doch ihr Sohn war nicht mehr da. Ehe sie sich auf die Suche machen konnte, teilte sich der Bühnenvorhang, und im Scheinwerferlicht stand ein beeindruckender Steinway-Konzertflügel. An ihm saß, unschuldig das Klavierstück »Chopsticks« klimpernd, ihr kleiner Junge. Die Mutter wurde starr vor Schreck. Das Publikum begann irritiert zu flüstern. Der große Meister war noch hinter der Bühne und hörte das kindliche Klavierspiel und die Unruhe des Publikums. Rasch zog er sein Jacket an und betrat die Bühne. Er ging zum Flügel und flüsterte dem Kleinen ins Ohr: »Bleib da und spiel weiter!« Dann lehnte sich Paderewski über ihn, griff links und rechts an dem Jungen vorbei und begann virtuos zu den Fingerübungen des Kleinen zu improvisieren.

Musik – zugleich kindlich und ausgereift, einfach und tiefsinnig – erfüllte den Saal. Jeder saß da, völlig gebannt, – doch niemand mehr als die tief beeindruckte Mutter …

Haben Sie das Gefühl, dass Ihre Bemühungen, in der Ehe zu wachsen und aufzublühen, unzulänglich sind, ermüdend und enttäuschend? Da sind Sie nicht allein! Denken Sie daran, dass der Herr Sie mit seinen Armen umgreift. Verlassen Sie sich auf Seine Kraft und Leitung. Sie werden auf eine Weise wachsen, wie Sie es nie für möglich gehalten haben und miteinander so wundervoll musizieren, wie Sie es sich nie haben vorstellen können.

Unser Rat, mit dem wir Ihnen Mut machen wollen, lautet ganz schlicht: »Bleiben Sie da und spielen Sie weiter!« Durch den Segen des Herrn wird aus Ihren gemeinsamen Bemühungen etwas Schönes und Unvergessliches.

SMD

Sechsundzwanzigste Woche

Ein Blick für den Augenblick

Sonntag

Unsere zauberhafte Nacht

von Charlotte Carpenter

Ein leichter, aber steter Regen kam an jenem Wintermorgen herab und gefror, wo er niederkam – auf der Erde, an den Bäumen, auf den Häusern. Im Laufe des Nachmittags hörte es auf zu regnen und wir schauten hinaus in eine eiskristallene Welt.

Wir waren an den weißen winterlichen Raureif gewöhnt, doch dies war etwas anderes – ein harter, klarer Überzug aus festem Eis. Unsere fünf Kinder zwischen fünf und 16 Jahren kamen von der Schule heim und erklärten, wie gut man jetzt auf dem abschüssigen Hang unseres Weidelands rodeln könne.

Und sie gingen zusammen hinaus, doch sie erreichten ihr Ziel nicht, denn zwischen unserem Haus und dem Hügel lag eine baumlose Wiese, die einen ganz leichten Abhang bildete. Hier stellten sie fest, dass ihre Schlitten von Zaun zu Zaun über das Eis rasten, so schnell, wie es ihr jeweiliges Körpergewicht bestimmte. Was sie für einen Spaß hatten! Als sie nach Hause kamen, um ihre Schularbeiten zu machen und zu essen, waren sie völlig aufgekratzt. »Mama und Papa, ihr müsst mit uns heute Abend auf die Wiese kommen«, meinten sie. Sie hatten es noch nie erlebt, dass das Eis so rutschig war, dass man zum Rodeln keinen Hügel brauchte.

Warum sollten Eltern in den Vierzigern ihre Gesundheit und ihr Leben aufs Spiel setzen und an einem solchen Abend nach draußen gehen, wo es spiegelglatt war? Sie bettelten so lange, bist wir es ihnen nicht mehr abschlagen konnten.

Behutsam machten wir uns auf den Weg zu jener Wiese. Selbst mit unseren Winterschuhen hatten wir Mühe beim Gehen. Die Schlitten, die wir hinter uns herzogen, stießen uns immer wieder von hinten in die Beine. Es war sehr kalt, und mein Mann – praktisch veranlagt – trug ein Bündel Holz auf dem Arm, um Feuer zu machen.

Wir werden den wundervollen Anblick niemals mehr vergessen, der sich uns bot, als wir die Wiese erreichten. Der Mond und die

Sterne leuchteten so hell, wie sie es nur in klaren, kalten Nächten tun. Sie verwandelten die Wiese in einen Eissee. Wir bauten unsere Feuerstelle an einer Stelle, die nur eine geringe Neigung hatte. Das Eis spiegelte uns wider, und die emporzüngelnden Flammen tanzten auf dem Eis.

Die Kinder flogen mit ihren Schlitten immer wieder über das Eis. Wenn zwei auf einem Schlitten saßen, so raste der Schlitten schneller – so schnell, dass die Schlittenfahrer es nur mit Mühe und Not verhindern konnten, in den Zaun zu rasen. Die Kleineren fuhren mit dem Rücken in Fahrtrichtung und lehnten sich an ihre älteren Brüder an. Wir Eltern beneideten sie – das Schlimmste für uns war der Heimweg. Wir überließen das Rodeln fast völlig den Kindern und blieben beim Feuer, versunken in den träumerischen Zauber der Nacht.

Wir alle fühlten uns so wunderbar, als wir uns auf den Rückweg machten, dass wir unsere kalten Füße und unsere Müdigkeit kaum spürten.

»Wird das Eis morgen noch da sein?«, fragte eins der Kinder.

»Vielleicht nicht, wenn die Sonne scheint«, antwortete ich. Und tatsächlich: Im Laufe des nächsten Vormittags schmolz das Eis dahin und ließ eine Riesenfläche von braunem Gras zurück.

Bis heute denken wir immer, wenn wir auf der Wiese sind, an den Zauber jener Nacht zurück, ganz gleich, ob sie mit dem üppigen Grün des Sommers oder mit dem weißen Schnee des Winters überzogen ist. Obwohl sechs andere außer mir dabei waren, hege ich doch leichte Zweifel, ob das Wirklichkeit war, denn diese Erfahrung scheint, als hätten wir sie uns nur eingebildet.

Mein Mann und ich haben in jener Nacht mehrere Dinge gelernt: ein erfreuliches »Intermezzo« zu genießen, wenn es auf der Bildfläche erscheint; unseren Kindern nicht den Spaß zu verderben, wenn sie etwas Wundervolles und Einmaliges entdecken, das sich vielleicht nicht wiederholt; und nicht zu sagen: »Wir haben jetzt keine Zeit; das kann warten.« Wir gehen mit ihnen hin, wenn es ein neugeborenes Kalb zu sehen gibt, ein Rotkehlchen im Garten oder einen schönen Schmetterling. Wir teilen mit ihnen ihre impulsive Freude über ein Ballspiel, ein Match in der Schule oder eine bestandene Prüfung. Denn jetzt wissen wir: Wenn wir uns nicht Zeit nehmen, verpassen wir etwas, das für uns zu einer wertvollen Erinnerung werden könnte. Zauberhaftes Rodeln wie auf Glas unter dem Sternenhimmel – das gibt es vielleicht nur einmal im Leben.

Ein Blick voraus …

Kinder sehen die Welt mit einer einzigartigen Mischung aus Ehrfurcht und begierigem Interesse. Alles – vom Regenbogen bis hin zum Schoko-Eisbecher – ist für sie neu und aufregend. Und alles muss erforscht werden – und zwar *jetzt*!

Wir Erwachsene haben meist nicht die Geduld, um diese Perspektive mit Kindern zu teilen – und doch könnten wir von ihnen lernen. Denn während wir unsere endlose Liste von täglichen Pflichten und Aufgaben abarbeiten und es vor uns herschieben, uns Zeit für unsere Lieben zu nehmen, rast das Leben an uns vorbei – wie ein Schlitten auf eisglatter Wiese. Ehe wir es recht kapiert haben, stehen wir vor der Pforte des Himmels und wundern uns, wie wir so rasch dorthin gelangt sind. Lassen Sie sich auf dem Weg dorthin die zauberhaften Nächte nicht entgehen!

JCD

Montag

Unsere Tage zählen

Euer Leben gleicht doch dem Nebel am Morgen –
schon nach kurzer Zeit ist er wieder verschwunden.
Jakobus 4,14

Ich (JCD) hatte Pete Maravich und einige andere eingeladen, bei einem Basketballspiel mitzumachen, am Tag, ehe Pete im Fernsehprogramm von *Focus on the Family* auftreten sollte. Das war ein gewagtes Experiment. Obwohl er seit acht Jahren im Ruhestand war, war »Pistol Pete« einer der besten Basketballspieler aller Zeiten gewesen. Trotzdem machte er mit und wir jagten uns 45 Minuten lang.

Während der Pause fragte ich Pete, wie er sich fühle. Er antwortete: »Ich fühle mich großartig.« Das waren seine letzten Worte. Als ich mich von ihm wegdrehte, fiel er auf den Rasen. Sekunden später starb er in meinen Armen – er hatte einen angeborenen Herzfehler gehabt, der zuvor nicht entdeckt worden war.

Mose schrieb dieses Gebet: »Lehre uns, unsere Tage zu zählen, damit wir weise werden« (Psalm 90,12). Dieser Vers macht zunächst einen merkwürdigen Eindruck. Was hat die Tatsache, dass das Leben kurz ist, mit der Weisheit zu tun? Eigentlich alles. Wenn wir die Perspektive der Ewigkeit hätten, würden wir unsere Entscheidungen an Werten ausrichten, die in der Ewigkeit gelten. Würde dann ein Mann eine außereheliche Affäre suchen? Würde dann eine Frau ihren Mann wegen seiner Schwächen herabwürdigen? Würden beide ihr Leben dafür opfern, Macht und Reichtum zu gewinnen? Ich meine nicht.

Die Zeit täuscht uns, sie schreitet voran, wenn niemand es merkt. Vergessen Sie daher nicht, jeden Tag so für den Herrn zu leben, als wäre es Ihr letzter. Allzu schnell wird er es sein.

Nur für uns …

- Leben wir jeden Tag so, als wäre es unser letzter? Warum bzw. warum nicht?
- Was bedeutet es, »im Licht der Ewigkeit zu leben«?
- Wie kann ich dir helfen, für das zu leben, das wirklich zählt?

Vater, jeder Tag des Lebens ist ein Geschenk und wir wissen nicht, wann wir unseren letzten Atemzug machen werden. Mögen wir umsichtig leben – die Ewigkeit immer im Blick. Amen.

Dienstag

Ein übervolles Programm

Achtet sorgfältig darauf, wie ihr lebt; handelt nicht unklug, sondern bemüht euch, weise zu sein. Nutzt jede Gelegenheit.
Epheser 5,15-16

Ein übervolles Programm ist der Tod jeder Ehe. Wenn Ihre Woche gefüllt ist mit 50, 60 oder gar 70 Stunden voll Pflichten und Anforderungen – im Büro, zu Hause mit dem Baby, mit Essenkochen, Abendschule, Gemeindeveranstaltungen, Reparaturarbeiten, Musik- und Sportstunden der Kinder … – nun, ich denke, Sie wissen, wovon ich spreche. Wie können ein Mann und eine Frau miteinander reden, wenn sie abends zu müde dazu sind? Wie können sie täglich eine Zeit des gemeinsamen Gebets genießen, wenn jede Sekunde verplant ist? Wie können sie in ihrer Beziehung Sex genießen, wenn sie jeden Abend vor Müdigkeit ins Bett sinken?

Vor einigen Jahren entschlossen sich Freunde von uns, etwas zu unternehmen, um diesem Dilemma zu entrinnen. Sie verkauften ihr Haus und zogen in ein weit billigeres Gebäude, sodass sie ihre Arbeitsstunden reduzieren konnten und mehr Zeit für sich und ihre Kinder hatten. Von solcher Art Reduzierung des Lebensstandards hört man heutzutage kaum. Haben sie bereut, was sie taten? Keine Sekunde.

Nur für uns …

- Bist du zufrieden mit der Zeit, die wir zum Ausruhen, Erholen und für die Pflege unserer Beziehung haben?
- Haben wir uns in den letzten Wochen oder Monaten zu viel zugemutet? Wie kam es dazu? Wie können wir vermeiden, dass das wieder passiert?
- Welche Tätigkeiten nehmen am häufigsten die Zeit in Anspruch, die wir besser miteinander und mit Gott verbringen könnten? Können wir etwas davon aufgeben?

Lieber Vater im Himmel, uns fällt es viel leichter, unser Leben damit zu füllen, etwas zu »tun« statt etwas zu »sein«. Vergib uns, dass wir Werte falsch gewählt und gedankenlos gelebt haben, und hilf uns, unsere Prioritäten richtig zu setzen. Amen.

Mittwoch

Erinnerungen an Weihnachten

Jedes Mal, wenn ich an euch denke, danke ich meinem Gott.
Philipper 1,3

Manche meiner (JCDs) Lieblingserinnerungen sind mit Weihnachten verbunden. Ich denke da etwa an ein Jahr, in dem mein Vater mit zwanzig druckfrischen Ein-Dollar-Scheinen von der Bank nach Hause kam. Das war noch die Zeit, in der man für einen Dollar eine ganze Mahlzeit bekam. Er klebte auf jeden Schein einen Sticker »Frohe Weihnachten!« und schenkte ihn dem Zeitungsjungen, dem Schuhputzer, dem Postboten und 17 anderen Leuten. Er dankte ihnen einfach für ihre treue Arbeit.

Eine andere Erinnerung bezieht sich auf ein Erlebnis viele Jahre später, als Shirley, die Kinder und ich nach Kansas City flogen, um dort die Ferien mit meinen Eltern zu verbringen. Als ich das Flugzeug verließ und den Terminal betrat, sah ich von weitem meinen Vater. Seine Augen leuchteten und er lächelte. Auch meine Mutter glühte vor Aufregung. Ihre Familie war nach Hause gekommen. Solche Erinnerungen würde ich für nichts auf der Welt eintauschen.

Jede Jahreszeit bietet Gelegenheiten für unvergessliche Augenblicke mit Ihrem Ehepartner und mit der Familie. Ergreifen Sie sie – und genießen Sie sie.

Nur für uns ...

- Was waren deine Lieblingsfeiertage? Warum?
- An welche Feiertage, die wir gemeinsam verbrachten, denkst du am liebsten zurück?

- Was können wir tun, um die Erinnerungen an all die besonderen Augenblicke lebendig zu halten?
- Wie können wir bei unseren Familienfesten den Glauben mehr in die Mitte rücken?

Herr, wir danken Dir, dass Du uns »das Erbe derer, die Deinen Namen fürchten«, gegeben hast. Danke für die vielen besonderen Augenblicke, die Du uns geschenkt hast, und für die wunderbaren Erinnerungen daran. Mögen wir diese Gaben erkennen und würdigen – und sie an unsere Kinder weitergeben. Amen.

Donnerstag

Alltagserlebnisse

Ich war seine Freude Tag für Tag.
Sprüche 8,30

Wir alle schätzen die großen Stationen und besonderen Ereignisse, die wir im Laufe unseres Ehelebens erlebt haben: die Hochzeit und die Flitterwochen, die Geburt der Kinder, die Silberne und die Goldene Hochzeit, das Abitur und den Hochschulabschluss der Kinder ... All diese Anlässe feiern wir mit viel Aufwand, mit Festgästen, Fotografen, Glückwünschen ... Doch vergessen wir dabei nicht, die Alltagserlebnisse zu genießen, die den Rest unserer Tage ausmachen. Denken Sie einfach einmal daran, was es bedeutet, morgens neben einem geliebten Menschen aufzuwachen und den Tag mit einem Kuss zu beginnen ... mit Ihrem Partner Blicke auszutauschen, wenn Sie im Hof Laub zusammenkehren oder wenn Sie zusammen Kaffee trinken ... Ihren Partner an der Hand zu halten, wenn Sie in der Gemeinde unserem herrlichen Gott Loblieder singen ...

Wenn Sie das geistige Fotoalbum Ihrer Ehe durchblättern, ist es hoffentlich voll schöner Erinnerungen an die »großen Augenblicke«, die Sie miteinander erlebten. Aber vergessen Sie auch nicht die

Schnappschüsse von jenen fröhlichen Alltagserlebnissen, die jeden Tag Ihrer Ehe zu einem besonderen Tag machen.

Nur für uns …

- Welche tagtäglichen Beschäftigungen machen dir Freude?
- Meinst du, wir haben von einem großen Ereignis zum nächsten gelebt, oder haben wir auch versucht aus gewöhnlichen Tagen etwas Besonderes zu machen?
- Wie können wir uns gegenseitig helfen, die Momente des Alltags zu genießen?
- Gibt unser Leben anderen Zeugnis davon, dass jeder Augenblick eine Gabe Gottes ist?

Vater, wir entdecken Deine Liebe in den einfachen Freuden des Alltags – im Lied eines Vogels oder im Lächeln unseres Partners, im blauen Himmel oder im Lachen von Kindern. Hab Dank für die Gesundheit und für Deinen unerschöpflichen Überfluss. Öffne unsere Augen für den Reichtum eines jeden Tages, o Herr. Hilf uns, nicht so zu leben, als wären wir arm, wo Du uns doch so reich gemacht hast! Amen.

Freitag

Der letzte Anruf

Des Herrn großer Tag ist nahe, er ist nahe und eilt sehr.
Zephanja 1,14

Denken Sie an die Menschen, die Sie lieben. Haben Sie sich in letzter Zeit bei ihnen bedankt und ihnen gesagt, was sie Ihnen bedeuten? Würden Sie, falls der Herr Sie heute Abend heimriefe, zufrieden sein mit dem, was Sie ihnen gesagt haben?

In den letzten Monaten ihres Lebens konnte meine (JCDs) Mutter weder reden noch uns verstehen. Sie war im Endstadium der Parkinsonkrankheit. Eines Tages jedoch gewährte uns der Herr eine Gnadenfrist. Als Shirley und ich im Krankenzimmer erschienen, erkannte uns meine Mutter sofort und ich konnte ihr dafür danken, dass sie eine gute Mutter war, dass sie Jesus treu geblieben war und dass sie Opfer gebracht hatte, um mich durchs College zu bringen. Sie lächelte – sie verstand. Ich sagte ihr, dass mein Vater im Himmel auf sie warte und dass Jesus sagen werde: »Gut gemacht, meine gute und treue Dienerin.« Ich betete für sie und dankte dem Herrn für ihre Liebe zu mir. Sie erwiderte unsere Liebe und wir verabschiedeten uns.

Das war das letzte vernünftige Gespräch, das ich mit meiner Mutter führte, und ich werde immer dankbar für jene letzten gemeinsamen Minuten sein. In diesem vergänglichen Leben sollten wir immer die Gelegenheit eines Gespräches von Mensch zu Mensch suchen. Genießen Sie jeden Augenblick mit Ihrem Partner, Ihrer Familie und Ihren Freunden. Sagen Sie ihnen, wie wichtig sie Ihnen sind. Vor allem aber leben Sie an jedem Tag so, dass Jesus einmal sagen wird: »Gut gemacht, mein(e) gute(r) und treue(r) Diener(in).«

Nur für uns …

- Lassen wir es unsere Lieben wissen, wie viel sie uns bedeuten?
- Was würdest du mir gerne »von Mensch zu Mensch« sagen?
- Sind wir bereit dazu, dass der Herr uns nach Hause ruft? Wie sollten wir uns darauf vorbereiten?

Lieber Herr, hab Dank für meinen Lebenspartner. Hilf uns, keine Gelegenheit zu verpassten, die Worte zu sagen, auf die es wirklich ankommt! Schenke uns, dass wir so leben, dass wir immer bereit sind, dem Ruf von Jesus nach Hause zu folgen. Amen.

Samstag

Immer noch der Eine

Wenn wir einander lieben, dann bleibt Gott in uns, und seine Liebe kommt in uns zur Vollendung.
1. Johannes 4,12

Wir haben in dieser Woche davon gesprochen, wie kurz das Leben ist und wie wichtig es ist, das Beste mit der Zeit anzufangen, die uns der Herr gegeben hat. Unser Weg als Ehepartner kommt eines Tages an sein Ende. Wir werden vor Gott stehen – zuerst der Eine und dann der andere – und Rechenschaft über unser Leben abgeben, dann beginnt unsere ewige Reise.

Jim und ich blicken zuversichtlich voraus auf diese Belohnung im Himmel, doch wir genießen auch unser gemeinsames Leben hier auf der Erde. Jim hat sich von einem Herzinfarkt und einem Schlaganfall – die ihn beide hätten das Leben kosten können – wieder völlig erholt. Diese Erfahrungen haben unsere Beziehung noch enger und kostbarer werden lassen. Ich werde Gott immer dafür dankbar sein, dass Er uns in einer Ehe zusammengeführt hat, die nun mehr als 40 Jahre Bestand hat.

Eine unserer schönsten Erfahrungen machten wir bei einem Eheseminar, an dem wir vor einigen Jahren teilnahmen. Ich wusste, dass Jim mich in den ersten Jahren unserer Ehe geliebt und gebraucht hat, doch ich fragte mich inzwischen im Stillen, ob ich *immer noch* den wichtigsten Platz in seinem Herzen einnahm. Am letzten Tag des Seminars schrieben wir uns Briefe, in denen es genau um diese Frage ging. Ich werde nie den Augenblick vergessen, an dem wir wieder zusammentrafen, um unsere Gedanken auszutauschen.

Jims Brief an mich schloss mit diesen Worten: »Ich liebe dich, S.M.D. (Erinnerst du dich noch an das T-Shirt mit dem Monogramm?) Ich liebe das Mädchen, das an mich geglaubt hat, ehe ich selbst an mich glaubte. Ich liebe das Mädchen, das sich nie über hohe Ausbildungskosten, Ausgaben für Lehrbücher und zu warme Wohnungen, über Möbel vom Sperrmüll, fehlenden Urlaub und alte, klapprige Volkswagen beklagte. Du bist bei mir geblieben – hast mich seit dem 27. August 1960 ermutigt, geliebt und unterstützt. Und die Stellung, die du mir in unserem Heim gegeben hast, ist weit über dem, was ich verdient habe.

Warum ich gerne weiterleben möchte? Weil du mich auf diesem Weg begleitest. Warum sollte ich sonst diesen Weg gehen? Der Teil des Weges, der vor uns liegt, wird rauer sein als die Jahre, die hinter uns liegen. Der Herbst ist vor der Tür. Doch die Luft riecht heute ein wenig frisch – und ich versuche nicht auf jene weit entfernte, einsame Wolke zu schauen, die am Horizont vorbeizieht. Mit wem außer dir sollte ich die letzte Strecke meines Lebens bewältigen?

Nur mit dir, Shirley. Die einzige Freude, die die Zukunft bringt, wird darin liegen, dasselbe zu erfahren wie in den vergangenen 21 Jahren – Hand in Hand mit der Einen, die ich liebe, einer jungen Dame namens Shirley Deere, die mir alles gab, was sie hatte – auch ihr Herz. Vielen Dank, Liebling, dass du diese Reise mit mir machst. Wir wollen das Ziel erreichen – gemeinsam!»

Möge der Herr weiterhin Ihre Ehe erhalten und bereichern! Gottes Segen für Sie beide – und gute Nacht.

SMD

Epilog

Wir hoffen, dass die Worte dieses Buches Sie auf irgendeine Weise angeregt und ermutigt haben bei Ihrem Vorhaben, Ihre Ehe zu stärken. Mögen die gemeinsamen Jahre, die noch vor Ihnen liegen, voll Freude und wachsender Dankbarkeit dafür sein, dass Sie einander haben.

Die Ehe gleicht in vieler Hinsicht einem Marathonlauf. Um erfolgreich bestehen zu können, müssen Mann und Frau diszipliniert und voll Hingabe sein. Doch das reicht wohl nicht aus. Nur wenn Sie beide sich zu Jesus Christus wenden, werden Sie die Liebe, den Mut und die Antworten finden, die Sie brauchen, um die Ziellinie zu erreichen. Wenn Sie die biblischen Grundlinien, die wir in diesem Buch entfaltet haben, anwenden, so sind Sie dazu bereit, die Worte des Apostels Paulus zur Geschichte Ihrer Ehe zu machen: »Ich habe den guten Kampf gekämpft, den Lauf vollendet und bin im Glauben treu geblieben« (2. Timotheus 4,7).

Die Ehe ist eine wunderbare Gabe Gottes – und das ist auch Ihr Ehepartner. Genießen Sie jeden Tag Ihres gemeinsamen Weges! Wir beide werden Sie eines Tages auf der Ziellinie erwarten, die da »Ewigkeit« heißt.

Jim und Shirley Dobson

Quellennachweise

Einführung
Angaben zur Ehe und Ehescheidung aus der Studie von David Popenoe und Barbara Dafoe Whitehead, »The State of Our Unions: The Social Health of Marriage in America«, The National Marriage Project, Rutgers University, 1999.

Erste Woche

Sonntag: »SHMILY« von Laura Jeanne Allen. © 1997. Abdruck mit Genehmigung der Verfasserin.

Dienstag: Nacherzählt aus *Jumping Hurdles, Hitting Glitches. Overcoming Setbacks* von Steve Brown (Colorado Springs, Colo.: NavPress Publishing Group, 1992).

Samstag: Geschichte von Debbi Smoot aus *Moments for Each Other* von Robert Strand (Green Forest, Ariz.: New Leaf Press, 1993). Wiederabdruck in *More Stories for the Heart,* zusammengestellt von Alice Gray (Sisters, Ore.: Multnomah Publishers, Inc. 1997).

Zweite Woche

Sonntag: »I'm Third«, nacherzählt von James Lund. Diese Geschichte erschien erstmals in der *Denver Post* in den späten 50er-Jahren.

Donnerstag: Das Ergebnis der Umfrage stammt aus *Love for a Lifetime* von Dr. James Dobson (Sisters, Ore.: Multnomah Publishers, Inc., 1998).

Dritte Woche

Sonntag: »Protected by Prayer« von Cheri Fuller. Entnommen aus: *When Families Pray* von Cheri Fuller © 1999. Abdruck mit Genehmigung von Multnomah Publishers, Inc.

Vierte Woche

Sonntag: »Do You Want Me?« von Park York. Entnommen der Ausgabe Juni 1989 des *Christian Herald.* Abdruck mit Genehmigung des *Christian Herald.*

Fünfte Woche

Sonntag: »Men Have a Six-Word Limit« von Erma Bombeck, aus: *Forever, Erma* © 1996 by Erbengemeinschaft von Erma Bombeck. Abdruck mit Genehmigung von Andrews and McMeel Publishing. Alle Rechte vorbehalten.

Mittwoch: »Quick Listening« in: *Incompatibility: Still Grounds for a Great Marriage* von Chuck und Barb Snyder (Sisters, Ore.: Multnomah Publishers, Inc. 1999).

Donnerstag: Ausführungen zu Wortbildern aus *The Language of Love* von Gary Smalley und John Trent (Pomona, Calif: Focus on the Family Publishing, 1988).

Sechste Woche

Sonntag: »Head of the House« von Thom Hunter. Entnommen aus: *Those Not-So-Still Small Voices* (NavPress). © 1993. Abdruck mit Genehmigung des Verfassers.

Mittwoch: Informationen zum allein stehenden Mann aus: *Sexual Suicide* von George Gilder (New York, N.Y.: Quadrangle/The New York Times Book Company, 1973).

Freitag: Zitiert aus *From Ashes to Glory* von Bill McCartney (Nashville, Tenn.: Thomas Nelson, Inc., Publishers, 1995).

Siebte Woche

Sonntag: »Martha's Secret Ingredient« von Roy J. Reiman, mit Genehmigung des Magazins *Reminisce.* Abdruck mit Genehmigung.

Freitag: Die Geschichte vom Campen stammt aus *Hidden Keys of a Loving, Lasting Marriage* von Gary Smalley (Grand Rapids, Mich.: Zondervan Publishing House, 1984, 1988).

Achte Woche

Sonntag: »That's the Way I Feel about You« von Nancy Jo Sullivan. Entnommen aus: *Moments of Grace* von Nancy Jo Sullivan. © 2000. Abdruck mit Genehmigung von Multnomah Publishers, Inc.

Neunte Woche

Sonntag: »Romance« von Bill und Lynne Hybels. Entnommen aus: *Fit to Be Tied* von Bill und Lynne Hybels. © 1991 by Bill und Lynne Hybels. Abdruck mit Genehmigung von Zondervan Publishing House. Titel der deutschen Ausgabe: *Eheleben – Ehe lieben. Was Sie dafür tun können, dass Ihre Ehe ein Leben lang hält.* © 1997 der deutschen Ausgabe: Gerth Medien GmbH, Asslar.

Zehnte Woche

Sonntag: »A Gentle Caress« von Daphna Renan. Abdruck mit Genehmigung der Verfasserin.

Montag: Motive für Sex aus: *What Wives Wish Their Husbands Knew about Women* von Dr. James Dobson (Wheaton, Ill.: Tyndale House Publishers, 1975).

Mittwoch: Die zwölf Schritte stammen aus: *Intimate Behavior* von Desmond Morris (New York, N.Y.: Random House, 1971).

Elfte Woche

Sonntag: »Dream Lover, Where Are Yoo-Oo-Oou?« von Patrick O'Neill. Der Ausgabe des *Oregonian,* vom 3. Oktober 1989 entnommen © 1989, Oregon Publishing Co. Alle Rechte vorbehalten. Abdruck mit Genehmigung.

Zwölfte Woche

Sonntag: »Surprise Party« von Gary Smalley; Entnommen aus: *Love Is a Decision* von Gary Smalley. © 1992. Word Publishing, Nashville, Tenn. Abdruck mit Genehmigung. Alle Rechte vorbehalten.

Donnerstag: Nacherzählt aus: *Building Your Mate's Self-Esteem* von Dennis und Barbara Rainey (San Bernardino, Calif: Here's Life Publishers, 1986).

Dreizehnte Woche

Sonntag: »May I Have This Dance?« von Nancy Jo Sullivan. Entnommen aus: *Moments of Grace* von Nancy Jo Sullivan. © 2000. Abdruck mit Genehmigung von Multnomah Publishers, Inc.

Vierzehnte Woche

Sonntag: »The Peanut Vendor« von Sam Kameleson. Entnommen aus: *The Christ-Centered Marriage,* © 1996 by Neil T. Anderson und Charles Mylander, Gospel Light/Regal Books, Ventura, Calif., 93003. Abdruck mit Genehmigung.

Montag: Textauszug von Larry Burkett, aus: *Love for a Lifetime* von Dr. James Dobson (Sisters, Ore.: Multnomah Publishers, Inc. 1998).

Fünfzehnte Woche

Sonntag: »A Most Extraordinary Event« von Jo Ann Larsen. © 1992. Abdruck mit Genehmigung der Verfasserin.

Donnerstag: Nacherzählt aus: *More of …* The Best of Bits und Pieces, hrsg. Rob Gilbert (Fairfield, N.J.: The Economics Press, 1997). Wiederabdruck in: *Stories for a Man's Heart,* zusammengestellt von Al und Alice Gray (Sisters, Ore.: Multnomah Publishers, Inc., 1999).

Freitag: Nacherzählung nach Barbara Johnson aus: *We Brake for Joy!* von Patsy Clairmont, Barbara Johnson, Marilyn Meberg, Luci Swindoll, Sheila Walsh und Thelma Wells (Women of Faith, Inc., 1998). Wiederabdruck in *Stories for a Man's Heart,* zusammengestellt von Al und Alice Gray (Sisters, Ore.: Multnomah Publishers, Inc., 1999).

Sechzehnte Woche

Sonntag: »The Argument« von Gigi Graham Tchividjian. Entnommen aus: *Weather of the Heart* von Gigi Graham Tchividjian. © 1993. Abdruck mit Genehmigung von Baker Book House Company.

Siebzehnte Woche

Sonntag: »The Face of My Enemy« von Corrie ten Boom. Entnommen aus: *The Hidung Place* von Corrie ten Boom mit John und Elizabeth Sherrill. Deutsch in: Corrie ten Boom, Mit Gott durch dick und dünn, © R. Brockhaus Verlag, Wuppertal, 23. Auflage 2003. Abdruck mit Genehmigung von Chosen Books LLC, Chappaqua, N. Y.

Montag: Nacherzählung von »Dear Abby«, aus: *The Christ-Centered Marriage* von Neil T. Anderson und Charles Mylander (Ventura, Calif.: Gospel Light/ Regal Books, 1996).

Achtzehnte Woche

Sonntag: »Johnny Lingo's Eight-Cow Wife« von Patricia McGerr. © 1965 Patricia McGerr. Zuerst veröffentlicht in *Womans Day.* Abdruck mit Genehmigung der Curtis Brown, Ltd.

Neunzehnte Woche

Sonntag: »Ragamuffin Brother« von Ron Mehl. Entnommen aus: *God Works the Night Shift* von Ron Mehl. © 1994. Abdruck mit Genehmigung von Multnomah Publishers, Inc.

Dienstag: Nacherzählt aus: *The Signature of Jesus* von Brennan Manning (Sisters, Ore.: Multnomah Books, 1992). Wiederabruck in: *Stories for a Man's Heart,* zusammengestellt von Al und Alice Gray (Sisters, Ore.: Multnomah Publishers, Inc., 1999).

Mittwoch: Entnommen aus der Studie: »Infants' Memory for Spoken Words« von P. W. Juscyzk und E. A. Hohne *(Science,* 26. September 1997) und »Parents Beware: Little Ears Are Listening« von Rachel Ellis *(Associated Press,* http://www.ap.org/, 26 September 1997).

Zwanzigste Woche

Sonntag: »Hi There!« von Nancy Dahlberg. Entnommen aus: *American Baptist,* Dezember 1981. Abdruck mit Genehmigung.

Dienstag: Nacherzählt aus: *Quiet Times with the One You Love* von Art Hunt (Sisters, Ore.: Multnomah Publishers, Inc., 1998).

Einundzwanzigste Woche

Sonntag: »Surprise, Surprise, Surprise!« von Philip Gulley. Entnommen aus: *Front Porch Tales* von Philip Gulley. © 1997. Abdruck mit Genehmigung von Multnomah Publishers, Inc.

Montag: Nacherzählt aus: *Four Pillars of a Man's Heart* von Stu Weber (Sisters, Ore.: Multnomah Publishers, Inc., 1997).

Zweiundzwanzigste Woche

Sonntag: »Dear Daddy« von Gary Smalley und John Trent. Entnommen aus: *The Language of Love* von Gary Smalley und John Trent, Ph. D., einem Buch von »Focus on the Family«, erschienen im Verlag Tyndale House. © 1988, 1991 by Gary Smalley und John Trent, Ph. D. Alle Rechte vorbehalten. Abdruck mit Genehmigung.

Dienstag: Materialien zur Scheidung aus: »Children of Divorce Heal Slowly, Study Finds; Scholar's Latest Evidence in Influential Series« von Barbara Vobejda (*Washington* Post, 3. Juni 1997), und aus einem Vortrag von Dr. Armand Nicholi (White House Conference on the State of the American Family, 3. May 1983). Nachzulesen in: *Congressional Record,* Extension of Remarks, 3. Mai 1983.

Mittwoch: Materialien zur Ehescheidung aus: *Home with a Heart* von Dr. James Dobson (Wheaton, Ill.: Tyndale House Publishers, 1996).

Dreiundzwanzigste Woche

Sonntag: »What about Bob?« von Phil Callaway. Entnommen aus: *Who Put the Skunk in the Trunk?* von Phil Callaway. © 1999. Abdruck mit Genehmigung von Multnomah Publishers, Inc.

Vierundzwanzigste Woche

Sonntag: »The Girl with the Apple« von Herman und Roma Rosenblat. © 1998. Abdruck mit Genehmigung der Verfasser.

Samstag: Die Geschichte von Lucille Heimrich stammt aus: *A Match Made in Heaven* von Susan Wales und Ann Platz (Sisters, Ore.: Multnomah Publishers, Inc., 1999).

Fünfundzwanzigste Woche

Sonntag: »Cool Blades« von Pam Gross. © 1997. Abdruck mit Genehmigung der Verfasserin.

Samstag: Geschichte von Charles Swindoll aus: *Growing Strong in the Seasons of Life* (Zondervan Publishing House, 1983). Wiederabdruck in: *Stories for the Heart,* zusammengestellt von Alice Gray (Sisters, Ore.: Multnomah Publishers, Inc., 1996).

Sechsundzwanzigste Woche

Sonntag: »Our Night of Magic« von Charlotte Carpenter. © 1993. Auszüge aus *Legacies,* hrsg. Maury Leibovitz und Linda Solomon, veröffentlicht bei HarperCollins. Abdruck mit Genehmigung.

Notizen

Notizen

Notizen

Notizen

Notizen

Notizen

Notizen

hänssler

Ein weiteres Andachtsbuch:

William J. Petersen
Psalmen – Lieder des Lebens
Gb., 784 S.,
Nr. 393.648, ISBN 3-7751-3648-7

Seit Jahrtausenden singen, lesen und beten Menschen die Psalmen und lassen sie auf sich wirken. Seit ihrer Niederschrift drücken Gläubige durch sie ihre Freude oder ihre Reue aus und finden in ihnen große Ermutigung.
In diesem Andachtsbuch sind die 150 Psalmen in 365 Einheiten aufgeteilt. Der tägliche Psalmtext wird ergänzt durch alltagsbezogene Auslegungen, passende Liedstrophen, nachdenkenswerte Zitate und Kurzinformationen über Texthintergründe, die Geschichte der damaligen Zeit oder Fragen zur eigenen Vertiefung. In der gut verständlichen und urtext-nahen »Neues Leben« Bibelübersetzung.

Bitte fragen Sie in Ihrer Buchhandlung nach diesem Buch!
Oder schreiben Sie an den Hänssler Verlag, D-71087 Holzgerlingen.